JN440396

워싱턴에서 KBS뉴스, 민경욱입니다

KBS뉴스 워싱턴 특파원 민경욱 기자가
독자들에게 보낸 워싱턴 리포트

글 | 민경욱

gasse

워싱턴에서
KBS뉴스, 민경욱
입니다

초판 1쇄 인쇄 2007년 11월 11일
초판 1쇄 발행 2007년 11월 11일

지은이 민 경 욱
펴낸이 김 남 지
편집 도서출판 가쎄 편집부
등록번호 제 302-2005-00062호
등록일자 2005년 10월 10일
주소 서울 용산구 한강로1가 용산파크자이 D동 606호
전화 02-2071-6866
팩스 02-2071-6877
전자우편 gasse1@naver.com
ISBN 978-89-957343-6-0
인쇄 조양인쇄
가격 10,000원

워싱턴에서 KBS뉴스, 민경욱입니다

KBS뉴스 워싱턴 특파원 민경욱 기자가
독자들에게 보낸 워싱턴 리포트

글 | 민경욱

gasse

미움과 한풀이의 유혹

안녕하세요?
지난 주 귀국해서 이번 주부터 출근했습니다. 3년 만에 보는 고국의 모든 것은 새롭고도 정겨웠습니다. 집 근처에서 폐지를 수집하시는 노인 분들의 진지한 표정을 지나치면서도 마치 그림을 감상하듯이 유심히 바라보게 되더군요. 비가 온 뒤에 택시를 타고 가는데 목동 근처에서 저 앞으로 큰 산이 보이더군요. 기사 분께 물어봤더니 북한산이라고 했습니다. 목동에서 북한산이 얼만데, 그 산이 바로 앞산 같이 맑게 보였습니다. 그 날 신문에는 남산 타워에서 찍은 인천 앞바다 사진이 실리더군요. 3년 전에 비해 맑아진 서울의 공기를 한 번에 느낄 수 있었습니다. 또 길을 가다 보면 얼굴을 알아봐 주시는 분들도 계셨습니다. 그 미묘한 표정을 읽으면서도 미국처럼 "Hi" 하고 인사를 할 수 없는 심정이 조금 답답하고 죄송하긴 했습니다.
3년간 미국 생활을 마무리하면서 또 "워싱턴 리포트"라는 제 홈페이지의 이름을 바꾸기 전에 딱 한 가지만 더 글을 보내 드려야 한다는 생각을 했었습니다. 미국에서 취재를 하면서 느낀 미국의 가장 큰 힘에 관한 글입니다. 제가 느낀 미국 문화의 가장 큰 힘은 관용이었습니다. Tolerance로 번역되는 이 관용은 미국이 이민족들이 모인 다민족 국가이기 때문에 당연시 되는 일일 겁니다. 서로 다른 문화와 서로 다른 얼굴 색을 지닌 사람들이 모여서 살기 위해 반드시 필요한 덕목이었을 겁니다. 자기와는 다른 남의 생활과 언어, 문화를 존중해주는 그 관용이 미국의 힘이라는 생각을 했었습니다. 그 관용의 큰 힘을 가장 절실하게 느낀 게 버지니아 공대의 총기 난사 사건 때였습니다.

중국인 학생이 용의자인 것 같다는 근거 없는 추측이 섞인 미국 언론의 최초 보도를 들으며 5시간 차를 달려 버지니아 공대에 도착했습니다. 그 이튿날 범인이 한국인이라는 말을 듣고 현장에 있던 저를 비롯한 많은 워싱턴 특파원들은 긴장했습니다. 편한 마음으로 9시 리포트를 제작해서 위성 송출을 한 다음 두 시간 눈을 붙였을까 했을 때 듣게 된 청천벽력과도 같은 소식이었습니다. 기자들은 순간 당황했고 어디를 가서 어떻게 취재를 해야 할까를 생각하며 잠시 혼란에 빠졌었습니다.

저는 "용기를 내어" 버지니아 공대에 들어가서 범인이 한국인이라는 사실에 대한 버지니아 공대 학생들의 반응을 취재하기로 했습니다. 제가 촬영기자 선배께 입 밖으로 소리 내서 말을 하지는 않았지만 서로는 "취재를 하다가 어떤 불상사가 생기더라도 촬영을 멈추지 않는다"는 마음 속의 원칙을 세운 상황이었습니다. 인터뷰를 신청했다가 죄 없는 학우 32명의 목숨을 빼앗은 조승희 씨의 조국에서 온 방송국 기자들이라는 사실에 화가 난 대학생들로부터 봉변을 당하더라도 카메라를 돌리지 말고 봉변을 당하는 그 장면을 담아서 방송을 하자는 생각이었습니다. 그렇게 긴장하며 들어간 대학교 교정에도 긴장이 흘렀습니다. 가슴에 리본을 단 슬픈 얼굴의 유족들은 대학 측이 마련한 유족 숙소로 속속 도착하고 있었고 전 세계에서 달려온 기자들은 취재를 위해 동분서주하고 있었습니다. 그러나 주저 속에 만난 버지니아 공대 출신 한 기자의 말은 저와 동료 기자들의 우려가 얼마나 기우였는지를 단박에 알 수 있게 했습니다.

"제 소개를 하기조차 미안하지만 한국 KBS 방송국에서 온 민경욱 기잡니다. 이번 총기 난사 사건의 범인이 한국인으로 드러나고 있습니다. 이곳에 있는 한국인 학생들은 보복행위가 있을까 우려하고 있습니다. 그 우려가 근거가 있는 겁니까?"

"전혀 그렇지 않습니다. 그 범인은 남미 사람이 될 수도 있었고, 아랍 사람이 될 수도 있었고, 다른 미국인이 될 수도 있었습니다. 이 사건과 범인의 조국과는 관계가 없습니다. 저는 한국을 알고 한국의 친구들도 많이 있습니다. 그들은 똑똑하고 정이 많은 사람들입니다."

"이 사건으로 한국과 미국 사이의 전통적 우방관계에 금이 갈 것으로 걱정하는 사람들도 있습니다. 그렇게 보십니까?"

"그렇지 않습니다. 개인이 저지른 불행한 사건이 한미 두 나라 관계에 영향을 미치는 일은 없을 것이며 있어서도 안 된다고 생각합니다."

이런 식이었습니다. 국제관계 대학원생으로 이번 사건으로 친구를 잃은 한 학생도 마찬가지였습니다. 이번 일을 한국이 미국을 공격한 것처럼 해석하는 것은 잘못된 일이라고 말했습니다. 이번 일이 슬프지 않다는 말은 전혀 아니지만 그 슬픔을 풀기 위해 잘못된 화풀이의 대상을 찾으면 안 된다는 말이었습니다.

버지니아 공대 영빈관 안에 마련된 프레스 센터에서는 한·중·일 아시아권 기자들을 비롯한 전세계 언론인들이 매일 버지니아 공대와 버지니아 경찰, 그리고 대학 상담소 관계자들에게 날선 질문들을 던졌습니다. 특히 영작문 시간에 조승희 씨의 이상한 행태를 본 영문과 교수가 대학 당국에 몇 차례 경고를 했으며 조 씨로부터 이른바 스토킹을 당한 여학생들이 두 번에 걸쳐 대학 경찰에 신고를 했다는 사실이 드러난 뒤부터는 기자들의 질문이 더 날카로워졌습니다. 경찰의 명령으로 조 씨가 정신과 치료를 받은 경력이 있다는 것도 드러난 뒤였습니다.

그 때 미국 기자들은 대학과 경찰에 대해 왜 다섯 차례나 있었던 사전 경고를 무시했느냐고 추궁했습니다. 대학 상담소장을 비롯한 관계자들은 비록 정신과 치료를 받았다고 하지만 조 씨에 대해 대학에 출입하지 말라는 명령을 내리거나, 퇴학을 시킬 수 없었다고 말했습니다. 그럴 경우 출입금지를 당한 대학생이 자신의 권리를 침해 당했다고 소송을 제기할 수 있고 그런 소송에서 대학이 이길 수가 없다는 설명이었습니다. 그리고 조 씨의 사건을 심리한 법원의 판결도 대학에 조 씨를 퇴학 시킬 수 있는 강제력을 부여한 것은 아니라고 설명을 했지만 기자들의 질문은 더욱 거세졌습니다. 그 때 답변을 하러 나온 에드 스펜서 부총장의 말을 저는 잊을 수가 없습니다.

"I think about the seductive temptation to blame and I hope that none of us get into that. (저는 우리들 모두가 마음 속에 지니고 있는 한풀이의 잠재적 유혹을 생각합니다. 저는 지금 우리 가운데 그 누구도 그런 우에 빠지지 않기를 바랍니다.)"

바로 그 심리였습니다. 하늘이 무너지는 슬픔 속에서 미워하고 책임을 물을 그 누구를 찾고 싶은 잠재적 유혹과 욕망… 쉽게 말하면 한풀이의 대상을 찾고 싶은 심리겠죠. 바로 그 심리 때문에 저는 한국인이 범인이라는 사실을 안 이후 대학의 반응을 취재하기가 두려웠던 것이고, 바로 그 심리 때문에 기자들은 이 사건을 미리 막을 수 있었는데 조처가 소홀했던 것이 아니냐며 대학과 경찰 당국을 다그쳤던 것이었습니다. 그러나 사람이라면 누구나 갖는 그런 유혹을 미국은 관용의 문화와 시스템으로 이기고 있었습니다. 결코 슬프고 화가 나지 않아서가 아니라 한풀이로 얻을 것도, 돌아오는 것도 없다는 확신 때문인 듯 했습니다. 그런 확신을 바탕으로 모든 비극적인 사건의 해결은 사회 시스템에 맡기고 감정을 자제하며 스스로 해결책을 찾는 일을 자제하는 듯 보였습니다.

그 대표적인 예가 바로 버지니아 공대 본관 앞 드릴 필드에 모셔진 추모석이 아닐까 합니다. 총기 난사 사건의 희생자들을 기리기 위해 마련한

이 추모석이 32개가 아닌 조 씨의 것을 포함한 33개라는 사실은 가히 충격적이었습니다. 이 추모석 가운데 조 씨의 것이 모셔져 있을 거라는 생각에 그 개수를 처음으로 세어보게 된 것은 버지니아 공대가 위치한 블랙스버그 지방 신문의 한 구석에 있는 기사를 읽은 다음이었습니다. 드릴필드에 있는 나무들에 이번 사건으로 숨진 버지니아 동문들을 기념하기 위해 버지니아 공대의 상징인 오렌지와 적갈색 리본을 매기로 했으며 특별히 아름드리 고목 33개를 골라서 검은 리본을 매기로 했다는 게 기사의 내용이었습니다.

아니, 32개가 아니고 33개? 그 호기심에 이끌려 세어본 추모석의 개수가 바로 33개였고 조 씨의 추모석에는 "네가 도움이 가장 필요했을 때 너를 도와주지 못해 미안하다. 너의 가족에게도 평화가 깃들 길 바란다"는 내용의 편지가 놓여있었습니다. 밉거나 곱거나 모두 슬프게 목숨을 잃은 동문들이고 그들이 동문인 이상 대학으로서는 슬프고 안타까운 마음에 차별이 있을 수 없다는 배려였습니다.

하지만 모든 사람들의 마음이 그랬을까요? 그렇진 않았습니다. 마침 제가 그 추모석을 촬영하고 있을 때 세 명의 여학생이 그 앞에 와서 눈물을 흘리면서 그 편지를 주의 깊게 읽고 있었습니다. 혹시 조 씨의 친구들인가 해서 가까이 가서 마이크를 들이대며 물었습니다.

"조 씨는 32명의 학생과 교수, 교직원들을 살해한 미움의 대상일 텐데 여기에 그 추모석을 모시는 것에 대해서 어떻게 생각하십니까?"

조 씨의 친구라고 생각했던 그 여학생들의 입에서 나온 대답은 싸늘했습니다.

"조 씨는 미움의 대상은 아니지만 추모의 대상도 돼서는 안 된다고 생각합니다."

그 여학생들은 조 씨 추모석 옆에 놓여있던 친구의 추모석에 참배하러 온 사람들이었습니다. 그 여학생들은 슬퍼했고 또 속상해 했지만 조 씨의 추모석에 침을 뱉거나 거기에 놓인 꽃다발들을 훼손하지 않았습니다. 다만 조 씨의 추모석이 어느날 밤 한 때 사라진 적이 있었습니다. 저는 대학 당국의 다음 조치가 궁금했습니다. 대학 당국은 바로 다음 날 조 씨의 자리에 추모석을 다시 배치했고 그 이후로는 다시 돌이 사라지는 일은 없었습니다.

3년간 미국에서 수 많은 사건과 사고를 접하고 많은 것을 보고 느꼈지만 친구와 가족을 죽인 사람의 추모석까지 피해자들의 추모석과 나란히 설치하는 대학 당국의 배려와 그를 관용해주는 미국인들의 모습은 특별했습니다. 드릴 필드에 모셔져 있던 추모석, 거기에 섞여있던 조승희 씨의 추모석은 미국의 관용의 힘을 느끼게 하는 가장 큰 충격으로 지금까지 제 가슴에 남아있습니다.

미국의 이라크 안보 딜레마

안녕하세요? 민경욱입니다. 미국 워싱턴에 무사히 도착했고요. 열심히 학원 수업을 들으면서 시차에도 적응해 가는 중입니다. 거처도 호텔에서 한국인 민박집으로 옮겼는데, 집과 차를 구하는 일이 쉽지 않습니다. 주위에서 좀 시간을 두고 후회하지 않을 결정을 하라고 해서 그렇게 하려고요. 미국 특파원들이 가장 친해져야 하는 매체는 텔레비전과 더불어 워싱턴 포스틉니다. 그 사설에 이라크 때문에 고민을 거듭하는 미국의 당면 문제들이 녹아있기에 19일자 사설을 번역해서 올려 드립니다.

The Security Dilemma (워싱턴포스트 5월 19일 사설)

1년 넘게 이라크 안팎에서는 이라크의 유일한 가장 큰 문제는 안전이라는 일반적인 합의가 있었다. 부시 행정부는 이라크 경찰을 훈련시키고 과거 바스당 지도자들과 협상을 하기 위해서 외국 군대들을 끌어 모으는 등 여러 가지 방법으로 이 문제를 해결하기 위해서 노력해왔다. 그러나 폭력사태는 더욱 악화되고 있다. 지난 월요일에 있었던 자동차를 이용한 자살 폭탄테러로 이라크 통치위원회 대통령이 목숨을 잃었으며 그 여파로 연합군의 고위 관리들은 이라크가 무정부 상황으로 치닫고 있다는 걸 인정하기 시작했다. 그럼에도 불구하고 미국 행정부는 전략을 재고한다든가 더욱 극적인 조처들을 내놓지 않고 있는데 이는 매우 의아하고 당황스러운 일이 아닐 수 없다. 워싱턴에서 심각한 수준의 여러 가지 목소리가 들리고 있지만 물론 그 어디에도 손쉬운 해결책이 있을 리는 없다. 예를 들면, 의회의 많은 민주당 사람들은 이라크를 북대서양조약기구(NATO)나 UN에 넘기는 것이 어떠냐는 여러 가지 방법의 제안을 해왔었다. 우리(THE WASHINGTON POST)도 벌써 1년 전에 이런 제안을 지지했으며 아직도 근본적으로는 이 같은 제안을 선호하고 있다. 그러나 파병을 할

> …미국 특파원들이 가장 친해져야 하는
> 매체는 텔레비전과 더불어 워싱턴 포스틉니다.
> 그 사설에 이라크 때문에…

만한 충분한 병력을 보유하고 있는 몇 안 되는 북대서양조약기구 가맹국인 프랑스와 독일 같은 나라들이 아직도 이라크에 대한 파병을 반대하고 있다. UN도 파병과 같은 큰 규모의 작전에서 손을 뗀 지 오래다. 중동의 국가들이 파병을 할 가능성도 희박해 보인다. 리차드 아미티지 미 국무부 부장관은 어제 상원 청문회에서 이 문제에 대해서 자신들은 신경통을 앓을 지경이라고 말한 바 있다. 민주당이나 공화당을 가릴 것 없이 많은 수의 상원의원들은 최근 행정부가 미군 2만 명을 철수시키는 계획을 취소하기로 결정한 것에서 한 발 더 나아가 수만 명의 미군을 증파해야 한다고 요구해왔다. 우리는 이것도 고려해 봐야 할 조처라고 생각하며 행정부가 반대해서는 안 될 사안이라고 믿고 있다. 그러나 벌써 주한미군 1개 여단이 철수한 것에서 볼 수 있듯이 파병을 해야 할 더 많은 병력을 모으는 것은 쉬운 일이 아닐 것이다. 고위 관리들은 이미 파병된 군인들과 예비병력들이 심각한 과로에 시달리고 있다고 실토한 바 있다. 이라크 사람들도 더 이상의 미군의 파병을 반기지 않을 것이다. 안보상 얻을 수 있는 이점은 반드시 반미감정을 증폭시키는 정치적 반발을 수반할 위험이 있으며 이런 반미감정은 이라크 저항세력의 지지기반이 되고 있다. 행정부는 수만 명의 새로운 이라크 보안세력을 재빨리 훈련시키는 자신들의 계획을 고수하고 있다. 민주당의 존 케리 대통령 후보는 이런 계획에 동의하지만 더 훌륭하고 더 빠른 방법으로 이뤄져야 한다고 말한다. 이것 또한 더욱 다급하게 수행돼야 한다. 그러나 이라크인으로 구성된 병력들이 안보문제를 빠른 시간 안에 해결해줄 수는 없을 것이다. 국방부의 폴 월포위츠 차관은 상원 청문회에서 이라크 군인들이 완전히 훈련을 마치고 적절한 장비를 갖춘 병력으로 조직되기 까지는 1년에서 18개월이 소요될 것으로 본다고 말했다. 사태를 비관적으로 생각하는 일부 사람들이 주장하는 대로 이라크의 질서를 재건하는 방법은 없으며 혼란과 내전이 불가피한 것인지도 모른다. 그러나 우리는 현재 논의되고 있는 모든 전략들을 합쳐서 적극적으로 수행한다면 문제가 해결될 수 있다고 믿고 있다. 내년 초로 예정돼있는 선거가 제대로 치러지기 위해서는 이라크에 더 많은 미군이 파병돼야 하며 이라크의 보안군과 다른 동맹국들의 병력도 추가돼야 하고 그 시기는 빠를수록 더 좋다. 부시 대통령이 극적인 조처들을 취해야만 이 같은 추가적인 병력증강이 가능해질 것이다. 부시 대통령은 의회와 미국 국민들에 대한 연설을 통해서 왜 추가 파병이 필요하고 그에 따르는 비용과 국론분열 사태를 어떻게 관리할 것인가를 밝혀야 한다. 부시 대통령은 미군 병력 규모의 항구적인 증강에 동의해야 하며 그렇게 된다면 적어도 혹사당하는 일부 사단과 예비군의 미래의 부담을 덜어줄 수 있을 것이다. 부시 대통령은 공적으로나 사적으로 유럽과 그 외의 지역에 있는 미군 동맹국들에게 선거에 필요한 안전보장을 이루는데 지원을 해달라고 호소해야 한다. 이라크 사태와 관련한 특별 정상회담은 그 한 가지 방법이 될 수 있을 것이다. 무엇보다도 부시 대통령은 자신이 현상유지에 급급하지 않고 이라크의 안전문제를 개선시킬 대담하고 창조적인 행동을 취할 준비가 돼 있다는 걸 분명히 해야 한다.

"실컷 먹고, 총을 난사하고 떠난 팬더?"

저의 한 달 동안의 미국 연수 생활이 큰 전기를 맞았습니다. 미국이라는 나라가 워낙 땅덩어리가 넓은 나라이기 때문인지 여기서는 차가 없으면 도통 움직일 수가 없습니다.

며칠 전에 어떤 아는 분의 차를 얻어 타고 오다가 식료품을 좀 살 것이 있어서 지도상으로 우리 민박숙소와 딱 붙어있는 동양식품 매장에 내렸다가 일을 보고 집까지 걸어갔는데요. 40도 가까운 더운 날씨에 30분 넘게 걷다보니 별 생각이 다 나더군요. 그 더운 날 길거리에 걷는 사람이라곤 저와 카메라 기자 이중완 선배 두 사람뿐이었습니다.

그 며칠 뒤에 극적인 흥정 끝에 드디어 차를 샀습니다. 미국에서는 차를 사면 미국 생활의 70%를 달성한 것이라는 말이 있다고 합니다. 그래서 요즘에는 제 차를 타고 학원도 찾아가고, 워싱턴 중심가에 있는 지국도 찾아가고, 지도를 보고 특파원 선배들 댁에도 찾아가고 있습니다. 오늘 오후에는 혼자 워싱턴 D.C.를 찾아가다가 길을 잃고 약간 헤매기도 했지만 뭐 그게 바로 공부 아니겠습니까?

극적이었던 자동차 구입 후기는 나중에 기회가 되면 자세히 소개해드릴 기회가 생길지도 모르겠습니다. 자동차 사진과 17년 만에 워싱턴을 온통 뒤덮어버린 빨간 눈 매미의 상세한 사진들은 제 홈페이지의 포토갤러리(http://news.kbs.co.kr/reporter_column/minkw/)에 올려놓았으니 관심 있는 분들은 한 번 들러보시기 바랍니다. 저는 한국에서 기자생활을 하면서 기자라는 직업이 다른 직업에 비해서 조금 덜 복잡한 기호체계 속에서 생활하는 사람이라는 생각을 한 적이 있었습니다. 물론 취재 분야에 따라서는 복잡한 도표나 숫자 속에서 뉴스를 골라내기도 하고, 주가의 동향을 나타내는 그래프 속에서 우리 경제의 흐름을 읽어내야 하기도 하지만 그건 드문 경우이기도 하거니와 그런 거라면 더 잘하는 전문가들이 더 많지 않습니까?

...팬더가 카페로 걸어 들어와서는
샌드위치를 한 개 시켜서 게걸스럽게 먹고
총을 꺼내서 몇 발을 쏘더니...

그에 비해서 기자들은 대개 한글로 쉽게 쓰인 많은 문서들을 통해서, 그것도 친절하게 안내된 보도 자료들을 가끔씩 참고하면서 기사를 쓰면 되니까 그렇게 생각하게 된 겁니다. 그런데 다시 한 번 곰곰이 생각하면 취재원과 인터뷰를 하면서 말 한 마디나 순간 표정에 비치는 이상한 낌새를 포착해서 특종을 찾아나가는 노력을 생각하면 그리 간단한 기호체계는 아니라는 생각이 들기도 합니다.
각설하고, 그렇게 생각했던 게 여기에 와서 보니까 바뀌게 됐습니다. 외국 특파원의 취재활동을 위해서는 많은 복잡한 기호체계에 통달해야 하는구나 하는 생각을 하게 됐다는 말씀입니다. 우선 낯선 외국어로 방송되는 방송을 TV 라디오 가릴 것 없이 모니터해야죠. 각 신문사나 통신사의 인터넷 사이트를 통해서 최신 뉴스나 그 날의 일정, 주요 인사의 동정과 연설 내용을 숙지해야죠. 또 신문도 빠짐없이 읽어야죠. 게다가 한국이나 미국의 주요 현안과 관련된 신간들도 시간 나는 대로 읽어야 하는 생활인데요. 인터넷 조작 기술과 영어에 대한 능숙함이 없이는 참으로 어려움이 많은 생활이란 생각이 들었습니다.
최근에 보내드린 워싱턴 포스트 사설과 관련해서 글로벌 시대데 영어 원문도 함께 실어주지 그랬느냐는 말씀들이 있으셔서 오늘은 이곳 미국에서 접해야 하는 그 복잡한 기호체계의 중심에 서있는 영어와 관련된 재미있는 기사를 소개해 드릴까 합니다.
워싱턴 포스트의 서평란에 있는 한 기삽니다. 정확한 문장부호 사용법과 관련된 책인데요. 책의 이름이 이렇습니다. "Eats, Shoots &Leaves" 우리말로 하면 "먹고, 쏘고, 떠나고" 쯤 될까요? 이게 무슨 말이냐고요? 책의 이름을 이해하기 위해서는 다음의 영어를 이해해야 합니다.

"A panda walks into a cafe, orders and devours a sandwich, draws a gun, fires off a couple of rounds, then waddles off. "Why?" asks the bewildered waiter. "I'm a panda. Look it up. " When the waiter checks out "Panda" in a reference book, he reads: "Large black-and-white bear-like mammal, native to China. Eats shoots and leaves."
"팬더가 한 마리 카페로 걸어 들어와서는 샌드위치를 한 개 시켜서 게걸스럽게 먹고 총을 꺼내서 몇 발을 쏘더니 뒤뚱거리며 밖으로 걸어 나갔다. "도대체 왜 이러시는 거죠?" 하고 당황한 웨이터가 물었다. "나는 팬더야. 내가 누군지 사전에서 한 번 찾아 봐." 그 말을 들은 웨이터가 관련 자료에서 팬더의 정의를 찾아 봤더니 이렇게 나와 있었다. "검고 흰색의 곰같이 생긴 큰 포유류로서 중국이 원산지며 먹고, (총을) 쏘고, 떠난다."

잘 이해가 되다가 마지막 부분에서 이해가 안 되시죠? 바로 "Eats, shoots and leaves"라는 부분일 텐데요. 여기에 쓰인 대로 번역을 하면, "먹고, 쏘고, 떠난다."라는 말입니다. 그러나 그 문장의 쉼표 하나만 지우면 "Eats shoots and leaves" 라는 문장이 되고 그 뜻은 "(죽순 같은) 싹이나 나뭇잎 등을 먹으며 산다."로 바뀌게 됩니다. 여기서 shoots란 총을 쏜다는 뜻이 아니라 sprout같이 식물의 싹이라는 뜻으로 쓰인 거죠. 쉼표를 어디에 찍느냐, 혹은 찍느냐 마느냐에 따라서 이렇게 뜻이 확 바뀌게 된다는 걸 아주 극적으로 표현했고요. 이 일화의 중심 말인 "Eats, Shoots &Leaves"를 책 이름으로 삼은 겁니다. 재미있죠?
신문의 이 기사가 나간 지 며칠 만인 오늘 독자 투고란에 또 다른 재미있는 일화가 실렸기에 아울러 소개를 드립니다.

A czar of Russia had written a telegram concerning a notorious subversive. It said: "Pardon impossible, to be sent to Siberia.

"The merciful czarina noticed the telegram and changed the location of the comma to read, "Pardon, impossible to be sent to Siberia."

러시아의 황제가 한 악명 높은(notorious) 반체제 인사(subversive)와 관련해 다음과 같은 전문을 썼다. "사면 불가능함, 시베리아로 유배시킬 것.(Pardon impossible, to be sent to Siberia.)" 자비심 넘치는 황후(czarina)가 이 전문을 발견하고는 쉼표의 위치를 바꿔서 다음과 같이 그 내용을 뒤집었다. "사면, 시베리아로 유배시킬 수 없음.(Pardon, impossible to be sent to Siberia)"

의사소통의 달인, 고 레이건 대통령 (1)

집 떠나온 지 3주일을 넘어섰습니다. 역시 사람은 가족과 함께 있어야 한다는 생각을 합니다. 다들 가족과 함께 하는 주말에 이역만리 이곳 워싱턴에 연수를 나온 이중완 선배와 저 둘은 오늘도 저녁나절 차를 타고 한국 식료품을 파는 대형 상점에 가서 고기를 사다가 구워 먹으면서 외로움을 달랬습니다.

"The great communicator"로 상징되는 미국의 40대 대통령, 레이건 전 대통령이 93세를 일기로 어제 세상을 떠났습니다. 10년 동안 알츠하이머로 가족도 못 알아보는 외로운 암흑 속을 헤맨 뒤였습니다. 미국은 지금 냉전시대에 소련에 승리를 거두고 작은 정부를 실현했으며 미국의 자존심을 다시 세워줬던 미국 사상 최장수 대통령의 서거를 아쉬워하며 슬픔에 빠져있습니다.
미국의 텔레비전들은 고 레이건 전 대통령의 업적을 기리면서 특히 그의 탁월했던 의사소통 방식을 칭송하고 있습니다. 레이건 대통령의 뛰어난 유머감각에 관한 일화를 다룬 상세한 리포트도 있었는데요. 대통령 자리를 두고 일전을 벌이던 정적(政敵)마저 배꼽을 잡으며 전의를 상실하게 만들었던 레이건 대통령의 기지 넘치는 유머에 대해서는 나중에 다시 언급할 기회를 만들겠습니다.
고 레이건 전 미국 대통령은 기억에 남을 많은 훌륭한 연설을 했습니다만 어제와 오늘 미국 텔레비전 뉴스에서 자주 인용하는 레이건 전 대통령의 고별 연설을 원문과 함께 소개해 드릴까 합니다. 자신의 8년 집무기간을 평가했던 고별 연설문인데요. 그 원문이 워낙 길어서요. 몇 차례에 걸쳐서 그 전문을 올려 드리겠습니다.

All in all, not bad, not bad at all.
전체적으로 볼 때 괜찮았습니다. 꽤 괜찮았습니다.

My fellow Americans: This is the thirty-fourth time I'll speak to you from the Oval Office and the last. We've been together for eight years now, and soon it'll be time for me to go. But before I do, I wanted to share some thoughts, some of which I've been saying for a long time.
친애하는 미국 국민 여러분. 오늘 연설은 제가 백악관의 제 사무실에서 드리는 34번째 연설이고 마지막 연설입니다. 저는 여러분과 8년을 함께 했습니다만 이제 곧 제가 이 자리를 떠나야 할 때가 올 겁니다. 그러나 저는 퇴임하기에 앞서 오랫동안 여러분께 반복해서 드렸던 말씀을 포함한 몇몇 생각을 여러분과 함께 나눌까 합니다.

It's been the honor of my life to be your president. So many of you have written the past few weeks to say thanks, but I could say as much to you. Nancy and I are grateful for the opportunity you gave us to serve. One of the things about the presidency is that you're always somewhat apart. You spend a lot of time by going too fast in a car someone else is driving, and seeing the people through tinted glass - the parents holding up a child, and the wave you saw too late and couldn't return. And so many times I wanted to stop and reach out from behind the glass, and connect. Well, maybe I can do a little of that tonight.
제가 여러분의 대통령으로 일하게 됐던 것은 저의 인생에 있어서 길이 남을 영광이었습니다. 지난 몇 주 동안 참으로 많은 분들께서 고맙다는 편

> *...대통령직을 떠나게 됐는데*
> *기분이 어떠냐 묻습니다. 사실을 말씀 드리자면*
> *"이별은 참으로 달콤한 슬픔입니다."...*

지들을 보내오셨습니다만 저도 여러분께 똑같이 감사하다는 말을 드리고 싶은 심정입니다. 제 아내 낸시와 저는 제가 여러분을 섬길 수 있는 기회를 주신 것에 대해서 감사한 마음을 지니고 있습니다. 대통령이라는 자리에 대해서 한 말씀 드리자면 대통령이 되면 항상 사람들과 어느 정도 동떨어져서 지내도록 돼 있습니다. 저는 많은 시간을 남이 빠르게 운전하는 차를 타고 선팅이 된 창문을 통해 사람들을 봐왔습니다. 부모들이 아이들을 높이 치켜들고 손을 흔드는 걸 봤지만 차가 너무 빨리 달리기 때문에 마주 손을 흔들어줄 타이밍을 놓칠 때가 많았습니다. 또 차를 세우고 차 유리창에서 손을 뻗쳐서 그 사람들의 손을 마주 잡아주기를 원했던 때도 많았습니다만 그러지 못했습니다. 뭐, 아마도 오늘 밤에는 그런 일을 좀 할 수 있을지도 모르겠습니다.

People ask how I feel about leaving. And the fact is, "parting is such sweet sorrow. " The sweet part is California, and the ranch and freedom. The sorrow - the good-byes, of course, and leaving this beautiful place. You know, down the hall and up the stairs from this office is the part of the White House where the presidents and his family live.

사람들은 이제 대통령직을 떠나게 됐는데 기분이 어떠냐고 묻습니다. 사실을 말씀 드리자면 "이별은 참으로 달콤한 슬픔입니다." 달콤하다는 건 (제가 퇴임하면 돌아갈) 캘리포니아와 목장과 자유를 생각할 때 그렇다는 겁니다. 슬픔은 당연히 이별이 슬프고요. 이 아름다운 장소를 떠난다는 사실이 또 슬픕니다. 잘 아시겠지만 제 집무실에서 홀을 내려가서 계단을 오르면 대통령과 그 가족들이 살아가는 백악관의 사저 부분이 있습니다.

*“ ...그곳에는 제가 이른 아침이면
곁에 서서 밖을 바라보는
제가 좋아하는 많은 창문들이 있습니다... ”*

There are a few favorite windows I have up there that I like to stand and look out of early in the morning. The view is over the grounds here to the Washington Monument, and then the Mall and the Jefferson Memorial. But on mornings when the humidity is low, you can see past the Jefferson to the river, the Potomac, and the Virginia shore. Someone said that's the view Lincoln had when he saw the smoke rising from the Battle of Bull Run.
그곳에는 제가 이른 아침이면 곁에 서서 밖을 바라보는 제가 좋아하는 많은 창문들이 있습니다. 이곳에서는 워싱턴 기념탑을 바라볼 수 있고 또 상점가와 제퍼슨 기념관을 볼 수가 있습니다. 그러나 습도가 낮은 아침이면 제퍼슨 기념관을 지나 포토맥 강까지 볼 수 있고 버지니아 강기슭까지 볼 수 있습니다. 혹자에 따르면 링컨 대통령이 불런(Bull Run) 전투에서 솟아오르는 연기를 본 것이 바로 이곳이었다고 합니다.

I see more prosaic things: the grass on the banks, the morning traffic as people mark their way to work, now and then a sailboat on the river. I've been thinking a bit at that window. I've been reflecting on what the past eight years have meant and mean. And the image that comes to mind like a refrain is a nautical one – a small story about a big ship, and a refugee and a sailor.
저는 더 단조로운(prosaic) 것들을 봅니다. 강둑의 잔디나 아침 출근하는 차량들의 오가는 모습, 또 가끔씩 강을 지나는 요트 같은 것들입니다. 저는 이 창문가에 서서 약간의 생각을 했었습니다. 저는 지난 8년이 어떤 의미를 지녔으며 또 현재에는 어떤 의미를 지니고 있는지를 반추했습니다. 그리고 제 마음 속에 후렴(refrain)처럼 떠오르는 이미지는 항해와 관련된(nautical) 것입니다. 즉, 큰 배와 피난민 그리고 선원과 관련된 작은 이야기입니다. (계속)

레이건 대통령의 고별 연설문 (2)

안녕하세요? 미국 워싱턴에는 며칠 동안 여름 가뭄을 해소하는 비가 내렸습니다. 비가 내리는 동안에는 밤에 잘 때 몸이 으슬으슬 떨릴 정도였는데요. 비가 그치고 난 뒤에는 또 무더위가 기승을 부리는군요.
고 레이건 미국 대통령의 마지막 공식 연설, 미국 대통령이 미국 국민들을 대상으로 한 연설이라서 우리 정서에는 썩 와 닿지 않는 부분들도 있습니다. 그러나 국민과의 의사소통을 중요시 했던 미국의 가장 위대한 대통령들 가운데 하나라는 미국인들의 칭송을 검증한다는 마음으로 읽어주시기 바랍니다.
취임한 지 얼마 되지 않아 참석한 경제 정상회담에서 자기가 알아들을 수 없는 불어와 독어가 난무하던 분위기에 난감해하던 자신의 입지가, 국내 경제회복을 달성한 뒤에 어떻게 달라졌는지를 설명하는 부분이 재미있습니다. 나이 많은 할아버지와 같던 자기 나라의 대통령이 겪었던 상황의 반전을 대통령으로부터 직접 들으면서 미국인들은 얼마나 통쾌해 했겠습니까? 그런 효과를 노린 레이건 대통령의 연설 솜씨가 감탄스러울 뿐입니다.

It was back in the early eighties, at the height of the boat people. And the sailor was hard at work on the carrier Midway, which was patrolling the South China Sea. The sailor, like most American servicemen, was young, smart, and fiercely observant. The crew spied on the horizon a leaky little boat. And crammed inside were refugees from Indochina hoping to get to America. The Midway sent a small launch to bring them to the ship and safety. As the refugees made their way through the choppy seas, one spied the sailor on deck, and stood up, and called out

> *"...할아버지같은 대통령이 겪었던 상황의 반전을 대통령으로부터 직접 들으며 미국인들은 얼마나 통쾌했겠습니까?..."*

to him. He yelled, Hello, American sailor. Hello, freedom man.'
이 이야기는 보트 피플이 기승을 부렸던 1980년대 초로 거슬러 올라갑니다. 한 미국 해군이 미드웨이 항공모함 위에서 열심히 근무를 서고 있었습니다. 그 병사의 임무는 남중국해를 감시하는 일이었습니다. 이 해군은 대부분의 미국 병사들처럼 젊고, 똑똑하고 자신의 업무에 매우 열심이었습니다. 이 병사는 수평선에서 물이 새는 작은 보트를 발견했습니다. 그 보트 안에는 미국행을 염원하는 인도차이나 반도의 피난민들이 꽉 들어차서 발 디딜 틈이 없었습니다. 미드웨이 항공모함은 그들을 배로 안전하게 데려오기 위해서 작은 보트를 보냈습니다. 피난민들이 파도가 이는 바다를 뚫고 앞으로 나아가고 있을 때 한 피난민이 갑판에 서있는 해군을 발견하고는 벌떡 일어나서 그에게 소리쳤습니다. '안녕하세요, 미국 해군 양반. 안녕하세요, 자유를 주는 양반'

A small moment with a big meaning, a moment the sailor, who wrote it in a letter, couldn't get out of his mind. And, when I saw it, neither could I. Because that's what it was to be an American in the 1980's. We stood, again, for freedom. I know we always have, but in the past few years the world again--and in a way, we ourselves--rediscovered it.
그건 큰 의미를 지닌 짧은 순간이었습니다. 이 사건을 저에게 편지로 적어온 그 해군은 이후로 그 순간을 도저히 잊을 수가 없었습니다. 그리고 저도 그 편지를 읽은 이후 그 순간을 잊을 수 없었습니다. 왜냐하면 바로 이것이 1980년대의 미국인이었기 때문입니다. 우리는 다시 자유를 위해 일어섰습니다. 우리는 항상 그래왔다는 걸 전 압니다. 그러나 지난 몇 년 동안 전 세계가 그 사실을 다시 깨달았고 어떤 면에선 우리 자신도 그 사실을 다시 실감하게 됐습니다.

It's been quite a journey this decade, and we held together through some stormy seas. And at the end, together, we are reaching our destination.
지난 10여년은 굴곡이 많은 시간이었습니다. 그리고 우리는 바다에 몰아치는 폭풍에도 불구하고 힘을 합쳤습니다. 그리고 마침내 우리는 함께 우리의 목적지에 도달하고 있습니다.

The fact is, from Grenada to the Washington and Moscow summits, from the recession of '81 to '82, to the expansion that began in late '82 and continues to this day, we've made a difference. The way I see it, there were two great triumphs, two things that I'm proudest of. One is the economic recovery, in which the people of America created--and filled--19 million new jobs. The other is the recovery of our morale. America is respected again in the world and looked to for leadership.
사실, 그라나다 사태로부터 미 · 소 정상회담까지, 그리고 81년과 82년에 있었던 경기 불황으로부터 82년 말에 시작돼서 지금까지 계속되고 있는 호황까지 우리는 변화를 만들어냈습니다. 제가 보기로는, 지금까지 두 가지의 위대한 승리가 있었고 저는 그를 매우 자랑스럽게 생각하고 있습니다. 하나는 경제회복입니다. 미국인들은 1,900만 개의 새로운 일자리를 창출했고 그 자리를 채웠습니다. 또 다른 한 가지는 우리의 사기를 회복한 것입니다. 미국은 세계로부터 다시 존경받게 됐고 세계는 미국에게 지도력을 기대하고 있습니다.

> “ ...지난 1981년, 저는 대통령이 된 이후
> 처음으로 캐나다에서 열렸던 큰 규모의 경제
> 정상회담에 참석하고 있었습니다. 회담은... ”

Something that happened to me a few years ago reflects some of this. It was back in 1981, and I was attending my first big economic summit, which was held that year in Canada. The meeting place rotates among the member countries. The opening meeting was a formal dinner of the heads of government of the seven industrialized nations. Now, I sat there like the new kid in school and listened, and it was all Francois this and Helmut that. They dropped titles and spoke to one another on a first-name basis. Well, at one point I sort of leaned in and said, 'My name's Ron. ' Well, in that same year, we began the actions we felt would ignite an economic comeback-- cut taxes and regulation, started to cut spending. And soon the recovery began.

몇 년 전에 제게 일어났던 일을 들어보시면 이 말이 좀 이해가 되실 겁니다. 지난 1981년에 있었던 일입니다. 저는 대통령이 된 이후 처음으로 그 해에 캐나다에서 열렸던 큰 규모의 경제 정상회담에 참석하고 있었습니다. 회담은 참가국이 돌아가면서 주최하도록 돼 있었습니다. 개회식은 7개 경제 선진국 정상들이 참석하는 공식 만찬이었습니다. 저는 마치 학교에 처음 입학한 학생처럼 그 자리에 앉아서 다른 사람들이 말하는 걸 그저 듣고 있었습니다. 그런데 그 말이라는 게 온통 여기서 프랑소와(프랑스 미테랑 대통령의 first name) 저기서 헬무트(독일 슈미트 총리의 first name) 하는 식이었습니다. 그들은 공식직함을 떼고 서로의 이름(first name)을 부르며 친숙하게 이야기를 하고 있었습니다. 그래서 좀 있다가 저는 앞으로 몸을 숙이고는 "저는 론이라고 합니다."라고 말을 건

냈었습니다. 음, 바로 그 해에 우리는 세금과 규제를 줄이고 정부의 소비를 억제하는 등 경제회복에 불을 붙일 것으로 생각되는 조처들을 취하기 시작했습니다. 그리고 얼마 지나지 않아 미국 경제는 회복되기 시작했습니다.

Two years later, another economic summit with pretty much the same cast. At the big opening meeting we all got together, and all of a sudden, just for a moment, I saw that everyone was just sitting there looking at me. And then one of them broke the silence. 'Tell us about the American miracle,' he said.
2년 뒤에 거의 똑같은 참석자들이 모인 또 다른 경제 정상회담이 있었습니다. 성대한 개회식에 우리는 모두 모여 앉았습니다. 그리고 갑자기 저는 모든 참석자들이 잠시 동안 그냥 그 자리에 앉아서 저만 바라보고 있다는 걸 깨닫게 됐습니다. 이윽고 그들 가운데 한 사람이 침묵을 깨고 저에게 말했습니다. "미국이 이룬 기적에 대해서 한 말씀 해 주시죠." (계속)

레이건 대통령의 고별 연설 (3)

앞장의 고 레이건 대통령의 연설문 두 번째 번역 가운데 'Francois this and Helmut that,' 이라는 부분은 프랑소와(Francois)는 프랑스 미테랑 대통령의 first name입니다. 헬무트는 당시 독일 슈미트 수상의 first name이고요. 그러니까 번역이 "온통 여기서는 프랑소와, 저기서는 헬무트 하는 식이었습니다."라고 해석을 합니다. 각국의 정상들이 서로 친해서 공식직함이나 성을 쓰는 대신 친숙하게 서로의 first name을 불렀다는 내용이죠. 서로 흉허물이 없는 사이를 'We are on the first name basis' 라고 표현하는데, 바로 그런 사이였다는 얘기죠.

Well, back in 1980, when I was running for President, it was all so different. Some pundits said our programs would result in catastrophe. Our views on foreign affairs would cause war. Our plans for the economy would cause inflation to soar and bring about economic collapse. I even remember one highly respected economist saying, back in 1982, that 'The engines of economic growth have shut down here, and they're likely to stay that way for years to come. ' Well, he and the other opinion leaders were wrong. The fact is what they call 'radical' was really 'right. ' What they called 'dangerous' was just 'desperately needed. '
음, 1980년 제가 대통령에 출마했을 당시에 상황은 정말로 달랐습니다. 일부 석학들(pundits)은 우리의 프로그램들이 재앙(catastrophe)을 만들어 낼 거라고 말했습니다. 외교문제와 관련한 우리의 입장은 전쟁을 자초할 것이라고 말했습니다. 우리의 경제계획은 급격한 인플레이션을 초래해서 결국 경제파탄을 가져올 것이라고 말했습니다. 저는 심지어 지난 1982년 꽤 저명한 한 경제학자가 "경제성장을 위한 미국의 동력은 사라

> *...어떤 물건에 무거운 세금을 물리면 사람들은 그걸 적게 생산하게 될 겁니다. 그래서 세금부담을 줄였습니다. 그랬더니...*

졌고 앞으로 수년 동안 그 상태가 지속될 것이다." 라고 얘기했던 것도 기억합니다. 음, 이 학자와 다른 사회 지도층 인사들은 모두 틀렸습니다. 따져보면 그들이 급격한 조처라고 했던 것들은 옳은 조처들이었고, 그들이 위험하다고 했던 조처들은 단지 절실하게 필요한 조처였을 뿐입니다.

And in all of that time I won a nickname, 'The Great Communicator. ' But I never thought it was my style or the words I used that made a difference: it was the content. I wasn't a great communicator, but I communicated great things, and they didn't spring full bloom from my brow, they came from the heart of a great nation--from our experience, our wisdom, and our belief in the principles that have guided us for two centuries. They called it the Reagan revolution. Well, I'll accept that, but for me it always seemed more like the great rediscovery, a rediscovery of our values and our common sense.
그리고 저는 그 시간을 지나는 동안 "의사소통의 달인" 이라는 별명을 얻었습니다. 그러나 저는 저의 스타일이나 제가 사용한 화법이 변화를 불러일으킨 것이라고 생각해본 적이 없습니다. 변화를 만들어낸 것은 바로 그 내용이었습니다. 저는 의사소통의 달인이 아니었습니다. 단지 저는 위대한 일들을 말로 전달했을 뿐입니다. 그리고 그런 위대한 일들이 어느 날 갑자기 저의 머리에서 활짝 피어난 게 아니었습니다. 그 위대한 생각들은 위대한 조국의 한 가운데에서 나온 것입니다. 우리의 경험, 우리의 지혜, 그리고 2세기 동안 우리를 이끌어온 원칙들에 대한 우리의 신념에서 솟아나온 것입니다. 사람들은 이걸 레이건식 혁명이라고 부릅니다. 음, 저는 그렇게 부르는 걸 뭐라고 하지는 않겠습니다. 그러나 저에게는 그게 항상 위대한 재발견, 우리의 가치와 우리의 상식에 대한 재발견처럼 생각됐습니다.

Common sense told us that when you put a big tax on something, the people will produce less of it. So, we cut the people's tax rates, and the people produced more than ever before. The economy bloomed like a plant that had been cut back and could now grow quicker and stronger. Our economic program brought about the longest peacetime expansion in our history: real family income up, the poverty rate down, entrepreneurship booming, and an explosion in research and new technology. We're exporting more than ever because American industry became more competitive and at the same time, we summoned the national will to knock down protectionist walls abroad instead of erecting them at home.
상식적으로 생각해볼 때 어떤 물건에 대해서 무거운 세금을 물리면 사람들은 그걸 적게 생산하게 될 겁니다. 그래서 우리는 국민의 세금부담을 줄였습니다. 그랬더니 사람들이 그 어느 때보다도 많은 물건을 생산해냈습니다. 경제는 이제 마치 잔가지를 손질한(cut back) 나무들처럼 더 빠르고 더 건강하게 자랄 수 있었습니다. 우리의 경제정책은 전시를 제외하고는 역사상 가장 오랜 경제성장을 이룩해 냈습니다. 가계의 실질소득은 올라갔고 빈곤지수는 내려갔습니다. 기업들의 창업이 늘어나고 연구와 새로운 기술에 대한 투자도 폭발적입니다. 미국은 과거 그 어느 때보다도 많은 수출을 하고 있습니다. 그 이유는 바로 미국의 기업들의 경쟁력이 더 높아졌고 동시에 우리가 내수보호를 위해서 보호주의의 벽을 세우는 대신 외국의 보호주의 장벽을 무너뜨리기 위해서 국가적 의지를 집결시

켰기 때문입니다.

Common sense also told us that to preserve the peace, we'd have to become strong again after years of weakness and confusion. So, we rebuilt our defenses, and this New Year we toasted the new peacefulness around the globe. Not only have the superpowers actually begun to reduce their stockpiles of nuclear weapons--and hope for even more progress is bright--but the regional conflicts that rack the globe are also beginning to cease. The Persian Gulf is no longer a war zone. The Soviets are leaving Afghanistan. The Vietnamese are preparing to pull out of Cambodia, and an American-mediated accord will soon send 50,000 Cuban troops home from Angola.
상식 얘기를 또 하자면 평화를 유지하기 위해서 우리는 무력하고 혼란에 빠졌던 몇 년의 수렁에서 벗어나 다시 강해질 필요가 있었습니다. 그래서 우리는 우리의 국방을 재건했습니다. 그리고 그 원년에 우리는 세계 전체의 새로운 평화를 기념하는 축배를 들 수 있었습니다. 초강대국들이 실제로 핵무기 비축량(stockpile)을 감축하기 시작했을 뿐만 아니라 - 이 부분에 있어서는 앞으로 더 많은 진전이 있을 것으로 기대되고 있습니다. - 전 세계를 괴롭히고 있는(rack) 국지적 분쟁들 또한 잦아들고 있습니다. 페르시아만은 이제 더 이상 전쟁터가 아닙니다. 소련군들은 아프가니스탄에서 철수하고 있습니다. 베트남 군인들은 캄보디아에서 철수할 준비를 하고 있고, 미국이 중재한(mediate) 조약에 따라 앙골라에 파견돼 있던 쿠바군 5만 명이 곧 철수를 하게 될 겁니다.

The lesson of all this was, of course, that because we're a great nation, our challenges seem complex. It will always be this way.

“...우리는 국가를 변화시키길 원했습니다만 하다 보니까 우리는 결국 세계를 변화시켰습니다...”

But as long as we remember our first principles and believe in ourselves, the future will always be ours. And something else we learned: Once you begin a great movement, there's no telling where it will end. We meant to change a nation, and instead, we changed a world.
이 모든 것이 주는 교훈은 물론 미국이 매우 큰 국가이기 때문에 우리의 도전이 복잡해 보인다는 것입니다. 그건 앞으로도 마찬가지일 겁니다. 그러나 우리가 우리의 가장 중요한 원칙을 기억하고 우리 자신을 믿는 한 미래는 항상 우리의 것이 될 것입니다. 그리고 우리는 또 다른 것도 배웠습니다. 우리가 일단 위대한 발걸음을 옮기기 시작하면 그 끝이 어떻게 될지 아무도 알 수 없다는 것입니다. 우리는 국가를 변화시키길 원했습니다만 하다 보니까 우리는 결국 세계를 변화시켰습니다.

Countries across the globe are turning to free markets and free speech and turning away from the ideologies of the past. For them, the great rediscovery of the 1980's has been that, lo and behold, the moral way of government is the practical way of government: Democracy, the profoundly good, is also the profoundly productive.
세계 각국은 과거의 이념논쟁에서 돌아서서 자유시장과 언론의 자유를 향해 눈을 돌리고 있습니다. 그들 나라에게 있어서 1980년대의 위대한 재발견은, 자, 보시라(lo and behold), 윤리적인 정부 운영이 실용적인 정부 운영이라는 사실이었습니다. 즉, 지고지선한 민주주의가 결국 가장 생산적인 제도라는 사실이었습니다. (계속)

레이건 대통령의 고별 연설 (4)

안녕하세요? 한 달 간의 미국 연수도 이제 끝이 났습니다. 저는 한 달 동안 많은 것을 배우고 특파원 생활을 위한 나름대로의 현지준비도 마치고 이제 한국으로 돌아갑니다. 돌아가서는 3년간의 특파원 생활을 위한 철저한 준비를 해서 다시 미국으로 오게 됩니다. 레이건 대통령의 고별연설 번역은 오늘도 계속 됩니다.

When you've got to the point when you can celebrate the anniversaries of your 39th birthday you can sit back sometimes, review your life, and see it flowing before you. For me there was a fork in the river, and it was right in the middle of my life. I never meant to go into politics. It wasn't my intention when I was young. But I was raised to believe you had to pay your way for the blessings bestowed on you. I was happy with my career in the entertainment world, but I ultimately went into politics because I wanted to protect something precious.
39살의 생일을 축하하는 시점에 이르면 사람들은 가끔씩 편안하게 앉아서 인생을 반추하고 그 인생이 자기 앞으로 흘러가는 걸 관조하곤 합니다. 저에게 있어서 그 때는 강물이 갈라지는 분수령이었습니다. 그 분수령이 바로 제 인생의 한 가운데에 있었습니다. 저는 단 한 번도 정치를 하겠다는 뜻을 가진 적이 없었습니다. 정치는 제 어렸을 때 의도와는 거리가 멀었습니다. 하지만 저는 사람들은 자신에게 부여된 축복에 걸맞는 길을 걸어야 한다는 교육을 받고 자랐습니다. 저는 연예산업에서 쌓아온 경력에 만족했습니다만 소중한 그 무엇을 지키길 원했기 때문에 결국 정치의 길로 접어들었습니다.

"...우리가 겪은 혁명은 정부의 진로를 정말로 뒤바꿔놓은 인류 역사 최초의 혁명이었습니다. 이 혁명은..."

Ours was the first revolution in the history of mankind that truly reversed the course of government, and with three little words: 'We the People.' 'We the People' tell the government what to do; it doesn't tell us. 'We the People' are the driver; the government is the car. And we decide where it should go, and by what route, and how fast. Almost all the world's constitutions are documents in which governments tell the people what their privileges are. Our Constitution is a document in which 'We the People' tell the government what it is allowed to do. 'We the People' are free. This belief has been the underlying basis for everything I've tried to do these past 8 years.
우리가 겪은 혁명은 정부의 진로를 정말로 뒤바꿔놓은 인류 역사 최초의 혁명이었습니다. 이 혁명은 "We the People(국민)"이라는 간단한 세 단어로 표현됩니다. 즉, 국민이 정부에게 뭘 할 건지를 말하지, 정부가 국민에게 뭘 하라고 말하지 않습니다. 주권을 가진 국민인 우리가 운전사요, 정부는 자동찹니다. 어느 목적지를 어떤 경로를 통해서 얼마나 빨리 가야 할 것인지를 결정하는 건 바로 국민입니다. 세계 국가들의 거의 모든 헌법은 정부가 국민에게 국민의 특권이 무엇인지를 알려주는 문섭니다. 미국의 헌법은 주권을 가진 국민이 정부에게, 정부가 할 수 있도록 허락된 것이 무엇인지를 알려주는 문섭니다. 국민은 자유롭습니다. 이 신념이 바로 제가 지난 8년 동안 수행하려 했던 모든 일을 떠받쳐주는 기초가 됐었습니다.

But back in the 1960's, when I began, it seemed to me that we'd

begun reversing the order of things--that through more and more rules and regulations and confiscatory taxes, the government was taking more of our money, more of our options, and more of our freedom. I went into politics in part to put up my hand and say, 'Stop.' I was a citizen politician, and it seemed the right thing for a citizen to do.
그러나 1960년대 제가 정치를 시작했을 당시만 해도 사람들이 일의 순서를 반대로 돌려놓기 시작한 것 같았습니다. 점점 더 많은 규칙과 규율, 그리고 몰수에 가까운 세금정책을 통해서 정부는 점점 더 많은 국민의 돈과 선택권, 그리고 자유를 빼앗았습니다. 제가 정치를 선택한 데에는 이런 정책들에 대해서 손을 들고, "이제 그만"이라고 말해야겠다는 이유도 포함돼 있습니다. 저는 시민 정치인이었습니다. 그리고 한 사람의 시민으로서 그렇게 하는 건 정당한 일로 생각됐습니다.

I think we have stopped a lot of what needed stopping. And I hope we have once again reminded people that man is not free unless government is limited. There's a clear cause and effect here that is as neat and predictable as a law of physics: As government expands, liberty contracts.
저는 그동안 당연히 제지시켜야 하는 많은 일들을 우리가 제지했다고 생각합니다. 그리고 저는 정부의 권한이 제한되지 않는 한 국민이 결코 자유로워질 수가 없다는 사실을 다시 한 번 국민들에게 상기시켰다고 믿고 싶습니다. 여기에는 마치 물리법칙처럼 간명하고 예측 가능한 인과관계가 존재합니다. 정부가 팽창하면 자유는 축소합니다.

Nothing is less free than pure communism--and yet we have, the past few years, forged a satisfying new closeness with the

Soviet Union. I've been asked if this isn't a gamble, and my answer is no because we're basing our actions not on words but deeds. The detente of the 1970's was based not on actions but promises. They'd promise to treat their own people and the people of the world better. But the gulag was still the gulag, and the state was still expansionist, and they still waged proxy wars in Africa, Asia, and Latin America.
교조적 공산주의는 세상에서 가장 억압적입니다. 하지만 우리는 지난 몇 년 동안 소련과 만족스러운 새로운 유대관계를 정립했습니다. 많은 사람들이 저에게, 이게 도박이 아니냐고 물어왔습니다. 제 대답은 "아니다"였습니다. 왜냐하면 우리 조처의 기초는 말이 아니고 행동이었기 때문입니다. 1970년대의 데탕트(긴장완화)는 행동이 아닌 약속에 기초한 것이었습니다. 그들은 자국민과 세계 국민들을 좀 더 잘 대우하겠노라고 약속했습니다. 그러나 굴래그(소련의 강제노동수용소)는 여전히 존재했고, 정부는 여전히 팽창주의 노선을 걸었으며, 그들은 여전히 아프리카와 아시아, 그리고 중남미에서 대리전쟁을 수행했습니다.

Well, this time, so far, it's different. President Gorbachev has brought about some internal democratic reforms and begun the withdrawal from Afghanistan. He has also freed prisoners whose names I've given him every time we've met.
그러나 이번에는, 적어도 현재까지는 좀 달랐습니다. 고르바초프 대통령은 몇 가지 국내정책에 있어서 민주적 개혁을 단행했고 아프가니스탄에서도 소련군을 철수시키기 시작했습니다. 그리고 제가 고르바초프 대통령을 만날 때마다 그 명단을 건넸던 죄수들을 석방하기까지 했습니다.

But life has a way of reminding you of big things through small

“ ...여기에는 물리법칙처럼 간명하고 예측 가능한 인과관계가 존재합니다. 정부가 팽창하면 자유는 축소합니다... ”

incidents. Once, during the heady days of the Moscow summit, Nancy and I decided to break off from the entourage one afternoon to visit the shops on Arbat Street--that's a little street just off Moscow's main shopping area. Even though our visit was a surprise, every Russian there immediately recognized us and called out our names and reached for our hands. We were just about swept away by the warmth. You could almost feel the possibilities in all that joy.
그러나 인생을 살다보면 아주 작은 사건을 통해서 큰일들을 다시 깨닫곤 하는 수가 있습니다. 한 번은 골치 아픈 모스크바 정상회담의 와중에 낸시와 제가 오후에 시간을 내서 주위 측근자들을 물리치고 모스크바의 주요 쇼핑센터에서 조금 벗어난 작은 아르바트 거리의 상점들을 방문하기로 결정한 적이 있습니다. 갑자기 결정된 방문이었지만 그곳에 있는 모든 러시아 사람들이 저희들을 알아보고는 저희 부부의 이름을 부르면서 손을 내밀었습니다. 사람들이 얼마나 저희를 반겨줬던지 저희는 그 인파에 휩쓸려 나갈 정도였습니다. 저희는 그 모든 기쁨 속에서 어떤 가능성까지 느낄 수 있었습니다.

But within seconds, a KGB detail pushed their way toward us and began pushing and shoving the people in the crowd. It was an interesting moment. It reminded me that while the man on the street in the Soviet Union yearns for peace, the government is Communist. And those who run it are Communists, and that means we and they view such issues as freedom and human rights very differently.

그러나 불과 몇 초가 지나지 않아서 KGB 요원들이 사람들을 헤집고 우리에게 접근해서는 군중 속에서 사람들을 밀어제치기 시작했습니다. 그건 참 흥미로운 순간이었습니다. 이 사건을 보고 저는 소련 거리의 사람들은 평화를 갈망하지만 정부는 어쩔 수 없이 공산주의라는 걸 다시 생각할 수밖에 없었습니다. 그리고 그 정부를 운영하는 사람들도 공산주의자들입니다. 그리고 바로 이 점은 우리와 그들이 자유와 인권 같은 문제들을 매우 다른 시각에서 바라보고 있다는 걸 의미했습니다. (계속)

레이건 대통령의 고별연설 (5)

워싱턴에 도착해서 이것저것 장만하고 적응하느라고 정신이 없었는데 이제는 아침저녁으로 리포트도 하면서 특파원으로서의 역할을 좀 할 수 있을 것 같은 자신이 생기면서 여유가 좀 생겼습니다. 아무 것도 모르던 아이들도 어렵게, 그러나 즐겁게 학교생활에 적응해 나가고 있습니다. 일단 말문이 트이면 지내기가 더 쉬워지겠지요. 수홍이는 2학년에 들어갔고, 지홍이는 놀이방에서 잘 지내고 있습니다. 지홍이는 즐겁게 놀면 되지만 수홍이는 학교에서 공부를 하니까 선생님의 질문도 알아듣고 답변도 해야 할 텐데 말이 안 되니 얼마나 어렵겠습니까? 그래서 하루는 네가 학교생활을 하면서 모르는 표현이 있으면 적어오라고 했습니다. 그랬더니 그 날 저녁 여러 가지 표현을 쭉 적어왔는데요. 그 표현 가운데 "제 잘못이 아니에요," "이번엔 내가 화장실을 써도 돼?" "숟가락 좀 주세요." 이런 표현들이 눈에 띄었습니다. 아, 자기 잘못이 아닌데도 그 말을 할 수 없고, 화장실을 사용하거나, 밥을 먹을 때도 필요한 기본적인 말을 못했으니 그 답답함이 얼마나 컸을까를 생각하니 정말로 가슴이 아프더군요. 수홍이의 미국 생활 적응기는 나중에 차차 소개드릴 기회가 있을 겁니다. 수홍이와 지홍이 모두 일단 말문이 트이면 나중 생활은 일사천리로 잘 해나갈 수 있을 겁니다.

정말 오래 끌었던 레이건 대통령의 고별 연설을 오늘 마무리합니다. 읽어볼수록 멋있는 글입니다. 연설이 참 멋집니다. 특히 마지막 부분,

"all in all, not bad, not bad at all…"

사실, 저는 레이건 대통령 연설의 이 부분을 듣고 매료돼서 이 연설문 전체를 번역해서 여러분께 보내드려야 되겠다는 생각을 했었습니다.

"돌이켜 보면, 괜찮았습니다. 꽤 괜찮았습니다."

자신의 8년간의 대통령 재임기간을 이렇게 담담하고도 겸손하게, 또 정

> *... "all in all, not bad, not bad at all···"*
> *이 부분을 듣고 매료돼서 연설문 전체를 여러분께*
> *보내드려야 되겠다는 생각을...*

감 있게 표현할 수 있을까요? 우리도 이처럼 멋있는, 떠나는 마지막 순간에도 멋있고, 이 세상을 떠나는 순간에도 사랑을 받는 그런 대통령들이 많이 나왔으면 좋겠습니다. 앞으로 더 자주, 더 재미있는 소식으로 찾아 뵙겠습니다.

We must keep up our guard, but we must also continue to work together to lessen and eliminate tension and mistrust. My view is that President Gorbachev is different from previous Soviet leaders. I think he knows some of the things wrong with his society and is trying to fix them. We wish him well. And we'll continue to work to make sure that the Soviet Union that eventually emerges from this process is a less threatening one. What it all boils down to is this: I want the new closeness to continue. And it will, as long as we make it clear that we will continue to act in a certain way as long as they continue to act in a helpful manner. If and when they don't, at first pull your punches. If they persist, pull the plug. It's still trust by verify. It's still play, but cut the cards. It's still watch closely. And don't be afraid to see what you see.
우리는 항상 조심을 해야 합니다. 그러나 우리는 또한 긴장과 불신을 줄이고 없애기 위해 함께 노력을 계속해야 합니다. 저는 고르바초프 대통령이 과거 소련의 지도자들과는 다르다고 생각합니다. 저는 고르바초프 대통령이 소련사회의 잘못된 점들의 일부를 알고 있고 그를 고치기 위해서 노력한다고 생각합니다. 우리는 그가 잘 되기를 빕니다. 그리고 우리는 이런 과정 끝에 결국 새롭게 등장할 소련이 분명히 덜 위협적인 국가가 되도록 하기 위해 노력을 계속할 겁니다. 결론은 이겁니다. 나는 새로운 유대관계가 계속되길 바랍니다. 그리고 그들이 도움이 되는 방향으로 계속 행동하는 한 어떤 방식으로건 우리는 계속 행동할 것이라는 게 분명한 이상 유대관계는 지속될 것입니다. 만약에 그들이 그렇게 나오지 않으면 일단 패를 전부 보이지 마십시오. 만약에 그 상태가 계속되면 멈추십시오. 아직 확인만 되면 믿을 수는 있습니다. 아직 게임이 끝난 건 아닙니다. 그러나 카드 돌리는 걸 중단하십시오. 아직 잘 살펴봐야 합니다. 그리고 뭐가 보이는지 확인하는 걸 두려워하지 마십시오.

I've been asked if I have any regrets. Well, I do. The deficit is one. I've been talking a great deal about that lately, but tonight isn't for arguments, and I'm going to hold my tongue. But an observation: I've had my share of victories in the Congress, but what few people noticed is that I never won anything you didn't win for me. They never saw my troops, they never saw Reagan's regiments, the American people. You won every battle with every call you made and letter you wrote demanding action. Well, action is still needed. If we're to finish the job. Reagan's regiments will have to become the Bush brigades. Soon he'll be the chief, and he'll need you every bit as much as I did.
후회는 없느냐는 질문을 받았습니다. 왜 없겠습니까? 적자재정이 그 가운데 한가지입니다. 최근에 이에 관해 많은 말을 했었습니다만 오늘 밤은 논쟁을 하기에는 적당하지 않습니다. 그래서 말을 참겠습니다. 그러나 소감을 말할 수는 있겠죠. 저는 의회와의 싸움에서 승리를 거둔 적이 있습니다. 그러나 제가 거둔 승리는 국민이 이미 저를 위해 거둔 승리였다는 사실을 주목한 사람은 그리 많지 않습니다. 그들은 나의 군대를 보지 않았습니다. 그들은 레이건의 연대인 미국 국민을 보지 않았습니다. 여러분은 그 동안 저의 행동을 요구하는 전화와 편지를 통해 모든 전투에서 승리를 거뒀습니다. 음, 과업을 수행하기 위해서 우리는 아직도 여러분의 행동을 필요로 합니다. 레이건의 연대는 부시의 여단이 돼야 합니다. 이제 곧 부시가 사령관이 될 것입니다. 그리고 그는 저만큼이나 여러분을 절실히 필요로 하고 있습니다.

Finally, there is a great tradition of warnings in Presidential farewells, and I've got one that's been on my mind for some time. But oddly enough it starts with one of the things I'm proudest of in the past 8years: the resurgence of national pride that I called the new patriotism. This national feeling is good, but it won't count for much, and it won't last unless it's grounded in thoughtfulness and knowledge.
마지막으로 대통령이 마지막 연설을 할 때면 전통적으로 하는 경고가 있습니다. 그리고 그와 관련해서 제가 얼마간 생각해온 한 가지가 있는데요. 그러나 참 이상하게도 그 경고는 제가 지난 8년 동안 가장 자부심을 느껴온 일 가운데 하나로 시작합니다. 그건 바로 제가 새로운 애국심이라고 불렀던 국가적 자부심의 부활입니다. 이 국가적 감정은 좋은 것이긴 하지만 배려나 지식에 근거하지 않는다면 별로 중요하지도 않고 오래 지속되지도 않을 것입니다.

An informed patriotism is what we want. And are we doing a good enough job teaching our children what America is and what she represents in the long history of the world? Those of us who are over 35 or so years of age grew up in a different America. We were taught, very directly, what it means to be an

*...지식이 뒷받침 된 애국심이
바로 우리가 원하는 것입니다.
우리는 잘 가르치고 있습니까?...*

American. And we absorbed, almost in the air, a love of country and an appreciation of its institutions. If you didn't get these things from your family you got them from the neighborhood, from the father down the street who fought in Korea or the family who lost someone at Anzio. Or you could get a sense of patriotism from school. And if all else failed you could get a sense of patriotism from the popular culture. The movies celebrated democratic values and implicitly reinforced the idea that America was special. TV was like that, too, through the mid-sixties.

지식이 뒷받침된 애국심이 바로 우리가 원하는 것입니다. 우리는 미국의 정체성과 세계의 유구한 역사에서 미국이 대표하는 것을 우리의 자녀들에게 충분히 잘 가르치고 있습니까? 35살 이상의 미국인들은 사뭇 다른 미국에서 자라났습니다. 우리는 매우 직설적으로 미국인이 되는 게 뭘 의미하는 것인지에 대해서 교육을 받았습니다. 그리고 우리는 거의 공기를 마시는 것처럼 조국에 대한 사랑과 국가의 각 기관들에 대한 감사함을 당연한 듯 흡수했습니다. 우리가 만약에 이런 것들을 가족으로부터 배우지 못했다면 이웃으로부터 배웠고, 한국전에 참전한 이웃집 아빠로부터 배웠고, 2차 대전 당시 이태리의 안지오 전투에서 가족을 잃은 사람들로부터 배웠습니다. 아니면 학교에서 애국심이 무엇인지에 대한 느낌을 배웠습니다. 그리고 이런 모든 게 실패하더라도 우리는 대중문화로부터 애국심이 무엇인지를 배웠습니다. 영화들은 민주적인 가치들을 칭송했고, 드러내지는 않았지만 미국은 특별하다는 생각을 재차 강조했습니다. 텔레비전도 60년대 중반까지는 그런 식이었습니다.

But now, we're about to enter the nineties, and some things have changed. Younger parents aren't sure that an unambivalent appreciation of America is the right thing to teach modern children. And as for those who create the popular culture, well-grounded patriotism is no longer the style. Our spirit is back, but we haven't reinstitutionalized it. We've got to do a better job of getting across that America is freedom--freedom of speech, freedom of religion, freedom of enterprise. And freedom is special and rare. It's fragile; it needs protection.
그러나 우리는 이제 90년대에 진입하고 있고, 세상은 일부 변했습니다. 젊은 부모들은 조국을 일방적으로 사랑하도록 아이들을 가르치는 게 과연 시류에 맞는 일인가에 대해서 의문을 갖고 있습니다. 대중문화를 창조하는 사람들에 대해 이야기를 하자면 충분한 근거가 있는 애국심은 이제 더 이상 그들의 형식이 아닙니다. 우리의 정신세계는 뒷걸음질 쳤지만 우리는 그 걸 되돌려놓지 않았습니다. 우리는 미국이 자유-언론의 자유, 종교의 자유, 기업의 자유-라는 사실을 분명히 하기 위해 더 큰 노력을 기울여야 합니다. 그리고 자유는 특별하고 희귀합니다. 그리고 지기도 쉽습니다. 자유는 지켜야 하는 것입니다.

So, we've got to teach history based not on what's in fashion but what's important--why the Pilgrims came here, who Jimmy Doolittle was, and what those 30 seconds over Tokyo meant. You know, 4 years ago on the 40th anniversary of D-day, I read a letter from a young woman writing to her late father, who'd fought on Omaha Beach. Her name was Lisa Zanatta Henn, and she said, 'we will always remember, we will never forget what the boys of Normandy did.' Well, let's help her keep her word. If

> *...왜 순례자들이 이 땅에 왔고,*
> *지미 두리틀이라는 사람이 누구고, 30초간의*
> *동경 폭격이 무엇을 의미하는지...*

we forget what we did, we won't know who we are. I'm warning of an eradication of the American memory that could result, ultimately, in an erosion of the American spirit. Let's start with some basics: more attention to American history and a greater emphasis on civic ritual.
그러니 우리는 형식이 아닌 중요성에 기초한 역사를 가르쳐야 합니다. 왜 순례자들이 이 땅에 왔고, 지미 두리틀이라는 사람이 누구고, 30초간의 동경 폭격이 무엇을 의미하는지 등등을 말입니다. 노르망디 상륙작전 40주년이었던 4년 전에 전 한 젊은 여성이 오마하 해안 전투에서 전사한 아버지께 보낸 편지 글을 읽은 적이 있습니다. 그 여성의 이름은 리사 자나타 헨이었는데요. 리사는 "우리는 노르망디에서 우리 군인들이 이뤄낸 것을 절대로 잊지 않고 항상 기억할 것입니다."라고 적었습니다. 리사가 자신의 약속을 지킬 수 있도록 도와줍시다. 만약에 우리가 우리의 업적을 잊는다면 우리는 우리가 누구인지를 알 방법이 없습니다. 저는 결국 미국 정신의 침식을 초래할 미국인들의 기억 상실을 경고합니다. 미국의 역사에 대해 더 많은 주의를 기울이고 시민들이 지켜야 할 의식을 더욱 강조하는 아주 기초부터 시작합시다.

And let me offer lesson number one about America: All great change in America begins at the dinner table. So, tomorrow night in the kitchen I hope the talking begins. And children, if your parents haven't been teaching you what it means to be an American, let 'em know and nail 'em on it. That would be a very American thing to do.

그리고 저는 미국과 관련해 첫 번째 가는 교훈을 제안할까 합니다. 미국의 모든 위대한 변화는 저녁 식탁에서 시작됩니다. 그러니 내일 밤 식사자리에서는 그 어떤 이야기가 시작되길 바랍니다. 그리고 자녀분들은 만약에 부모님이 지금까지 미국 시민이 되는 게 어떤 거라는 걸 가르쳐주지 않았다면 그들에게 그 사실을 분명히 알려주십시오. 그런 게 바로 대표적인 미국적 행동방식이 될 겁니다.

And that's about all I have to say tonight, except for one thing. The past few days when I've been at that window upstairs, I've thought a bit of the 'shining city upon a hill.' The phrase comes from John Winthrop, who wrote it to describe the America he imagined. What he imagined was important because he was an early Pilgrim, an early freedom man. He journeyed here on what today we'd call a little wooden boat; and like the other Pilgrims, he was looking for a home that would be free. I've spoken of the shining city all my political life, but I don't know if I ever quite communicated what I saw when I said it. But in my mind it was a tall, proud city built on rocks stronger than oceans, windswept, God-blessed, and teeming with people of all kinds living in harmony and peace; a city with free ports that hummed with commerce and creativity. And if there had to be city walls, the walls had doors and the doors were open to anyone with the will and the heart to get here. That's how I saw it, and see it still.
이게 대강 오늘 밤 제가 하고 싶은 말입니다만 딱 한 마디만 더 하자면, 제가 2층의 창 앞에 서 있었던 지난 몇 년 동안 저는 "언덕 위에 빛나는 도시"에 대해 좀 생각했었습니다. 이 구절은 존 윈스롭이라는 작가가 상상 속의 미국을 묘사한 말입니다. 그가 꿈꾼 것은 바로 그가 초기 순례자요, 초기 자유인이었다는 점에서 중요합니다. 그는 오늘날 우리가 작은 목선이라고 부르는 것을 타고 이곳을 여행했습니다. 그리고 다른 순례자들과 마찬가지로 그는 자유로운 보금자리를 찾아 헤맸습니다. 저는 저의 모든 정치경력을 통틀어 빛나는 도시에 대해 이야기를 했지만 제가 그 이야기를 하면서 제가 본 것을 정확하게 전달했는지는 알 수 없습니다. 그러나 제 마음속의 빛나는 도시는 대양보다 든든한 바위 위에 위치한, 풍파를 겪고 신의 은총을 받은, 모든 종류의 사람들이 화합과 평화 속에서 어울려 살기에 적당한, 고상하고 자랑스러운 도시였습니다. 또 상업과 독창성으로 활기에 넘치는 자유 항구가 딸린 도시였습니다. 만약에 도시를 경계 짓는 벽이 있어야 한다면 들어오고자 하는 마음과 뜻이 있는 사람이라면 누구나 들어올 수 있는 문이 달린 벽이 있는 그런 도시 말입니다. 그게 바로 제가 보아왔던 도시며, 저는 아직도 그 도시를 보고 있습니다.

And how stands the city on this winter night? More prosperous, more secure, and happier than it was 8 years ago. But more than that: After 200 years, two centuries, she still stands strong and true on the granite ridge, and her glow has held steady no matter what storm. And she's still a beacon, still a magnet for all who must have freedom, for all the pilgrims from all the lost places who are hurtling through the darkness, toward home.
그러면 그 도시는 이 겨울밤을 어떻게 나고 있을까요? 8년 전보다 더욱 풍요롭고, 더욱 안전하며 더욱 행복하게 보내고 있습니다. 그러나 그 말로는 모자랍니다. 앞으로 200년, 2세기 뒤에 이 도시는 여전히 강력하고 진실 되게 돌산 위에 버티고 서있을 겁니다. 그리고 그 도시의 빛은 그 어떤 폭풍이 와도 흔들리지 않을 겁니다. 그리고 그 도시는 자유를 갈망하는 모든 사람들, 집을 찾아 어둠을 뚫고 걸음을 옮기는 모든 버려진 곳의

> “ *...지난 8년 동안 우리는 시간만 죽이지는 않았습니다. 전체적으로 볼 때, 괜찮았습니다, 아주 썩 괜찮았습니다...* ”

순례자들을 끌어 모으는 변함없는 횃불이 되고 변함없는 흡인력이 될 것입니다.

We've done our part. And as I walk off into the city streets, a final word to the men and women of the Reagan revolution, the men and women across America who for 8 years did the work that brought America back. My friends: We did it. We weren't just marking time. We made a difference. We made the city stronger, we made the city freer, and we left her in good hands. All in all, not bad, not bad at all.
우리는 우리의 역할을 했습니다. 이제 도시의 거리로 걸어 나가는 마당에 레이건 혁명을 이뤄낸 사람들, 지난 8년 동안 미국을 다시 돌려놓는 작업을 한 미국 전역의 모든 사람들께 제가 드릴 마지막 말이 있습니다. 친구들이여, 우리가 해냈습니다. 우리는 시간만 죽이지는 않았습니다. 우리는 변화를 일궈냈습니다. 우리는 이 도시를 더욱 강력하게 만들었으며 더욱 자유롭게 만들었고 이제 그 도시를 훌륭한 일꾼들에게 맡기고 떠납니다. 전체적으로 볼 때, 괜찮았습니다, 아주 썩 괜찮았습니다.

And so, goodbye, God bless you, and God bless the United States of America.
그러니 이제 안녕히 계십시오. 신의 은총이 여러분과, 미국에 함께 하길 기원합니다.

대통령 경호원 육박전

며칠 전에 미국 텔레비전 화면을 통해 보기 드문 장면이 방송됐습니다. APEC 회담 참석차 칠레를 방문한 부시 대통령이 등을 보인 채 까치발을 하고 한 떼의 군중 속에서 누군가를 끌어내는 장면이었습니다. 누군가를 끌고 다시 연회장으로 들어가면서 고개를 절레절레 흔드는 모습을 참 재미있게 지켜봤습니다. 다들 알고 계시겠지만 부시 대통령이 끌어낸 사람은 경호원이었고 경호실의 2인자였습니다. 저는 지난 대선기간에 지지자들과 악수를 하는 부시 대통령의 뒤에 서서 대통령의 허리띠를 꼭 잡고 여기 저기 혹시 수상한 사람이 없나 주위를 둘러보는 이 사람에 주목한 적이 있었는데요. 콧수염이 난 이 사람의 이름이 닉 트로타라는 건 이번에 처음 알았습니다. 바로 그 사람이었습니다.

상식대로라면 위기에 처한 대통령을 비밀 경호원이 구출해내야 하는 게 맞을 텐데, 사람들에 막혀서 어쩔 줄 모르는 경호원을 대통령이, 그것도 완력을 동원해서 끌어냈으니 취재 기자들의 관심을 끈 건 당연합니다. 처음에 그 사진을 봤을 때 느낌은 그냥 좀 신기하고 재미있는 일이 벌어졌구나, 그 정도였습니다.

다음 날 만난 한국 특파원들은 부시 대통령의 그 행동에 대해 의리 있는 "돌쇠" 같은 - 이곳 표현으로는 cowboy라고 하는데요. 좋은 뜻과 나쁜 뜻이 모두 들어있는 표현입니다. - 행동이었다는 평을 내리는가 하면, 의전을 전혀 염두에 두지 않은 잘못된 행동이었다는 평도 했습니다. 그래서 후속 기사를 읽어봤더니 실상은 이랬습니다.

그 날 부시 대통령은 칠레 라고스 대통령이 초청한 만찬에 참석하기 위해 과거에 기차역으로 쓰이던 산티아고의 한 고풍스런 건물에 들어

...부시 대통령이 경호원을 구하는 짧은 텔레비전 화면으로는 그 날 미국과 칠레의 대통령 경호원들 사이에 어떤 일이 있었는지...

서고 있었습니다. 경호원이 열어주는 차에서 내려서 정문에 들어선 뒤 부인 로라 여사와 함께 칠레 대통령 부부와 사진을 찍고 가만히 보니까 - 부시 대통령이 뒤를 살핀 이유에 대해서는 평소에 백악관에서도 누군가가 따라다니는데 익숙해진 습관 때문이라는 설과, 입구에서 경호원들이 서로 싸우면서 큰 소리를 질렀기 때문이라는 설의 양론이 존재합니다. - 자기의 근접 경호원이 없었습니다. 그래서 소란스러운 건물 입구 쪽으로 가니까, 거기에서 미국 대통령 경호원들이 칠레 경찰과 비밀 경호원들과 한바탕 육박전을 벌이고 있었습니다. 그 가운데 한 사람은 이렇게 소리 질렀다고 합니다.

You are not stopping me! You are not stopping me! I'm with the president!"
"날 잡으면 안 돼, 날 잡으면 안 돼! 난 대통령이랑 같이 있어야 돼!"

부시 대통령이 경호원을 구하는 짧은 텔레비전 화면만 봐서는 그 날 미국과 칠레의 대통령 경호원들 사이에 어떤 일이 있었는지를 알 수 없습니다. 하지만 당시에 찍힌 스틸 사진들에는 건물 밖에서 벌어졌던 두 나라 최정예 경호원들 사이의 험악한 결투 분위기가 잘 드러나 있었습니다. 왜 이런 일이 일어났을까가 궁금한데요. 워싱턴 포스트의 다음 구절이 그 궁금증을 풀어줬습니다.

Bush and the first lady walked into the beaux-arts banquet hall, and Chilean officers, who appeared to be waiting for the moment, stepped in front of Trotta, blocking him from entering.

부시 대통령과 로라 여사가 예술 수준으로 장식된 연회장으로 들어서자 칠레 경찰들은 마치 기다렸다는 듯이 트로타를 막아서서 입장을 저지했다.

U.S. officials said Chilean police had been chafing for a week about a demand by Secret Service agents that they control the president's space, even when he was on sovereign turf. Now, it was payback time.
비록 칠레 영토일지라도 대통령의 주변은 자신들이 경호해야 한다는 미국 비밀 경호원들의 고압적 요구 때문에 칠레 경찰이 일주일 내내 분을 삭이고 있었다고 미국 관리들은 말했다. 이제 그걸 앙갚음해줄 때가 온 것이다.

미국 대통령이 자신의 경호원을 칠레 경찰의 저지에도 불구하고 손수 구출한 사실을 두고 칠레 언론은 비판적인 태도를 보였습니다. 칠레 기자 두 명의 인터뷰 내용을 소개하면요.

"All of us journalists agree that President Bush looked like a cowboy. It was total breach of protocol. I've seen a lot of John Wayne movies, and President Bush was definitely acting like a cowboy."
"우리 기자들은 모두 부시 대통령이 카우보이 같다고 했어요. 의전을 완전히 무시한 짓이었죠. 존 웨인이 나오는 서부영화를 많이 봤는데요. 부시 대통령이 딱 그런 카우보이같이 행동했어요."

“Unfortunately all the news will be about the security incident and fighting terrorism, but nothing to do with what happened

here at the APEC summit."
"불행하게도 모든 뉴스는 안보관련 사건이나 테러와의 전쟁에 대한 것뿐일 거예요. 아무도 APEC 정상회담에서 일어난 이 사건과 관련해서는 기사를 쓰지 않을 겁니다."

여기에 대해서 미국 관리는 별로 대수롭지 않은 일이라며 이런 말을 했습니다.

"The president is someone who tends to delegate. But every now and then, he's a hands-on kind of guy."
"부시 대통령은 대체로 아랫사람에게 위임을 잘 하는 편이지만 가끔씩은 그렇게 현장에서 일을 직접 해결하기도 합니다."

이 돌출 사건은 APEC 회담이 끝날 때까지 미국 기자단들의 가장 큰 화젯거리였고, 현장 사진이 하나씩 공개될 때마다 기자들 사이에선 감탄사가 튀어나왔다고 합니다. 기자들 사이에선 부시 대통령이 콧수염을 기른 트로타를 손수 구출한 뒤 기뻐하는 모습이 도마 위에 올랐는데요. 기사로는 이렇게 표현됐습니다.

Trotta walked in behind Bush, who looked enormously pleased with himself. He was wearing the expression that some critics call a smirk, and his eyebrows shot up as if to wink at bystanders.
트로타는 부시 대통령의 뒤를 따라 걸어 들어왔다. 부시 대통령은 자신의 행동에 대해서 매우 만족한 것처럼 보였다. 그는, 일부 반대자들의 괴상하다고 꼬집은 특유의 웃음을 지었고, 곁에 서있는 사람들에게 윙크라도 하려는 듯 눈썹을 치켜 올렸다.

> *"...지난 86년 슐츠 미 국무장관이 우리나라를 방문했을 때 안전점검을 한다며 외무부장관실에 세퍼드를 들이밀었던 기억이..."*

이 사건의 여파로 칠레 대통령은 다음 날 예정됐던 200명이 참석하는 만찬을 취소하고 12명만 참석하는 단출한 저녁식사로 대신해야 했습니다. 왜냐고요? 하루 전에 칠레 경찰에게 호되게 당한 미국 경호원들이 이번에는 만찬에 참석하는 모든 귀빈들이 금속 탐지기를 통과해야 한다고 고집했기 때문이라고 합니다. 칠레 대통령이 그런 모욕적인 조건을 받아들일 수 없었겠죠. 백악관 경호원들이 그런 요구를 한 걸 보니 부시 대통령도 참석하는 자리였던 모양입니다.

이 기사를 읽고 뒷맛이 씁쓸했습니다. 지난 86년 슐츠 당시 미 국무장관이 우리나라를 방문했을 때 안전점검을 한다며 외무부장관실에 세퍼드를 들이밀었던 기억이 생생하기 때문입니다. 그런 미국 경호원들의 몰상식한 요구보다도 그 요구를 그대로 받아들였던 우리 당국자들의 밸 없는 행동에 더 화가 났던 기억이 다시 떠올랐습니다. 거기에 비하면 칠레 대통령 경호원들은 명분을 지키기 위해 한바탕 시원한 싸움이라도 벌였으니 속에 쌓인 울분은 좀 덜했을 겁니다. 한미 정상회담을 취재하는 기자들이 모여 있는 프레스 센터에도 탐지견을 데리고 들어와 안전점검을 했었다는 뒷얘기를 듣고는 더욱 그런 생각이 들더군요.
미국 백악관은 경호원끼리의 육박전에 대해서 애써 큰 신경을 쓰지 않는 눈칩니다. 하지만 백악관의 한 관리가 이런 예측은 했답니다.

"Lagos need not watch his mail for an invitation to Bush's ranch."
"앞으로 라고스 대통령이 부시 대통령의 텍사스 크로포드 목장으로 초대받을 일은 없을 것 같습니다."

아이들도 잘 크고 있습니다. 제일 속상한 건 가족들이 이곳 생활에 생각대로 잘 적응하지 못하는 겁니다. 수홍이가 친구를 못 사귀어서 고생하는 걸 곁에서 지켜보는 게 참 안타까웠습니다. 그래도 지금은 많이 좋아졌습니다. 우리말을 똑똑하게 하던 지홍이는 처음에 자기가 못하는 언어로 자유자재로 의사소통을 하는 노랑머리의 친구들 때문에 무척 자존심 상해했습니다. 그래서 자기는 앞으로 영어를 단 한 마디도 하지 않겠다고 했었는데 8개월이 지난 지금은 집에서 영어를 더 많이 할 정도로 언어에 익숙해졌습니다. 심지어 이런 일도 있었습니다. 어느 날 마루에 앉아서 컴퓨터 게임을 하던 지홍이가 텔레비전을 흘끗 쳐다보더니 갑자기 소리를 질렀습니다. "I know that movie. I know that movie! (나 저 영화 알아, 나 저 영화 알아!)" 얼른 텔레비전 화면을 보니까 무슨 영화를 하는데 제가 모르는 영화였습니다. 나도 못 본 영화를 어디서 봤을까, 궁금해진 제가 물었습니다. "What's the title of that movie? (영화제목이 뭔데?)" 그랬더니 컴퓨터 게임 화면에서 눈도 떼지 않은 채로 지홍이가 자신에 넘치는 목소리로 대답했습니다.

"I eat it. I eat it."

아니, I eat it 이라니. 도대체 뭘 먹었다는 말일까? 그게 영화제목이라는 말인가? 하지만 하도 자신 있게 이야기를 하기에 반드시 무슨 설명이 있을 거라는 생각에 우리말로 다시 물어봤습니다. "지홍아, I eat it 이라니? 우리말로 해봐. 무슨 말이야?" 우리 지홍이, 마치 그것도 모르느냐는 듯 자신 있는 목소리로 이렇게 말했습니다. "나 뭔지 까먹었어, 까먹었다고!" 무슨 말이냐고요? 까먹었다는 걸 영어로 뭐라고 표현할까, 고민하다가 나온 다섯 살짜리의 영어였습니다. 물론 시제도 틀렸지만요. "I eat it,

> *...니콜스는 곧바로 법정으로 돌진해서 재판준비를 하고 있던 판사와 속기사를 총으로 쏴 살해했습니다...*

I eat it. (저, 영화제목 까먹었어요. 까먹었다니까요.)"

판사 등 공무원 4명 살해, 뒤이은 26시간 동안의 추격전

지난 주말 미국 동남부 조지아주가 공포에 휩싸였습니다. 재판을 기다리던 한 흑인미결수가 판사를 비롯한 법원공무원 3명을 그것도 법정에서 살해한 뒤 달아난 엽기적인 사건 때문이었습니다.

유명 택배회사의 컴퓨터 전문가로 일하던 브라이언 니콜스(33)는 3월 11일 오전 9시, 8년 동안 동거해온 여자 친구를 성폭행한 혐의 등으로 재판을 받을 예정이었습니다. 니콜스는 구치소에서 애틀랜타 법원으로 호송된 뒤 재판정으로 들어가기 전에 호송관이 수갑을 벗기는 순간 여자 부보안관을 힘으로 제압하고 총을 빼앗았습니다. 대학 재학시절 미식축구 선수를 하고 가라데를 수련한, 몸무게 100kg이 넘는 건장한 체격의 니콜스로서는 어렵지 않은 일이었습니다. 니콜스는 곧바로 법정으로 돌진해서 재판준비를 하고 있던 판사와 속기사를 총으로 쏴 살해했습니다. 니콜스는 이후 엘리베이터를 타고 건물 8층으로부터 빠져나가다가 자신을 뒤쫓아 온 또 다른 부보안관을 법원 밖에서 또 다시 살해했습니다.

순식간에 법원 공무원 3명을 살해하고 범인이 감쪽같이 사라진 이 사건으로 CNN과 FOX 등 미국의 모든 주요 방송은 매시간 속보를 전했습니다. 관심은 자포자기 상태에 빠진 무장 범인의 추가 범행 가능성과 범인을 잡기위한 경찰의 움직임이었습니다. 나중에 밝혀진 일이지만 니콜스는 범행 직후 법원 근처 주차장으로 들어가서 마침 출근 중이던 법원출입

지방신문 기자를 폭행하고 옷을 빼앗아 입은 뒤에 전철을 타고 군중 속에 섞여 경찰의 추격을 따돌렸던 것으로 드러났습니다. 또, 도피를 위해 차와 돈이 필요했던 니콜스는 애틀랜타 근교의 주택에 들어가서 차를 빼앗으려다가 또 한 건의 살인을 저지르게 됩니다. 그런데 그 피해자가 미국 연방 이민국에 근무하는 연방공무원이었습니다. 이로써 니콜스는 불과 몇 시간 안에 판사와 연방 공무원 등 공무원 4명을 살해한 공공의 적으로서 완전무장한 경찰의 무시무시한 추격을 받는 신세가 됐습니다.

살인범과의 운명적 만남

만약의 인질사태에 대비해서 애틀랜타시의 모든 초등학교에 출입금지령이 내려지는 등 비상사태가 계속되는 동안 경찰은 단 한 건의 단서도 잡지 못하고 전전긍긍했고, 조지아주는 범인 체포에 6만 달러, 우리 돈으로 6천만 원의 현상금을 내걸고 시민들의 제보를 기다렸습니다. 이러기를 26시간……. 3월 12일 아침 10시쯤 911 전화를 통해 마침내 한 건의 신고 전화가 접수됐습니다. 자신의 집에 범인이 있다는 차분한 목소리의 20대 주부의 전화였습니다.

8년 동안이나 동거를 해오던 여자의 변심으로 억울한 재판을 받고 있다는 배반감과 분노, 그에 따른 충동적인 4건의 살인, 높은 학력을 갖춘 탄탄한 직장인에서 하루아침에 수감자로 전락한 자신의 신세에 대한 참을 수 없는 자괴감, 게다가 동료가 살해당한 상황에서 자신의 체포에 혈안이 돼있는 경찰에 맞서 하루 종일 아무 것도 먹지 못한 상태로 극도의 긴장 속에서 도피를 계속하던 니콜스……. 자포자기 상태의 이 야수 같은 살인범은 자기가 밤새 인질로 잡고 있던 한 주부를 7시간 만에 풀어주고 그녀의 신고를 받고 출동한 경찰에 백기를 내걸고 순순히 투항했습니다. 그 7시간 동안 이 남녀 사이엔 도대체 어떤 일이 벌어졌을까요?

다음은 새벽 2시에 들이닥친 살인범의 총부리 앞에서도 용기와 기도를 잃지 않았던, 그래서 마침내 더 이상의 살상을 막고 결과적으로 자신과 살인범의 목숨도 구한 주부 애쉴리 스미스(26)의 담담한 상황설명입니다. 4년 전 살인사건의피해자로서 칼에 맞은 채 자신의 품에서 숨져가는 남편을 지켜봐야 했던 기구한 운명의 한 여인과 살인범의 7시간 동안의 만남, 그 기록입니다.

새벽 2시 주차장에서의 조우

It was about 2 o'clock in the morning. I was at--I was leaving my apartment to go to the store. I noticed a blue truck in the parking lot with a man in it pulling up. And he parked in the parking space. And I really didn't think too much about it because I just moved into that apartment, you know, two days prior. So I thought maybe he was a neighbor coming home or something.
새벽 2시쯤이었습니다. 저는 가게에 가려고 아파트를 나서고 있는 중이었습니다. 그 때 한 남자가 파란색 트럭을 몰고 들어오는 걸 보게 됐습니다. 주차장에 차를 대려고 하고 있었습니다. 저는 아파트로 이사 온 지가 이틀밖에 되지 않았기 때문에 주차하는 남자에 대해서 별로 신경을 쓰지 않았습니다. 그저 이웃집 남자쯤이라고 생각했죠.

So I left and went to the store. And I came back to my apartment about five minutes later. And the truck was still there. And he was still in it. And it was in a different parking space. It was actually behind one where I had left. So I pulled back in there.

"...그 사람은 제 옆구리에 총을 들이대고 말했습니다. "소리 지르지 마. 소리만 안 지르면 해치지 않을 테니…".."

그래서 전 차를 몰고 상점으로 갔습니다. 한 5분쯤 뒤에 아파트로 다시 돌아왔는데요. 그 트럭이 아직도 있었고, 그 남자도 아직 거기에 있었습니다. 그런데 가만히 보니까 차를 세워놓은 곳이 다르더군요. 제가 떠났던 자리 바로 뒤였습니다. 저는 그냥 제 자리에 차를 세웠습니다.

And I kind of got a little worried then. I thought there's somebody still in that truck. So I got my key to my house ready. And I opened up my car door, and I got out and shut it. And I heard his shut right behind me.
그 때가 되니 좀 걱정이 되기 시작했습니다. 그 트럭에 웬 사람이 있다는데 생각이 미쳤기 때문입니다. 그래서 대문 열쇠를 손에 쥐고 차문을 열고 내린 다음에 차문을 닫았는데요. 바로 이어 그 사람 차의 문이 닫히는 소리가 들리더군요.

"소리 지르지 않으면 살려주겠다"

I started walking to my door, and I felt really you know scared. And he was right there. I started to scream, and he put a gun to my side and he said,"Don't scream. If you don't scream I won't hurt you. ... He told me to go into the bathroom, so I went to the bathroom. And he followed into the bathroom and he said, "Do you know who I am?" and I said no because he had a hat on.
아파트 문을 향해 걷기 시작했는데 그 땐 정말로 겁이 났습니다. 그런데 바로 거기에 그 사람이 나타난 겁니다. 저는 소리를 지르기 시작했습니다. 그 사람은 제 옆구리에 총을 들이대고 말했습니다. "소리 지르지 마. 소리만 안 지르면 해치지 않을 테니…" 그 사람은 나더러 화장실로 들어가라고 했습니다. 그래서 화장실로 들어갔습니다. 그 사람은 화장실로 따라 들어와서 말했습니다. "내가 누군지 알겠소?" 저는 모른다고 했습니다. 모자를 쓰고 있었기 때문이죠.

And then he took his hat off, and he said, "Now do you know who I am?"And I said, "Yeah, I know who you are. Please don't hurt, just please don't hurt me. I have a 5-year-old little girl. Please don't hurt me."
그랬더니 그가 모자를 벗으면서 다시 물었습니다. "이제 내가 누군지 알겠소?" 전 대답했습니다. "네, 당신이 누군지 이제 알겠어요. 제발 저를 해치지 말아주세요. 제겐 5살짜리 딸이 있습니다. 제발 저를 해치지 말아주세요."

He said, "I'm not going to hurt you if you just do what I say." I said,"All right." So I got--he told me to get into the bathtub, so I got in the bathtub. And he said, "I really don't feel comfortable around here. I'm going to walk around your house for a few minutes just so I get the feel of it." I said, "OK."
그는 또 말했습니다. "내가 하라는 대로만 하면 해치지 않을 거요." 저는 알았다고 대답했습니다. 그는 저더러 욕조로 들어가라고 했고 저는 욕조로 들어갔습니다. 그 사람은 말했습니다. "여기가 편안하지 않아. 이곳이 어떤 곳인지를 좀 알아보기 위해서 집안을 좀 둘러봐도 되겠소?" 그래서 저는 그러라고 했습니다.

He said, "I don't want to hurt you. I don't want to hurt anybody else, so please don't do anything that's going to hurt you." He said, "You know, somebody could have heard your scream already. And if they did, the police are on the way. And I'm going to have to hold you hostage. And I'm going to have to kill you and probably myself and lots of other people. And I don't want that." And I said, "OK. I will do what you say."
그는 말했습니다. "나는 당신을 해치고 싶지 않소. 나는 그 어느 누구도 다치게 하고 싶지 않아. 그러니 당신을 해치게 할 그 어떤 행동도 하지 않아줬으면 좋겠어." 그는 또 말했습니다. "당신도 알겠지만 당신의 비명소리를 누군가 벌써 들었을 수 있어. 만약에 그렇다면 경찰이 출동하는 중일 테고, 그렇게 되면 당신을 인질로 잡아둬야 할지도 몰라. 그럼 당신을 죽이고, 아마 나 자신도 죽고, 다른 많은 사람들이 또 죽게 되겠지. 난 그런 걸 원치 않아." 저는 "알았습니다. 당신이 하라는 대로 할 게요."라고 대답했습니다.

He looked around my house for a few minutes. I heard him opening up drawers and just going through my stuff. And he came back in. And he said, "I want to relax. And I don't feel comfortable with you right now. So I'm going to have to tie you up."
그는 몇 분 동안 제 집 여기저길 살펴봤습니다. 서랍을 열고 제 물건을 뒤지는 소리가 들리더군요. 그런 후에 그 사람이 돌아왔습니다. "난 좀 쉬고 싶어. 그런데 당신이 있으니 편안하지가 않아. 그래서 말인데, 당신을 좀 묶어놔야 되겠어."

"아, 이젠 죽는구나!"

He brought some masking tape and an extension cord and a curtain in there. And I kind of thought he was going to strangle me. I was--I was really kind of scared.
그는 접착테이프와 전기코드, 그리고 커튼을 가져왔습니다. 저는 이 사람이 저를 목졸라 죽일 거라고 생각했고, 정말로 겁이 났습니다.

But he told me to turn around and put my hands behind my back. And he wrapped my hands in a prayer--in a praying position, so I did that. And he wrapped masking tape around my hands. And then he told me to go into my bedroom. And I sat down on the bed like he asked. And he wrapped my legs with masking tape and an extension cord. He also took a curtain and put it around my stomach. And he asked me if I could get up. And I got up.
하지만 그는 저에게 뒤로 돌라고 하곤 제 손을 등 뒤에서 붙잡았습니다. 그리고 저의 손을 마치 기도할 때 같은 모양으로 감쌌습니다. 그래서 전 기도하듯이 두 손을 붙잡았고 그 사람은 그런 제 손을 접착테이프로 감았습니다. 그리고는 저더러 침실로 가라고 했습니다. 전 그 사람이 하라는 대로 침대에 걸터앉았습니다. 그 사람은 제 다리를 접착테이프와 전기 코드로 감았습니다. 그는 또 커튼을 집어 들어서 저의 허리에 감았습니다. 그러곤 저한테 일어설 수 있느냐고 묻더군요. 그래서 일어났습니다.

인질 얼굴에 수건을 씌운 채 샤워

He said, "Can you walk?" And I said, "No." And so he picked me

up and took me to the bathroom. And he put me on a stool that I have in my bathroom. He said he wanted to take a shower. So I said, "OK. You take a shower." He said, "Well, I'm going to put a towel over your head so you don't have to watch me take a shower." So I said, "OK. All right."
그는 제게 걸을 수 있느냐고 했습니다. 저는 못 걷겠다고 대답했습니다. 그랬더니 저를 번쩍 들어서 화장실로 옮겨가더니 거기 있는 의자에 앉혔습니다. 그는 목욕을 하고 싶다고 했습니다. 저는 그러라고 했고, 그 사람은 자기가 목욕하는 걸 안 봐도 되게 제 얼굴에 수건을 씌우겠다고 했습니다. 그래서 전 그렇게 하라고 대답했습니다.

He got in the shower. Took a shower. And then he got out of the shower. And he had the guns laying on the counter. But--I guess he really wasn't worried about me grabbing them because I was tied up. He asked me if I had a T-shirt. I told him where to find one. So he got dressed. He put on some clothes that I had in my house that were men's clothes. And then he came back in the bathroom. He said, "Can you get up?" So I got up. He said, "Can you walk now?" I said, "No, but I can hop."
그는 목욕을 했습니다. 그리고 샤워실에서 나와서 갖고 있던 총들을 카운터에 올려놓았습니다. 제가 묶여있었으니까 제가 총을 잡을 거라고 걱정하진 않는 모양이라고 전 생각했습니다. 그는 제게 혹시 티셔츠가 있느냐고 물었고 저는 있는 곳을 가르쳐줬습니다. 옷을 찾아 입더군요. 그는 제 집에 있는 남자 옷들을 찾아서 입었습니다. 그리곤 화장실로 다시 돌아와서 일어날 수 있는지 물었습니다. 전 일어섰고 그 사람이 다시 걸을 수 있느냐고 묻기에 걸을 순 없지만 깡총깡총 뛸 수는 있다고 대답했습니다.

> *...그 사람은 제 다리를 접착테이프와 전기 코드로 감았습니다. 그는 또 커튼을 집어 들어서 저의 허리에 감았습니다..*

So I hopped to my bedroom and sat on the bed. And he cut the tape off of me, unwrapped the extension cord and curtain. I guess, at that point, he kind of made me feel like he was comfortable enough with me that he untied me. So--we went back in the bathroom. That's where he felt more comfortable--in the bathroom away from the front of the house, I guess. And we just talked.
그렇게 저는 깡충깡충 뛰어서 침실로 가서는 침대 위에 앉았습니다. 그랬더니 저를 묶었던 테이프를 떼고 전기코드와 커튼도 풀어주더군요. 그 때 저는 이 사람이 나를 편안하게 느껴서 끈을 풀어주려나 보다 하고 생각하게 됐습니다. 그리곤 다시 화장실로 들어갔습니다. 아마 그곳을 더 편안하게 느끼는 것 같았습니다. 화장실은 집 앞쪽에서 좀 떨어진 곳이었으니까요. 거기서 우린 얘기를 시작했습니다.

"딸을 만나러 가도 될까요?" "안 돼!"

I asked him if--I told him that I was supposed to go see my little girl the next morning. And I asked him if I could go see her. And he told me no. My husband died four years ago. And I told him that if he hurt me, my little girl wouldn't have a mommy or a daddy. And she was expecting to see me the next morning. That if he didn't let me go, she would be really upset. He still told me no.
저는 그 사람에게 이튿날 아침 딸을 좀 보러 가도록 돼있다고 말했습니다. 그리곤 딸을 만나보러 가도 되겠느냐고 물어봤습니다. 그는 안 된다고 대답했습니다. 제 남편은 4년 전에 죽었습니다. 전 그 사람에게 만약에 나를 죽이면 내 어린 딸은 엄마도 아빠도 없는 고아가 된다고 말했습니다. (애쉴리 스미스의 남편은 4년 전 괴한의 칼에 찔려 아내의 품 안에서 피를 흘리며 죽어갔습니다.) 제 딸은 다음날 아침 저를 보기로 돼있었습니다. 저는 만약에 그 사람이 절 안 놓아주면 딸이 걱정을 할 거라고 말했지만 그 사람은 그래도 안 된다고 말했습니다.

But I could kind of feel that he started to--to know who I was. He said may be. Maybe I'll let you go--just maybe. We'll see how things go. We went to my room. And I asked him if I could read. He said, "What do you want to read?" "Well, I have a book in my room." So I went and got it. I got my Bible. And I got a book called "The Purpose-Driven Life." I turned it to the chapter that I was on that day. It was Chapter 33. And I started to read the first paragraph of it. After I read it, he said,"Stop, will you read it again?" I said, "Yeah. I'll read it again." So I read it again to him.
하지만 저는 그 사람이 저란 사람이 어떤 사람인지를 이해하기 시작했다고 느낄 수 있었습니다. 어쩌면 가능할지도 몰라, 어쩌면 당신을 놓아줄 수도 있을 거야. 하지만 어디까지나 "어쩌면"일 뿐이야. 일이 어떻게 되는지 좀 보자고… 우린 다시 제 방으로 자릴 옮겼습니다. 그리고 전 그 사람에게 제가 뭘 좀 읽어도 되겠느냐고 물었습니다. "뭘 읽을 건데?" "저, 제 방에 책이 있어요." 그리고 전 가서 그 책을 가져왔습니다. 성경책과 "목적이 이끄는 삶"이란 책이었습니다. 저는 그 날 읽고 있던 33장을 펼쳤습니다. 그리곤 그 장의 첫 문장을 읽기 시작했습니다. 제가 읽어 내려가는데 그 사람이 그만 읽으라며 물었습니다. "잠깐, 그 부분을 다시 읽어주겠소?" 전 그러겠다고 대답하고 그 구절을 그에게 다시 읽어줬습니다.

It mentioned something about what you thought your purpose in life was. What were you--what talents were you given? What gifts were you given to use? And I asked him what he thought. And he said,"I think it was to talk to people and tell them about you." I basically just talked to him and tried to gain his trust. I wanted to leave to go see my daughter. That was really important. I didn't want him to hurt anybody else.
그 부분은 당신이 당신 인생의 목적이 무엇이라고 생각하느냐 하는 문제에 관한 문장이었습니다. 당신이 어떤 사람이고 당신에게 어떤 재능이 주어졌는가? 당신이 유용하게 쓸 수 있도록 주어진 선물엔 어떤 것이 있는가? 그래서 전 그 사람의 생각을 물었습니다. 그랬더니 그 사람은, "사람들에게 당신에 관해서 얘기하는 게 바로 그것일 것 같은데." 라고 대답했습니다. 저는 기본적으로 그와 이야기를 나눴을 뿐이고 그의 신뢰를 얻기 위해 노력했을 뿐입니다. 저는 인질상태에서 풀려나서 제 딸을 보길 원했습니다. 그건 매우 중요한 문제였죠. 저는 그 사람이 그 누구도 해치지 않길 원했습니다.

He came into my apartment telling me that he was a soldier. And that people--that his people needed him for a job to do. And he was doing it. And--I didn't want him to hurt anybody else. He didn't want to hurt anybody else. He just told me that he wanted a place to stay to relax, to sit down and watch TV, to eat some real food. I talked to him about my family. I told him about things that had happened in my life. I asked him about his family. I asked him why he did what he did. And his reason

*"...저는 그에게 그의 가족에 대해서 물었고,
왜 그런 끔찍한 일을 저질렀는지 물었습니다.
그의 대답은 .."*

was because he was a soldier.

그는 제 아파트로 들어올 때 자기가 군인이라고 말했습니다. 사람들을, 자기 사람들을 위해서 자기가 할 일이 있다고 말이죠. 그리고 그는 그 일을 했습니다. 그리고 전 그 사람이 아무도 해치지 않길 바랐습니다. 그도 아무도 해치지 않길 원했습니다. 그는 저에게 좀 앉아서 쉬면서 텔레비전을 보고 진짜 음식을 먹을 수 있는 장소를 원했을 뿐이라고 말했습니다. 저는 그 사람에게 우리 식구들에 대해서 얘기해줬습니다. 저는 저의 인생에 일어난 일들에 대해서 그에게 얘기해줬습니다. 저는 그에게 그의 가족에 대해서 물었고, 왜 그런 끔찍한 일을 저질렀는지 물었습니다. 그의 대답은 자신이 군인이기 때문이었다는 것이었습니다.

"당신이 마치 하나님이 보낸 천사처럼 보였소."

I asked him why he chose me and why he chose Bridgewater Apartments. And he said he didn't know, just randomly. But after we began to talk, he said he thought that I was an angel sent from God. And that I was his sister and he was my brother in Christ. And that he was lost and God led him right to me to tell him that he had hurt a lot of people. And the families--the people--to let him know how they felt, because I had gone through it myself. He told me that he didn't--he didn't want to hurt the agent that he hurt. He begged and pleaded with him to do things his way, and he didn't. So he had to kill him. He said that he didn't shoot the deputy, that he hit her. And that he

hoped she lived. He showed me a picture of the--the agent that he did kill. And I tried to explain to him that he killed a 40-year-old man that was probably a father, a husband, a friend.
저는 그에게 왜 하필이면 나를 택했고, 또 왜 꼭 브리지워터 아파트였느냐고 물었습니다. 그는 모르겠다고, 그냥 어쩌다보니 그렇게 됐다고 대답했습니다. 그러나 우리가 말을 시작한 뒤에 그는 제가 하나님이 보낸 천사인줄로 생각했다고 말했습니다. 그리고 그리스도 안에서 저는 그의 자매고 자신은 저의 형제로 생각했다고 말했습니다. 그리고 자신이 길을 잃었지만 하나님이 자신이 많은 사람을 다치게 했다는 사실을 알려주기 위해서 자신을 곧바로 저에게 인도해주신 것으로 생각한다고 말했습니다. 그리고 제 자신 스스로 (살인사건 피해자의 아내로서) 그 고통을 헤쳐 나갔어야 했기 때문에 자신에게 가족과 친지들이 겪는 고통을 알게 해주기 위해서 하나님이 자신을 제게 보낸 것으로 생각한다고 말했습니다. 그는 자신이 죽인 공무원을 다치게 하고 싶지 않았다고 말했습니다. 자신은 그 공무원에게 자기가 원하는 대로 일을 좀 해달라고 빌고 애원했지만 그가 그렇게 하지 않았다고 말했습니다. 그래서 그를 죽일 수밖에 없었다고 말했습니다. 그리고 자신은 여자 부보안관을 쏘지 않고 다만 때렸으며 그 여자가 죽지 않길 바란다고 말했습니다. 그 사람은 자신이 죽인 공무원의 사진을 보여줬습니다. 그래서 저는 그 사람에게 그 누구의 아버지며, 남편, 그리고 친구였을 40살의 남자를 죽였다는 사실을 설명해 주려고 노력했습니다.

And he really began to trust me, to feel my feelings. He looked at pictures of my family. He asked me to--if he could look at them and hold them……. I really didn't keep track of time too much because I was really worried about just living. I didn't want to die. I didn't want him to hurt anybody else. And I really

didn't want him to hurt himself or anyone else to hurt him. He's done enough--he had done enough. And he really, honestly when I looked at him, he looked like he didn't want to do it anymore. He asked me what I thought he should do. And I said, "I think you should turn yourself in. If you don't turn yourself in," this is what I said, "If you don't turn yourself in, lots more people are going to get hurt. And you're probably going to die." And he said, "I don't want that to happen."
그러자 그는 아주 저를 신뢰하고 저의 감정을 동감하기 시작했습니다. 그는 제 가족의 사진을 봤습니다. 그는 저에게 그 사진을 좀 들고 봐도 되겠느냐고 물었습니다. 저는 단지 목숨을 부지해야 한다는 생각에 매달려있었기 때문에 시간이 어떻게 흘러가는지에 대해서는 별로 신경을 쓸 겨를이 없었습니다. 저는 죽고 싶지 않았습니다. 저는 그가 더 이상 사람을 다치게 하지 않기를 바랐습니다. 저는 또 그 사람이 자살을 하거나 다른 사람이 그를 다치게 하지 않기를 진실로 원했습니다. 그는 이미 충분한 고통을 겪었습니다. 그리고 정말로 솔직하게 제가 그 사람을 보았을 때 그는 더 이상 어떤 일을 벌이고 싶어 하지 않는 것처럼 보였습니다. 그는 저에게 자신이 어떻게 해야 하느냐고 물었습니다. 그래서 저는 대답했습니다. “자수를 해야죠. 만약에 자수를 하지 않으면 훨씬 더 많은 사람들이 다치게 될 거예요. 그리고 당신도 어쩌면 목숨을 잃게 되겠죠.” 그는 말했습니다. “그렇게 되는 건 나도 원치 않소.”

He said, "Can I stay here for a few days? I just want to eat some real food and watch some TV and sleep and just do normal things that normal people do." So, of course, I said, "Sure. You can stay here." I didn't want--I wanted to gain his trust. Most of my time was spent talking to this man about my life and

experiences in my life, things that had happened to me. He needed hope for his life. He told me that he was already dead. He said,"Look at me, look at my eyes. I am already dead." And I said,"You are not dead. You are standing right in front of me. If you want to die, you can. It's your choice."
그는 말했습니다. "내가 여기에 며칠 더 묵어도 되겠소? 나는 다만 진짜 음식다운 음식을 좀 먹고 텔레비전을 보고 잠을 자면서 정상적인 사람들이 하는 정상적인 일들을 하고 싶을 뿐이요." 그래서 당연히 저는 이렇게 말했습니다. "그럼요. 여기에 머물러도 돼요." 저는 그의 신뢰를 얻고 싶었습니다. 저는 거의 모든 시간을 이 사람에게 나의 인생과 제 인생에 있어서 제가 겪었던 일들과 저에게 일어난 사건들을 이야기하는데 소비했습니다. 그는 자신의 인생에 대한 희망이 필요했습니다. 그는 저에게 자신은 이미 죽었다고 말했습니다. 그는 "날 좀 봐요. 내 눈을 좀 봐요. 난 벌써 죽었소." 그래서 저는 말했습니다. "당신은 죽지 않았어요. 당신은 이렇게 제 앞에 서 있어요. 만약에 죽길 원한다면 죽을 수 있죠. 그건 당신의 선택이죠."

"TV에 나오는 저 얼굴이 바로 나라는 게 믿기질 않아."

But after I started to read to him, he saw--I guess he saw my faith and what I really believed in. And I told him I was a child of God and that I wanted to do God's will. I guess he began to want to. That's what I think. He got to know me. I got to know him. He talked about his family. How--he was wondering what they were thinking. He said, "They're probably--don't know what to think." We watched the news. He looked at the TV and he just said, "I cannot believe that's me on there."

“ ...“내가 여기에 며칠 더 묵어도 되겠소?
나는 다만 진짜 음식다운 음식을 좀 먹고 텔레비전을
보고 잠을 자고 싶을 뿐이요.”... ”

그러나 제가 그 사람에게 책을 읽어준 뒤로 그는 저의 신앙과 저의 믿음의 대상을 보았다고 생각합니다. 그리고 저는 그에게 저는 하나님의 자식이며 하나님의 의지에 따라 행동하고 싶다고 말했습니다. 저는 그도 같은 걸 원하기 시작했다고 생각합니다. 저는 그렇게 생각했습니다. 그는 저에 관해 알아가기 시작했습니다. 저도 그에 관해 알아가기 시작했습니다. 그는 저의 가족에 대해서 이야기했습니다. 그는 우리 가족들이 어떤 생각을 하는지를 알고 싶어 했습니다. 그는 “그 사람들이 아마 뭘 생각해야 하는지를 모르는 모양이지.”라고 말했습니다. 그는 뉴스를 봤습니다. 텔레비전을 보다가, “저기 나온 게 나라는 걸 믿을 수가 없어.”라고도 했습니다.

About 5:36--well, 6, 6:30, he said, "I need to make a move." And I said, "A move?" He said, "I need to get rid of this car before daylight, this truck [the agent's]." I said, "OK." I knew that if I didn't agree to go with him, follow him to get the truck--he'd just take the truck, then one thing --or two-- one of two things. He would kill me right then, and say, "All right, well, if you're not going to help me, then I won't need you anymore." Or the police would never find him, or it would take longer. And someone else would get hurt, and I was trying to avoid that.
5시 36분이나, 6시, 6시 반쯤 됐을 때 그 사람이 말했습니다. “좀 옮겨야 되겠어.” 그래서 제가 물었습니다. “옮기다뇨?” 그는 “날이 밝기 전에 이 차를 좀 치워야 되오, 그 트럭 말이요.” 저는 만약에 제가 그를 따라가지 않겠다고, 그 트럭까지 따라가지 않겠다고 해도 그 사람은 어쨌든 트럭을 치울 것이고 한두 가지 선택을 할 거라고 생각했습니다. 그는 바로 저를 죽이고 “흥, 나를 도와줄 수 없다면 나도 이제 네가 필요 없어.”라고 하겠죠. 그렇게 되면 경찰이 그 사람을 절대로 찾지 못하거나 찾더라도 시간이 오래 걸릴 거라는 데 생각이 미쳤습니다. 그리고 다른 사람이 또 다치게 될 거고요. 저는 그런 가능성을 피하기 위해 노력했습니다.

"차라리 당신이 저 총으로 나를 쐈으면……."

So I went……. "I said, can I take my cell phone?" He said, "Do you want to?" I said, "Yeah." I'm thinking, well, I might call the police then, and I might not. So I took it anyway. He didn't take any guns with him. The guns were laying around the house. Pretty much after he untied [me],they were just laying around the house. And at one point, he said, "You know, I'd rather you shoot--the guns are laying in there--I'd rather you shoot me than them." I said, "I don't want anyone else to die, not even you."

그래서 저는 따라나섰습니다. 그에게 핸드폰을 가져가도 되겠느냐고 물었는데 그 사람은 “가져가고 싶소?” 라고 되물었고, 저는 그렇다고 말했습니다. 저는 잘하면 경찰에 전화를 할 수도 있을 거라고 생각을 했습니다. 그래서 전화기를 가지고 나섰습니다. 그는 총을 가져가지 않았습니다. 총은 집에 있었습니다. 그 사람이 저를 묶었던 줄을 풀어준 한참 뒤에도 총은 집에 놓여 있었습니다. 어느 순간에 그는 “난 차라리 저기 놓여있는 총으로 남들이 아닌 당신이 나를 쏴줬으면 좋겠소.”라고 말했고 저는 “나는 그 누구도, 심지어 당신까지도 죽는 걸 원치 않아요.”라고 말했습니다.

So we went to take the truck, and I was behind him, following

him. And I thought about calling the police, you know, I thought, he's about to be in the car with me right now. So I can call the police, and when he gets in the car, then they can surround me and him together, and I could possibly get hurt, or we can go back to my house. And I really felt deep down inside that he was going to let me see my little girl. And I said--or then when I leave, he can be there by himself, or he--he finally agreed to let me go see my daughter. I had to leave at 9, 9:30. And I really believed that he was going to.
그렇게 우리는 트럭을 치우러 나섰고, 저는 그 사람의 뒤를 따라갔습니다. 저는 경찰에 전화를 할 생각도 했습니다. 그 사람이 당장 저 차 안에 저와 함께 있을 테니 말입니다. 제가 전화를 하면 경찰이 출동할 거고, 그 사람과 제가 차 안에 있는 동안 우리를 함께 포위할 거고, 만약에 그렇게 된다면 제가 다칠 수도 있었습니다. 그게 아니라면 둘 다 집으로 다시 돌아가는 수밖에 없었습니다. 그리고 저는 정말로 마음 깊은 곳에서 제가 딸을 만나볼 수 있도록 그 사람이 저를 놓아줄 거라고 느꼈습니다. 그리고 그렇게 제가 떠나면 이 사람이 집에 혼자 남아있게 될 거고… 그는 마침내 제가 딸을 보러가도 된다고 말했습니다. 저는 9시나 9시 30분쯤 집을 나서야 했습니다. 그리고 저는 정말로 그 사람이 저를 놓아줄 거라고 믿고 있었습니다.

From the time he walked into my house until we were taking that truck, he was a totally different person to me. I felt very threatened, scared. I felt he was going to kill me when--when I first--when he first put the gun to my side, but when I followed him to pick--to take the truck, I felt he was going to--he was really going to turn himself in. So he took the truck. He got in

> *…"어느 순간에 그는*
> *"난 차라리 저기 놓여있는 총으로 남들이 아닌*
> *당신이 나를 쏴줬으면 좋겠소."라고…*

the car, and I said, "Are you ready now?" And he said, "Give me a few days, please." I said, "Come on, you've got to turn yourself in now." I didn't feel like he might--I felt like he might change his mind, that he might not want to turn himself in the next day, or a few days after that, and that if he did feel that way, then he would need money, and the only way he could get money was if he hurt somebody and took it from them.
그가 제 집에 들어섰을 때부터 우리가 트럭을 가지러 갈 때까지 그 사람은 제게 완전히 다른 사람이 돼있었습니다. 저는 처음에는 정말로 위협을 느꼈고 겁이 났었습니다. 그가 처음에 제 옆구리에 총을 들이댔을 때 저는 그 사람이 저를 죽일 거라고 생각했습니다. 그러나 그 트럭을 가지러 갈 때 저는 그 사람이 정말로 자수를 할 거라고 느꼈습니다. 그는 그 트럭을 치웠습니다. 그가 다시 차로 돌아왔기에 제가 물었습니다. "이제 준비가 됐나요?" 그는 대답했습니다. "제발 며칠간 말미를 좀 주오." 전 다시 말했습니다. "자, 어서요. 이제 자수를 하세요." 그 사람이 제 말대로 그럴 것 같지는 않아 보였습니다. 저는 그 사람이 마음을 바꿔서 며칠이 지나도 자수를 하지 않을지도 모르며, 그리고 또 며칠이 지나면, 그 때까지도 그 마음이 변하지 않는다면 돈이 필요할 것이고, 돈을 구하려면 할 수 없이 남을 다치게 하고 돈을 빼앗을 수밖에 없을 거라고 생각했습니다.

"당신이 바로 기적의 증겁니다."

So we went back to my house and got in the house. And he was hungry, so I cooked him breakfast. He was overwhelmed with--

"Wow," he said, "real butter, pancakes?" And I just talked with him a little more, just about--about --we pretty much talked about God ... what his reason was, why he made it out of there. I said, "Do you believe in miracles? Because if you don't believe in miracles--you are here for a reason. You're here in my apartment for some reason. You got out of that courthouse with police everywhere, and you don't think that's a miracle? You don't think you're supposed to be sitting here right in front of me listening to me tell you, you know, your reason here?"
그렇게 우린 다시 집으로 돌아왔습니다. 그리고 그 사람은 시장하다고 했고 저는 그 사람을 위해서 아침을 지어줬습니다. 그는 "와, 진짜 버터에 진짜 팬케이크네!"라고 하면서 정말로 좋아했습니다. 그리고 저는 그와 조금 더 얘기를 했는데 대개 하나님에 대한 얘기였습니다. 또 그가 범행을 저지른 이유와 왜 그 범행을 거기서 저질렀는지 등에 대해 이야기했습니다. 저는 말했습니다. "기적을 믿으세요? 만약에 당신이 기적을 믿지 않는다면 당신이 바로 그 기적의 증거니까 기적을 믿어야 해요. 당신이 이곳 아파트로 온 덴 어떤 이유가 있을 거예요. 당신은 경찰이 사방에 깔린 그 법원에서 도망쳐 나왔어요. 그런데도 그게 기적이 아니라고요? 당신은 당신이 제 앞에 앉아서 당신이 여기에 와있는 이유에 대해서 제가 하는 설명을 들으리라고 생각해본 적이 없겠죠?"

I said, "You know, your miracle could be that you need to--you need to be caught for this. You need to go to prison and you need to share the word of God with them, with all the prisoners there." Then 9 came. He said, "What time do you have to leave?" I said, "I need to be there at 10, so I need to leave about 9:30." And I sat down and talked to him a little bit more. And he put

the guns under the bed, like ... I'm not going to mess around with them anymore.
저는 또 말했습니다. "아마 당신이, 당신이 저지른 범죄 때문에 경찰에 붙잡히게 되는 게 당신의 기적일 수도 있어요. 당신이 교도소에 가서 하나님의 말씀을 그곳에 있는 모든 죄인들과 나누는 게 필연일 수도 있어요." 그리곤 9시가 됐습니다. 그가 물었습니다. "언제 떠나야 되오?" 저는 대답했습니다. "10시까지는 가야 되니까, 아마 9시 반에는 떠나야 될 거예요." 그리고 저는 앉아서 그와 좀 더 이야기를 나눴습니다. 그리고 그는 총들을 침대 밑에 숨겼습니다. 마치 나는 이제 더 이상 저 물건들에는 손도 대지 않을 것이라고 말하는 듯이…

He gave me some money when I was about to leave. Just kind of like he knew. I said, "You might need this money." And he said, "No, I don't need it. I'm going to be here for the next few days." I basically said, keep the money. And he said, "No, I don't need it." He asked me if there was anything I could do--or he could do for me before I left, or while I was going. He says, "Is there anything I can do while you're gone?"I know he was probably hoping deep down that I was going to come back, but I think he knew that I was going to--what I had to do, and I had to turn him in, and I gave him--I asked him several times, you know, "Come on, just go with me." He said, "I'll go with you in a few days."
제가 막 떠나려고 할 때 그 사람은 저에게 얼마간의 돈을 줬습니다. 마치 사정을 다 안다는 것처럼 말입니다. 저는 말했습니다. "이 돈이 필요한 건 당신일 텐데요." 그랬더니 그가 말했습니다. "아니오. 나는 그 돈이 필요없소. 나는 이곳에 며칠 더 있을 거니까." 저는 기본적으로 그 돈을 갖고

> … "언제 떠나야 되오?"
> 저는 대답했습니다. "10시까지는 가야 되니까,
> 아마 9시 반에는 떠나야 될 거예요."…

있으라는 취지의 이야기를 했습니다. 그랬더니 그는 돈이 필요 없다고 말했습니다. 그는 자신이 해줄 수 있는 일이 없느냐고 물었습니다. 제가 떠나기 전이나 집을 비우는 동안에 자기가 해줄 수 있는 일들이 있느냐고 물었습니다. 그는, "당신이 집을 비우는 동안 내가 해줄 일이 뭐 없겠소?" 라고 물었습니다. 나는 그가 아마 마음 속 깊은 곳에서 제가 돌아와 주길 원할 거라고 생각했습니다. 그러나 저는 동시에 그는 결국 제가 해야 할 일을 할 거라는, 결국은 제가 그 사람을 신고하고 넘겨줘야 한다는 사실을 알고 있었을 거라고 생각합니다. 저는 그 사람에게 몇 차례나 함께 자수하러 가자고 물었으니까요. 그는 "며칠 뒤에 당신과 함께 자수하겠다." 고 말했습니다.

But when he asked me, "Is there anything I can do while you're gone, like hang your curtains or something?" And I said, "Yeah, if you want to."He just wanted some normalness to his life right then. He--I think he realized all this--all this that I've been through, this is not me. I don't know, that's my opinion of what he ... Then I left my house at 9:30. And I got in the car. And I immediately called911. I told them that he was there, and she asked me where I was. I said,"Oh, I'm on my way to see my daughter." I felt glad to just really be on my way to see my daughter. She said, "You've got to turn around and go to the leasing office." So that's what I did.
그러나 그는 제게 물었습니다. "당신이 없을 때 내가 할 일이 없겠소? 예를 들면 커튼을 걸어놓는다든가, 그런 일 말이오." 저는 대답했습니다.

"네, 원한다면 그렇게 하세요." 그 사람도 그 순간만큼은 그의 인생에서 어느 정도의 정상적인 생활을 해보길 원했던 거겠죠. 그는 이런 모든 소동을 일으킨 사람이 자신이 아니라는 사실을 실감했던 것이라고 생각합니다. 모르겠습니다. 그게 그에 대한 저의 생각입니다. 그리고 저는 9시 30분에 집을 나섰습니다. 차에 타자마자 전 911로 신고전화를 했습니다. 저는 그 사람이 저기 있다고 말했습니다. 신고를 받는 여직원이 저는 지금 어디에 있느냐고 묻더군요. 저는 "아, 저요? 저는 지금 딸 아이를 보러가는 중입니다." 라고 대답을 했습니다. 저는 정말로 제가 제 딸을 만나러 가는 길이라는 사실이 그렇게 기쁠 수가 없었습니다. 그 여직원이 말했습니다. "지금 바로 차를 돌려서 관리 사무실로 가십시오." 그래서, 저는 시키는 대로 했습니다.

애쉴리 스미스는 집에서 나오자마자 911로 전화해 브라이언 니콜스가 자기 집에 있다는 사실을 알렸습니다. 곧 중무장한 경찰이 애쉴리의 집을 에워쌌고 브라이언은 텔레비전으로 그 장면을 지켜봤습니다. 사태를 파악한 브라이언은 곧 흰 셔츠를 나무에 매단 뒤 창문 밖으로 내걸었습니다. 경찰이 투항을 종용하자 브라이언은 곧 두 팔을 치켜든 채 집밖으로 나와 엎드렸고, 그로써 체포 작전은 추가적인 인명의 살상 없이 끝날 수 있었습니다. 진심이 담긴 침착한 대응으로 최악의 순간에 최선의 상황을 만들어낸 애쉴리 스미스는 단번에 미국의 영웅으로 떠올랐고 조지아주가 내건 현상금 등 모두 7만 2천 5백 달러를 받았습니다. 그 돈으로 애쉴리는 그동안 경제적인 사정으로 양육권을 주장할 수 없었던 5살짜리 딸과 함께 살 수 있게 될 것으로 보입니다. 애쉴리가 브라이언에게 읽어준 "목적이 이끄는 삶"이라는 베스트셀러는 이번 사건으로 더욱 높은 판매고를 기록하고 있습니다.

영웅이 된 인질

며칠 전 아침 출근을 하기 전에 오늘은 무슨 뉴스가 있나 하고 잠깐 컴퓨터 앞에 앉았습니다. 인터넷을 뒤지다가 애쉴리 스미스의 기자회견 소식을 발견하게 됐습니다. 처음엔 그냥 몇 줄만 겅중겅중 읽으려고 했던 건데, 그 내용이 하도 흥미로워서 결국 앉은 자리에서 전문을 다 읽게 됐습니다.

하루 만에 무려 4건의 살인 사건을 저지른 흉악한 살인범과 별건의 살인 사건으로 4년 전 스물두 살이라는 젊은 나이에 과부가 된 한 주부와의 만남이 주는 극적인 효과들 때문이었습니다.
기자회견 이후 미국의 언론들은 한 사람의 영웅이 탄생했고, 이 사건 자체가 한 편의 영화라고 입을 모으고 있습니다. 전 그 표현이 충분하지 않다고 생각합니다.
앞 장에서 보셨던 글은 애쉴리 스미스가 글로 정리한 것이 아닙니다. 자기를 기다리는 수많은 텔레비전 카메라가 부끄러운 듯이 약간의 미소를 머금고 기자회견장에 들어와서는 변호사와 함께 자리에 앉아서 입에서 나오는 대로 이야기한 말을 그대로 옮긴 녹취록입니다.
때로는 울면서 때로는 한숨을 내쉬면서 내뱉은 말 그대로를 적은 진솔한 글인데도 불구하고 어쩌면 그렇게 완벽한 한 편의 단편소설 같은 글이 만들어졌을까요?
기자회견 녹취록을 본 이후 저는 회사에 출근해서 다시 비디오로 애쉴리의 기자회견 내용을 확인했습니다.
비디오 자료에는 애쉴리의 상황설명 이후에 기자들과 나눈 질문과 답변 부분이 추가돼 있었습니다. 질문 가운데는 두 가지가 특히 인상에 남는데요. 한 기자가 브라이언 니콜스가 재판을 받게 된 혐의가 성폭행이었음을 상기시키면서 애쉴리에 대해서도 성폭행을 하려고 하지 않았느냐고 물었

"...때로는 울면서, 한숨을 내쉬면서 내뱉은 말 그대로를 적은 글인데 어쩌면 그렇게 완벽한 한 편의 단편소설 같은 글이 만들어졌을까요?..."

습니다.

그 대답에 대해서 애쉴리는 단호한 표정으로, 그런 일은 없었다고, 그 사람은 자기가 목욕을 하는 동안 그 모습을 보지 않아도 되도록 자기의 얼굴에 수건을 씌워준 사람이라고 대답했습니다.

또 한 가지는 현상금에 대한 이야기였습니다. 미국의 진정한 영웅으로 떠올랐는데, 브라이언에게는 경찰이 내건 6만 달러의 현상금이 걸려있었다는 걸 아느냐고 물었습니다.

그 질문에 대해서 애쉴리는 자신이 돈을 받기 위해 그런 일을 한 건 아니지만 돈을 준다면 기꺼이 받겠다고 말했습니다. 저 개인적으로는 그 대답의 여운이 오래 남아서 왜 그럴까 생각을 좀 했었습니다. 아무리 좋은 일이라도 돈이라는 반대급부와 연결되면 그 숭고함이 덜해지는 저의 천박한 가치관 때문에 그랬겠죠. 대답하는 방식에는 여러 가지가 있을 테니까 말입니다.

"제가 돈을 받으려고 그런 일을 한 것은 아닙니다."라고 간단히 말을 마칠 수도 있었고, "저는 돈에 대해서는 신경 쓰지 않습니다."라고 대답할 수도 있었고, 또는 더 멋있게 보이기 위해서는, "전 그 돈은 거들떠보지도 않을 겁니다. 만약에 돈을 받게 된다면 이웃돕기에 쓰거나 아프리카 아이들을 위한 급식비로 다 줘 버릴 겁니다."라고 얘기할 수도 있었겠죠.

그런데 애쉴리는, "돈을 바라고 한 일은 아니지만 돈을 준다면 받겠다."고 마치 기다리고 있었다는 듯이 돈을 받겠다는 말을 잊지 않았습니다. 도대체 왜 그랬을까요? 애쉴리에게는 딸을 위해 그 돈을 꼭 받아야 할 이유가 있었기 때문입니다.

그래서 현실은 소설보다도 더 극적이라고 하는 모양입니다.

브라이언 니콜스도 특별한 사람이었습니다. 흑인으로는 흔치 않게 부모가 모두 대학을 나온 인텔리였고, 브라이언 자신은 수십만 달러의 연봉-이곳에서는 six digit salary, 즉 여섯 숫자 단위의 연봉이라고 표현을 하더군요. 우리말로는 "억대 연봉자" 쯤이 될 겁니다-을 받는, 방송에 출연한 그의 동생의 표현을 빌리자면 "흑인으로서는 성공한" 중산층이었습니다.

그런 성장과 교육 배경이 도피 중에 있는 급박한 상황에서도 샤워를 하면서 인질 여성의 얼굴에 수건을 씌워주는 배려를 가능하게 했겠죠. 살인사건이 있기 며칠 전에 브라이언 니콜스가 사귀던 또 다른 여자 친구가 브라이언의 아이를 출산했다는 사실도 새롭게 드러났습니다.

그 아이를 보고 싶은 다급한 마음이 끔찍한 범죄로 이어졌다는 개연성도 언론을 통해 전해지고 있습니다.

극적인 상황에도 불구하고, 또 있을 수 있는 브라이언에 대한 동정론에도 불구하고 무고한 생명을 넷이나 앗아간 그의 범죄행위는 용서될 수 없는 것이고 결국은 준엄한 법의 심판을 받게 될 겁니다.

애쉴리는 부잣집의 공주 같은 딸이 아니었습니다. 애쉴리가 돈이 필요했던 사정과 그녀의 고난 많았던 성장 과정이 녹아있는 신문기사 한 편을 더 번역해서 소개합니다.

Ashley's tale of heartache (심금을 울리는 애쉴리의 이야기)
뉴욕 데일리 뉴스 CORKY SIEMASZKO 기자

Before Ashley Smith became America's newest darling by convincing alleged Atlanta courthouse killer Brian Nichols to surrender, her life was like a classic country-and-Western song - full of hard luck and heartache.

애쉴리 스미스가 애틀랜타 법원 살인사건의 범인 브라이언 니콜스를 투항하도록 설득시키면서 미국의 새로운 스타로 부상하기 전에 그녀의 인생은 불운과 가슴 아픈 일로 가득한 한 편의 정통 서부 컨트리송 가사 같았습니다.

Despair over being abandoned by her parents drove her to rebel against her strict Christian grandparents. Despair over her husband's murder drove her to drugs and alcohol.
부모에게 버림받은 사실 때문에 낙담한 애쉴리는 엄격한 기독교 가치관을 갖고 살아가는 조부모에게 반항하며 자랐습니다. 또 남편이 피살돼 충격을 받은 그녀는 마약과 술에 빠지게 됐습니다.

But faith gave Smith the strength to overcome her addictions and survive her seven-hour ordeal as Nichols' hostage. Now it appears that faith will be rewarded financially.
하지만 신앙심이 스미스에게 중독을 극복하고 니콜스의 인질로 잡힌 7시간 동안 고난을 이겨낼 힘을 줬습니다. 이제 그 신앙심이 금전적으로도 보상을 해줄 것같이 보입니다.

Her lawyers are negotiating book and film deals that could make the 26-year-old widow rich enough to reclaim her 5-year-old daughter, Paige, who is being raised by an aunt. And Smith has already gotten more than $60,000 in reward money for helping cops capture Nichols, who allegedly gunned down a judge and three others on March 11.
그녀의 변호사는 현재 책과 영화 판권을 놓고 협상을 벌이고 있는데 그렇게 되면 26살 된 과부인 애쉴리 스미스는 지금 숙모가 맡아 기르고 있는

5살 난 딸 페이지의 양육권을 다시 찾아오기에 충분한 돈을 갖게 될 것으로 예상됩니다. 그리고 애쉴리는 지난 3월 11일 판사와 3명을 총으로 살해한 혐의를 받고 있는 니콜스를 체포하는데 경찰에 도움을 준 대가로 이미 6만 달러가 넘는 돈을 손에 넣었습니다.

"It's really a wonderful story," said her grandmother, Ann Machovec, of Augusta, Ga.
"참으로 멋진 이야기예요," 라고 조지아주 어거스타에 사는 그녀의 할머니 앤 매코벡 씨는 말합니다.

Smith is already a Christian superstar. After revealing that she read Nichols passages from the best-selling "The Purpose Driven Life: What on Earth Am I Here For?" sales of the Christian self-help book went through the roof.
애쉴리 스미스는 이미 기독교계의 슈퍼스타로 떠올랐습니다. 그녀가 니콜스에게 베스트셀러인 "목적이 이끄는 삶: 우리는 도대체 무엇을 위해 존재하는 것인가?"라는 책을 읽어준 것으로 드러나면서 이 기독교 수양 서적의 판매고는 천정부지로 뛰어올랐습니다.

Bob Thompson, a Syracuse University professor and pop culture expert, said Smith's story"transcends religion."
대중문화 분야의 전문가인 시라큐스 대학의 밥 톰슨 교수는 애쉴리 스미스의 이야기는 "종교의 한계를 초월한다."고 말했습니다.

"This is something right out of a movie," he said. "The fact that she was just so cool - the scrappiness of the whole encounter."
"애쉴리 스미스가 그렇게 완전히 마음의 평정심을 유지한 사실이나, 그

"...애쉴리 스미스는 니콜스를 체포하는데 경찰에 도움을 준 대가로 이미 6만 달러가 넘는 돈을 손에 넣었습니다..."

모든 만남이 사소한 우연의 산물이었다는 사실을 보더라도 이건 완전히 한 편의 영화입니다," 라고 톰슨 교수는 덧붙였습니다.

Smith deserves a break. Her father, David Copeland, split when she was 2. Her mother, Mary Jo, was dogged by demons the family has declined to publicly discuss. So Smith was raised by her grandparents, who met at the Brooklyn Navy Yard and later moved to Augusta.
애쉴리 스미스는 고난으로 가득한 괴로운 삶을 살아왔습니다. 그녀의 아버지 데이비드 코플랜드는 그녀가 두 살이었을 때 이혼했습니다. 그녀의 어머니 메리 조는 하는 일마다 지독하게 운이 따르지 않았는데 가족들은 이 문제를 내놓고 얘기하길 꺼리고 있습니다. 결국 애쉴리 스미스는 조부모의 손에서 양육됐습니다. 조부모는 브루클린 해군 조선소에서 만나서 결혼한 뒤 나중에 어거스타로 이주했습니다.

Smith's grandfather, ex-Marine Dick Machovec, was the headmaster of a Christian school where his granddaughter was a basketball star. But Smith was a troubled teen who racked up arrests for shoplifting and drunken driving.
애쉴리 스미스의 할아버지 딕 매코벡은 전역 해병으로 애쉴리가 다니던 기독교계 학교의 교장이었고 애쉴리는 그 학교의 유명한 농구 선수였습니다. 하지만 애쉴리는 도둑질이나 음주운전 때문에 경찰서를 들락거리는 문제 청소년이었습니다.

"One of these days, I'm going to make you proud of me," Smith said. "Well, then, you better choose better friends," Dick Machovec replied.
"앞으로 때가 되면 할아버지가 저를 자랑스럽게 생각하도록 하겠어요," 라고 애쉴리는 말하곤 했습니다. 딕 매코벡 씨는 그 때마다, "그렇게 되려면 지금보다 나은 친구들을 골라서 사귀어야 해," 라고 대답했습니다.

An athletic scholarship got Smith into Augusta College, but she dropped out after four months and hooked up with Daniel (Mac) McFarland Smith, a "good old boy" carpenter with some disreputable friends.
애쉴리는 운동선수로서 장학금을 받고 어거스타 대학에 입학했지만 4개월 만에 학교를 그만 두고 대니얼 맥파랜드 스미스라는 순박한 목수와 인연을 맺게 됐는데, 이 사람이 사귀는 사람들의 명성은 그리 좋지 않았습니다.

They married, bought a house and had a daughter. But her husband's past caught up with them on Aug. 18, 2001, when he was stabbed in a knife fight – and died in Smith's arms.
둘은 결혼했고, 집을 샀고, 딸을 낳았습니다. 그러나 남편의 과거가 그들의 발목을 잡았습니다. 2001년 8월 18일 남편이 싸움에 휘말려 칼을 맞았고, 결국 애쉴리의 품에서 숨을 거뒀습니다.

The killer was never found.
살인자는 아직까지 검거되지 않고 있습니다.

Unable to cope, Smith turned Paige over to an aunt and moved

in with her mom. But Smith's life continued to spiral out of control and in November 2003 she was arrested for attacking ex-stepfather Larry Croft. In a police report, Croft said he booted Smith out of his house a month earlier "because she had a drug problem."
견디다 못해 애쉴리 스미스는 딸 페이지를 숙모에게 넘기고 어머니의 집으로 들어와 함께 살았습니다. 그러나 애쉴리의 인생은 계속 통제할 수 없는 상태로 전개됐고 2003년 11월, 애쉴리는 마침내 과거의 계부 래리 크로프트를 공격한 혐의로 구속되게 됩니다. 경찰에 제출한 보고서에서 크로포트는 애쉴리가 마약에 빠져있어서 한 달 전에 집을 나가라고 돈을 줬다고 진술했습니다.

Smith went into rehab and later moved to the Atlanta suburbs. She completed a medical assistant course and was training as a waitress when she was taken hostage.
애쉴리 스미스는 재활훈련을 거쳐서 나중에는 애틀랜타시의 교외로 이사를 하게 됩니다. 인질로 잡혔을 때 그녀는 의료보조원 과정을 마치고 식당 종업원으로 훈련을 받고 있는 중이었습니다.

Tony Cook, Smith's boss at Barnacles Seafood, Oysters and Sports in Duluth, Ga., said he admired her work ethic.
조지아 덜러스에 있는 "바나클 해산물과 굴, 스포츠 센터"라는 음식점에서 일하는 애쉴리의 상사 토니 쿡 씨는 애쉴리의 근무태도에 감명을 받았다고 말했습니다.

"After her ordeal was over, Ashley called me personally to let me know she wouldn't be in for a few days," Cook said. "I thought

that was pretty remarkable."
“인질 소동이 끝난 뒤에 애쉴리가 글쎄 며칠 동안 식당에 못나갈 것 같다고 저에게 직접 전화를 했더라고요. 그것 참 대단한 일 아닙니까?” 라고 쿡 씨는 덧붙였습니다.

다음에는 아동 성폭행 전과자에게 9살짜리 딸을 잃은 평범한 한 아버지의 비통한 심정이 그대로 드러나는, 정제되지 않은 그의 표현에 관한 글을 한 편 보내 드리겠습니다.
“법적으로 허용되진 않겠지만 남자 대 남자로 그 놈을 딱 한 번 만나보고 싶다” 던 그 아버지, 흘러내리는 눈물 때문에 짙은 선글라스를 쓰고 기자들을 만난 그 아버지의 이야기를 해보겠습니다.

딸 잃은 아버지의 절규

방송 문장이라는 게 텔레비전의 경우 채 열 문장이 되지 못할 때가 있습니다. 따라서 신문기사와는 달리 많은 사연을 소상히 설명 드리지 못할 때가 많죠. 물론 문장으로는 표현이 불가능한 동영상이 또 다른 많은 말을 하긴 합니다만 글을 쓰는 사람으로서는 세세한 사실을 전해드리지 못해 아쉬울 때가 있습니다. 방송 뉴스를 보고 들으시는 시청자나 청취자분들도 마찬가지 아쉬움을 갖고 계실 겁니다. 그런 간격을 메우는데 이런 글이 조금이라도 도움이 될까 해서 보내드리는 거니까, 제 글을 읽으실 때 참고해 주시기 바랍니다.
요즘 미국의 뉴스들이 모두 큼지막한 사건과 사고로 채워지고 있습니다. 텍사스 정유공장에서 폭발사고가 나서 15명이 목숨을 잃은 게 그렇고요. 테리 샤이보라고 15년째 식물인간처럼 살아가는 여인에 대해서 음식물을 공급하던 튜브를 제거하라는 법원의 판결이 톱뉴스로 다뤄지고 있습니다. 세계적인 팝스타 마이클 잭슨이 남자 어린이를 성폭행했다는 혐의에 대한 재판이 계속되고 있고, 임신한 아내를 살해한 피터슨이 사형선고를 받은 이야기도 세인의 관심 속에 대서특필되고 있습니다. 이틀 전에는 미네소타의 인디언 보호구역 안에 있는 한 고등학교에서 총격사건이 벌어져서 범인을 포함해 모두 10명이 목숨을 잃은 사건도 있었죠. 또 3주일 전에는 9살 난 제시카 런스포드 양이 집에서 자다가 갑자기 실종된 사건이 있었는데요. 오늘은 그 이야기를 좀 하려고 합니다.

앰버 얼러트 (Amber Alert)

미국에는 앰버 얼러트라는 제도가 있습니다. 어린이들의 납치나 유괴사건이 날 경우 다른 어떤 범죄에 우선해서 전국적인 네트워크를 통해 유기적인 수사를 벌이는 경보를 말합니다. 지난 1996년 텍사스 알링턴에서

> *...앰버 얼러트 : 어린이의 납치나 유괴사건이 날 경우 다른 어떤 범죄에 우선해서 전국적인 네트워크로 유기적인 수사를 벌이는 경보...*

앰버라는 이름을 가진 한 여자 어린이가 유괴돼 잔인하게 살해된 이후 만들어진 제돈데요. 비슷한 유형의 사건에 있어서 효과적인 수사를 보장하고 특히 어린이의 목숨을 우선적으로 보호하기 위한 경보 장칩니다. 앰버 얼러트가 수사기관에 의해 발동되면 각 방송사와 언론사들은 사건 용의자와 유괴나 납치된 어린이의 인적사항, 또 그 사진 등을 가장 우선적으로 보도해 시민들의 신고를 유도하게 됩니다. 최근에는 임신 말기의 임부가 살해되고 태아가 없어졌을 때 이 앰버 얼러트가 발동됐었고, 또 오늘 이야기하려는 제시카 런스포드 양이 자고 있던 침대에서 사라진 다음날 아침 앰버 얼러트가 발동됐었습니다.

제시카, 침실에서 사라져

지난 2월 22일 아침 조용하던 플로리다 시트러스군 호모사사 마을에 비상이 걸렸습니다. 간밤에 분홍색 잠옷 바람으로 잠을 자던 9살짜리 제시카가 온데간데없이 사라졌기 때문입니다. 외부로부터 누가 강제로 침입한 흔적은 없었고, 없어진 물건도 없었습니다. 할머니가 전날 밤 침대에 누인 뒤 잠드는 걸 보고 방에서 나온 게 마지막이었습니다. 다음 날 아침 할머니는 급하게 경찰에 연락을 했고, 미국 전국에는 앰버 얼러트가 발령됐습니다. CNN과 FOX를 비롯한 유선방송들은 시시각각 제시카의 얼굴을 화면으로 내보내며 제보를 기다렸지만 별다른 단서가 잡히지 않았습니다.

다음은 수사 상황을 전한 CNN의 보도 내용입니다.

In the days after Lunsford's disappearance, hundreds of volunteers turned out -- sometimes in pouring rain -- to help law enforcement officers search for the girl. They were joined by search dogs and officers on horseback and on off-road vehicles.
제시카가 실종된 뒤 자원봉사자들이 때로는 쏟아지는 폭우에도 불구하고 수백 명씩 모여서 경찰관들의 수색작업을 도왔습니다. 수색에는 경찰견과 기마경찰, 그리고 비포장 도로용 차량들도 동원됐습니다.

On February 28, Lunsford said he was convinced his daughter was abducted, but Evan said the question of whether she ran away or was taken from her home remained open.
2월 28일 런스포드 씨는 자기의 딸이 유괴된 것으로 확신한다고 말했습니다. 그러나 에반 (郡 보안관의 대변인)은 제시카가 제 발로 가출한 건지 아니면 집에서 누군가에 의해 끌려 나간 건지는 아직도 알 수 없다고 말했습니다.

"가출이요? 그럴 리 없어요."

Lunsford said, "I know my daughter. She is not much different than anybody else's. If they are in a good home, there is no reason for them to leave."
이에 대해 런스포드 씨는, "제 딸은 제가 잘 압니다. 제 딸은 다른 사람들과 크게 다르지 않습니다. 좋은 집이 있으면 아이들은 가출 같은 걸 하지 않습니다." 라고 말했습니다.

At a news briefing three days earlier, the girl's father and grandparents issued an emotional plea for any information on

her whereabouts.
3일 전 뉴스 브리핑에서 제시카의 아버지와 조부모는 제시카의 행방에 관한 제보를 달라는 감정에 복받친 호소를 했었습니다.

Ruth Lunsford said then that neither she nor her husband heard anything unusual the night of the disappearance and said Jessica would never go anywhere "without consulting us."
할머니 루스 런스포드는 그 때 자신이나 자신의 남편은 제시카가 사라지던 날 밤 그 어떤 이상한 소리도 듣지 못했다고 말하고 제시카는 할머니 할아버지와 상의 없이 어딜 갈 아이가 아니라고 말했습니다.

"She just doesn't go off ... she doesn't roam," the grandmother said. "She's very smart, she's very well-mannered, and she's a beautiful child. When God made Jessie, he made an angel."
"걔가 가출할 리가 없어요. 그 아이는 싸돌아다닐 아이가 아니에요."라고 할머니는 말했습니다. "제시카는 아주 영리하고, 예의바르고, 예쁜 아이예요. 하느님이 제시카를 만드셨을 때 천사로 만드셨어요."

That same day, Dawsy announced that Atlanta Braves pitcher Mike Hampton and his wife Kautia -- residents of Homosassa -- had offered a $25,000 reward for any information leading to the girl's location and return.
바로 그날 제시카와 같이 호모사사에 거주하는 아틀란타 브레이브스의 투수 마이크 햄톤과 그의 부인이 제시카의 행방을 알려주거나 귀가를 할 수 있게 도움을 주는 사람에게 2만5천 달러를 주겠다고 제의했다고 도씨 보안관은 발표했습니다.

3주일 만에 싸늘한 시체로

그리고 3주 후인 지난 3월 15일 경찰은 사건과 관련이 있을 가능성이 있는 인물로 46살 존 에반더 쿠이를 지목했습니다. 미성년자 추행과 마약 등 여러가지 죄목으로 교도소를 25번이나 들락거린 경력이 있는 쿠이는 제시카의 집에서 백 미터쯤 떨어진 의붓여동생 집에 살고 있었습니다. 쿠이는 미성년자 성폭행범으로서 거처를 옮길 때 당국에 반드시 신고를 해야 하는 규정을 어기고 제시카 실종 이후 허가 없이 플로리다를 떠났습니다. 쿠이는 플로리다를 떠나기 전 친구들에게 경찰이 곧 자신을 찾을 것이라고 말해 자신이 범행을 저질렀음을 내비쳤습니다. 이 말을 듣고도 경찰에 신고를 하지 않은 쿠이의 친구 세 명은 수사방해 죄로 경찰에 구속됐습니다. 이어 조지아주에서 쿠이를 검거한 경찰은 거짓말 탐지기를 동원한 수사 끝에 제시카를 한 밤중에 끌어내 성폭행하고 목 졸라 살해했다는 자백을 받아냈습니다.

Couey made the confession after undergoing an FBI-administered polygraph test, Citrus County Sheriff Jeff Dawsy said.
쿠이는 FBI가 실시한 거짓말 탐지기 검사를 받은 뒤 범행을 자백했다고 사이트러스 군의 제프 도씨 보안관이 말했습니다.

"At the end of the polygraph, he says, 'you don't need to tell me the results. I already know what they are,'" Dawsy said.
"거짓말 탐지 테스트가 끝난 뒤 그는 '결과를 말할 필요 없수. 난 벌써 결과를 아니까,' 라고 말했습니다."라고 도씨 보안관은 밝혔습니다.

Couey then asked that investigators come back into the room

and "apologized to the investigators for wasting their time," the sheriff said.
쿠이는 그리곤 수사관들을 방으로 다시 들어오라 한 뒤에 "(거짓말로) 시간을 허비하게 만든 것을 사과했다"고 도씨 보안관은 밝혔습니다.

등잔 밑이 어두워

아, 수사 뒤 밝혀진 범행 내용과 상황은 너무나도 안타까웠습니다. 마약에 취한 쿠이는 그날 밤 열려있는 문을 통해 제시카가 잠자는 방으로 침입해 제시카의 입을 막고 100여 미터 떨어진 자기의 집으로 데려갔습니다. 그리곤 성폭행 후에 목을 졸라 살해했는데, 범인 쿠이가 약에 취해 정확하게 기억하지는 못하지만 납치 후 며칠이 지난 뒤에 살해했을 가능성이 높은 것으로 조사됐습니다. 등잔 밑이 어둡다고 부모와 할머니, 할아버지가 목 놓아 울부짖으며 아이를 찾아달라고 호소하는 동안 제시카는 불과 백여 미터밖에 떨어지지 않은 곳에서 그 고통을 당하고 있었던 셈입니다. 제시카를 낳은 뒤 남편과 이혼해 현재는 오하이오주에서 살고 있는 제시카의 어머니는 딸의 운명을 알게 된 뒤 통곡했습니다.

"He will pay; he will pay for hurting those children out there and my daughter. He will pay. He deserves everything he gets coming to him," said Bryant, who said she woke up early Friday "and felt something was wrong."
"범인은 반드시 대가를 치를 겁니다. 범인은 아이들을 해치고 제 딸을 해친 대가를 반드시 치르게 될 겁니다. 대가를 치러야죠. 그 놈은 자기에게 주어질 그 어떤 벌도 달게 받아야 합니다,"라고 브라이언트 씨는 말했습니다. 그녀는 "뭔가 안좋은 일이 일어날 것 같은 느낌을 받고" 금요일 새벽에 일찍 잠을 깼다고 말했습니다.

"...마약에 취한 쿠이는 그날 밤 열려있는 문을 통해 제시카가 잠자는 방으로 침입해 제시카의 입을 막고..."

"I love her. I always have and I always will. ... I'll see her again. I will."
"저는 제시카를 사랑해요. 과거에도 항상 그랬고 또 앞으로도 항상 그럴 겁니다. 전 제딸을 다시 만나게 될 겁니다. 저는 꼭 제 딸을 다시 만날 겁니다."

"제 딸이 드디어 집으로 돌아왔어요"

제가 이 사건에 특히 큰 관심을 가지게 된 건 바로 제시카 아버지의 모습 때문이었습니다. 심한 남부 사투리를 쓰는 꾸부정한 모습의 이 남자는 저와 동갑이었고 제시카의 나이는 제 딸과 같았습니다. 사건 발생 이틀날 아침 텔레비전에 모습을 나타낸 아버지 마크 런스포드는, 충혈된 눈으로 자기 딸을 찾을 수 있게 도와달라고 온 미국 국민에게 호소했습니다. 그리고 웅얼거리는 투의 목소리로 제시카는 반드시 집으로 돌아올 거라고 강조했었습니다. 그랬던 그가 싸늘한 시체로 돌아온 딸을 확인하고 감정에 복받치는 성명을 발표했습니다.

Jessica's distraught father said earlier Saturday that his daughter is "home now."
큰 슬픔에 빠진 제시카의 아버지는 토요일 자신의 딸이 "이제 집으로 돌아왔다"고 말했습니다.

"Everyone heard me say time after time that she would be home," said Mark Lunsford, choking back tears. "Well, she's

home now. It's over……. She's right here with me."
"모든 분들은 제 딸이 집으로 돌아올 거라고 제가 거듭 말한 걸 들으셨을 겁니다," 마크 런스포드 씨는 눈물을 삼키면서 말했습니다. "자, 이제 제시카가 집에 돌아왔습니다. 이제 모든 게 끝났습니다. 제 딸은 이제 저와 함께 있습니다."

Lunsford said he wanted to tell all parents to "make sure you get that hug and kiss every day before you leave the house."
런스포드 씨는 세상의 모든 부모들에게, "매일 집을 떠나기 전에 반드시 아이들을 안아주고 입 맞추라고" 말해주고 싶다고 덧붙였습니다.

흐르는 눈물을 보이지 않으려고 짙은 색 선글라스를 끼고 기자들 앞에 선 제시카의 아버지는 자기는 제시카에게 항상 그렇게 했기 때문에, 아빠가 평소에 얼마나 자신을 사랑하는 지를 잘 알고 있을 거라고, 그래서 다행이라고 말했습니다. 런스포드 씨는 또 오른 손을 앞으로 뻗어 엄지와 검지를 꼭 붙인 다음, "여러분들은 자녀들을 이만큼 가깝게 사랑해서 그 누구도 그 사이에 들어오지 못하게 하라," 고 말하기도 했습니다.

아무리 참으려 해도

사랑하는 어린 딸을 하늘로 먼저 보낸 아버지로서 범인을 향한 적개심과 분노야 어찌 이루 말할 수 있겠습니까? 그러나 그 복수를 하고 싶은 인간으로서의 발가벗은 심정은 아버지의 말로도 일부 표현됐습니다.

"If we could just, for one day, use the electric chair, I would like that," Jessica's father, Mark Lunsford said. "Somebody needs to kill him."

만약에 전기의자를 딱 하루만 빌릴 수 있다면 전 그걸 좀 빌리고 싶습니다,"라고 제시카의 아버지 마크 런스포드 씨는 말했습니다. "누군가 그놈을 죽여야 합니다."

Jessie Lunsford's pastor urged his congregation Sunday not to be mad at the convicted sex offender who authorities say confessed to abducting and killing her.
제시카 런스포드가 다니던 교회의 목사는 일요일 모인 회중을 향해, 제시카에 대한 유괴와 살인을 자백했다고 경찰이 밝힌 성폭행 전과자에게 미움을 품지 말라고 설교했습니다.

But 12 hours after the suspect was returned from Georgia and a coroner's report said the victim also was sexually assaulted, the 9-year-old's father let his anger show publicly for the first time.
그러나 용의자가 조지아주로부터 플로리다로 인도되고 피해자가 죽기 전에 성폭행을 당했다는 검시관의 보고서가 나온 지 12시간이 지나고 나서 9살 난 딸을 잃은 아버지는 최초로 자신의 분노를 공개적으로 표현했습니다.

I hope [he] rots in hell," Mark Lunsford said of John Evander Couey, who is expected to be charged in the girl's death. He's scum."
"(그 녀석이) 지옥에서 썩었으면 좋겠습니다," 마크 런스포드 씨는 소녀를 살해한 죗값을 치를 것으로 예상되는 존 에반더 쿠이에 대해 말했습니다. "그 놈은 변기에 낀 똥 때 같은 놈입니다."

“ ...죽기 전에 성폭행을 당했다는
검시관의 보고서가 나온 지 12시간이 지난 뒤
9살 난 딸을 잃은 아버지는... ”

These people don't deserve to be among us," said Lunsford, 41. What in the hell is this man doing out here?"
“이런 인간들은 우리와 함께 생활할 가치가 없습니다,” 라고 41살의 런스포드 씨는 말했습니다. “이 인간이 여기서 도대체 뭘 하고 있는 겁니까?”

이 모든 저주보다 제 귀에 더 안타깝게 들리는 절규가 있었습니다. 딸의 원수를 직접 갚고 싶은 아버지의 심정이 그대로 드러난 말이었습니다.

"범인을 한 번만 직접 만나게 해달라."

Yet as more details emerged about the child's abduction and death, her father said he wanted nothing more than to personally meet out justice to the man who confessed to the crimes.
그러나 제시카의 유괴나 죽음과 관련한 더 많은 구체적인 사실들이 드러나면서, 제시카의 아버지는 범죄사실을 고백한 남자를 개인적으로 만나서 일을 직접 처리하고 싶다는 희망을 피력했습니다.

"I won't get the wish, but I wish I could see him, just one time," Mark Lunsford said.
“제 요구가 받아들여지지 않을 것이라는 건 압니다. 그러나 난 그 놈을 딱 한 번만 직접 만나보고 싶습니다,” 라고 마크 런스포드 씨는 말했습니다.

그러나 법치국가에서 범인을 직접 만나서 원수를 갚는 일은 용납되지 않습니다. 그 죗값은 국가 공권력이 대신 물어주겠죠. 그러나 그런다고 천사 같은 딸과 손녀를 잃은 가족들의 슬픔이 줄어들까요? 도대체 가족의 가슴에 영원히 치유되지 않을 상처를 남기는 이런 끔찍한 일들은 왜 일어나는 걸까요? 또 이런 범죄를 막을 수 있는 방법은 없는 걸까요?

미성년자 성폭행 전과자 "거세" 주장도

어린이 유괴사건을 효과적으로 해결하기 위해 만들어진 미국의 독특한 제도인 앰버 얼러트와 미성년자 성폭행 전과자에 대한 철저한 관리에도 불구하고 벌어진 이번 사건으로 미국 내에서는 미성년자 성폭행 전과자들을 거세해야 한다는 극단적인 주장까지 나오고 있습니다.
인면수심의 범인 쿠이는 과거 5살짜리 여자 아이를 성추행했던 사실이 있었으나 경찰에 신고 되지는 않았다는 사실을 지난 1991년 경찰 조사과정에서 털어놓은 것으로 밝혀졌습니다. 쿠이는 당시 경찰조사에서 자신이 아동 성추행 혐의로 몇 차례 교도소에 수감된 적이 있었으나 자신의 이 같은 충동이 치료되지는 않았다며 경찰에 도움을 호소했던 것으로 드러났습니다. 자신의 의지로 통제가 되지 않는 유아 성추행의 충동이 존재했다는 주장인데, 새롭게 드러난 이 사실이 존 쿠이의 재판에 과연 어떤 영향을 미치게 될지 미리부터 재판 과정에 관심이 모아지고 있습니다.

다음번 글은 최근 영양공급을 위한 튜브가 제거돼 안락사에 대한 대대적인 논쟁에 불을 붙인 테리 샤이보에 관한 자세한 이야기를 보내 드리겠습니다.

테리 샤이보의 운명

호흡 이외의 모든 활동이 중지된 미국의 한 여성에게 음식물 공급이 중단된 지 9일이 지났습니다. 테리 샤이보라는 이름의 이 여인이 사경을 헤매면서 미국은 현재 안락사 찬반 논쟁이 거세게 일고 있습니다. 오늘은 그 얘기를 좀 해보겠습니다.

샤이보의 이름은 Schiavo라고 씁니다. 꼭 시아보라고 불러야 될 것 같은데, 미국 사람들은 샤이보라고 발음합니다. 이름의 경우 현지 발음을 존중한다는 외래어 표기 원칙에 따라 KBS 보도국은 샤이보로 이름표기를 통일하기로 결정했습니다. 미국에 와보니 제가 알고 있는 발음과 다른 유명인의 이름이 또 있었습니다. 미국의 경제 대통령이라고 불리는 연방준비제도 이사회의 Greenspan 의장이 있습니다. 이 분의 이름은 보기에도 그렇고 현지 발음도 그린스팬인데, 우리나라에는 그린스펀이라고 알려지고 굳어져 있는 상황입니다. 그 발음을 되돌릴 수 있는 건지는, 잘 모르겠습니다.

다이어트 후유증으로 쓰러진 뒤 식물인간 상태

지난 3월 18일 15년째 병상에 누워있는 41살 테리 샤이보로부터 유일한 영양 공급원인 튜브가 제거됐습니다. 튜브는 위벽에 연결돼서 샤이보에게 수분과 영양을 공급해왔는데요. 법원의 명령에 따라 간단한 수술로 튜브가 제거된 뒤 샤이보는 3월 27일 현재 9일이 넘도록 음식물과 물 없이 죽음을 기다리고 있습니다. 샤이보는 현재 심한 탈수증으로 피부와 입안이 건조해졌고 눈이 움푹 들어갔으며 호흡도 어려워진 상태라고 면회한 가족들은 전하고 있습니다.
테리 샤이보가 식물인간 상태가 된 지가 벌써 15년이나 됐는데요. 당초 왜 갑자기 쓰러지게 됐는지 궁금해 하시는 분들이 많으실 겁니다. 저도 그게 참 궁금했는데요. 테리 샤이보가 쓰러진 건 지난 1990년입니다. 샤이보는 처녀시절 몸무게가 한 때 100kg 가까이 나갔었다고 합니다. 결혼 전에 식이요법으로 몸무게를 23kg이나 줄이는데 성공한 뒤에 결혼 뒤에도 다이어트에 집착하게 됐는데요. 식사를 줄이는 대신 많은 양의 차를 마셨고 그 과정에서 몸 안에 칼륨이 부족해지면서 전해질 성분에 불균형이 초래됐습니다. 이 때문에 심장 박동이 일시적으로 멈추면서 쓰러지는 사고가 났는데 이 때 테리 샤이보의 몸무게는 50kg밖에 되지 않았다고 합니다. 이때 뇌로 가는 혈액순환이 정지되면서 뇌 세포가 크게 손상됐고, 그 이후 숨 쉬는 걸 제외한 신체의 모든 기능이 멈추게 된 겁니다. 이 때부터 샤이보의 위벽에는 영양분과 수분을 공급해주는 튜브가 삽입됐고, 침대에 누워있는 상태가 지속됐습니다.
의사들에 따라서는 샤이보의 현 상황을 치료와 상황호전이 불가능한 식물인간 상태라고 하는 의견도 있고, 가족들을 보고 미소를 짓는다든가, 움직이는 물건을 따라서 시선을 옮기는 등 식물인간 상태는 아니라고 보는 의견도 있습니다.

남편이 튜브제거 소송 제기

테리 샤이보로부터 영양공급관을 제거하라고 소송을 제기한 사람은 다름 아닌 테리의 남편 마이클 샤이봅니다. 부모를 비롯한 친정 식구들은 다시 영양을 공급하라고 주장하고 있는데요. 양측의 입장을 좀 정리해 보겠습니다.

남편 마이클 샤이보는 아내가 인공장치에 의해서 연명하는 걸 원치 않았다고 주장하고, 인간답게 죽을 권리를 보장해 달라며 소송을 제기해서 법원의 승소를 얻어냈습니다. 이에 대해 테리 샤이보의 친정 식구들은 영양

> *…식물인간 테리 샤이보로부터 영양공급관을 제거하라고 소송을 제기한 사람은 10년 째 다른 여자와 동거 중인 남편…*

공급을 중단하는 건 살인행위라며 딸이 현재의 상태로 살아갈 수 있도록 다시 튜브를 삽입해야 한다고 호소하고 있습니다.
문제는 죽을 수도 있고 살 수도 있는 느슨한 상황이 아니라 남편은 아내가 죽어야 한다는 입장이고 경찰은 법원의 명령에 따라서 샤이보에게 음식물을 공급하려는 모든 의도를 차단하고 있는 상황이라는 데 있습니다. 현재는 비록 '인간답게' 라는 전제가 붙어있긴 하지만 샤이보가 죽어야 한다는 판결이 난 상탭니다.

테리 샤이보의 남편, 다른 여자와 10년째 동거중

테리의 남편 마이클 샤이보는 벌써 10년 째 다른 여자와 동거를 하고 있는 상태고 둘 사이에는 자식도 두 명이나 두고 있습니다. 바로 이점 때문에 친정 식구들은 자신의 딸을 돌보기 싫으면 자신들에게 돌려달라고 하고 있지만 남편은 그것도 거부해서 일부 생명론자들의 원성을 사고 있습니다. 귀찮고 힘들어서 돌보기가 싫으면 친정으로 돌려주면 되는 건데 왜 꼭 자기가 지켜보는 데서 죽어줘야 한다는 말이냐, 이런 분노에 찬 목소리들이 들리고 있는데요. 남편은 자신이 한 때 사랑했던 여인이 지금과 같이 비참한 상태로 목숨을 연명하기는 원하지 않았기 때문에 자신은 자기 아내의 소원을 들어줄 의무가 있다고 주장하고 있습니다.

음식물 공급이 중단된 지 9일이 지나면서 목숨이 위태로워지니까 친정식구들은 테리 샤이보가 쓰러지게 된 데는 남편의 구타가 있었고, 실제로 테리 샤이보의 갈비뼈가 부러졌다가 치료된 흔적이 엑스레이에서 발견됐다는 주장까지 하고 있습니다. 하지만 만일 그런 일이 있었다면 7년 동안 진행된 소송에서 그 문제가 제기되지 않았을 리가 없기 때문에 별로 많은 사람에게 신뢰를 주지는 못하고 있습니다.

의회와 대통령, 특별법 제정으로 테리 지원 나서

테리 샤이보의 안락사 논쟁이 미전역에 불어 닥치자 미국 의회와 대통령까지 나서서 특별법을 만들었습니다. 지난 18일 플로리다 법원이 7년 동안 끌어온 소송을 마무리 지으면서 샤이보의 위에 연결됐던 튜브가 제거된 직후 미국 의회가 개입했습니다. 하원은 즉각 법원의 판결을 뒤집기 위해서 테리 샤이보를 청문회 증인으로 채택했습니다. 청문회에 참석하기 위해서는 살아있어야 하기 때문에 법원이 의회의 법적 절차를 존중하고 튜브를 재삽입하도록 명령을 내려줄 것으로 생각했지만 법원은 그런 요구를 거부했습니다.

그러자 상원과 하원은 휴회기간임에도 불구하고 지난 주 일요일에 회기를 열어서 밤 12시가 넘도록 샤이보의 생명을 연장시키는 내용의 특별법 제정을 두고 열띤 토론을 벌였습니다. 공화당은 생명에 관한 문제가 제기될 때는 우선 사람을 살리고 봐야 된다는 입장으로 특별법 제정에 찬성했고요. 민주당은 지금까지 7년의 공방 끝에 법원이 내린 어려운 결정을 입법부가 뒤집어서는 안 된다, 특히 죽음에 이른 가족의 처리 문제는 가족들에게 맡겨야 하는 부분이 많은데 거기에까지 공권력이 개입해서는 안 된다며 특별법 제정에 반대했습니다. 새벽 한 시나 돼서야 이뤄진 표결 끝에 의회는 203대 58의 압도적인 표 차이로 테리 샤이보 사건을 연방법원이 재심의 하도록 하는 특별법을 통과시켰습니다.

봄 휴가를 즐기고 있던 부시 대통령은 이 특별법 때문에 일부러 텍사스 크로포드 목장에서 급히 올라와 밤에 잠을 자다 말고 일어나서 특별법에 서명을 했습니다. 그러나 연방 대법원은 샤이보 친정부모가 낸 청원이 이후 법정 공방에서 승리를 할 가능성이 없다는 취지의 이유로 튜브 재삽입

명령을 내리지 않기로 결정했습니다. 테리의 친정 부모들은 플로리다 항소법원과 대법원에 대해서도 같은 요청을 했지만 역시 거절당한 상태로서 현재로서는 법원이 테리 샤이보 친정 부모들의 손을 들어줄 가능성은 차단된 것으로 보입니다.

미국 사법부의 일관된 반대, 그 이유는?

미국 사법부는 일관되게 튜브를 다시 삽입할 수 없다는 입장을 취하고 있는데 전 그 이유가 정말로 궁금했습니다. 지금까지 알려진 바에 따르면 자신의 죽음의 방법을 선택할 권리는 가족이 아니라 개인에게 있다는 게 가장 큰 이유로 보입니다. 이른바 인간답게 죽을 수 있는 권리를 존중하는 건데요. 법원은 테리 샤이보가 외부장치에 의해서 비참하게 연명하는 걸 원하지 않고 있다고 보고 있는 겁니다.

여기에는 말도 못하는 상황에서 샤이보가 죽음을 원한다는 걸 어떻게 아느냐 하는 당연한 의문이 따르게 됩니다. 여기에 대해서 법원은 샤이보의 의향을 가장 잘 대표할 수 있는 사람은 친정 식구가 아니라 남편이라는 입장을 취하고 있습니다. 남편 마이클은 아내가 자신과 주위 사람들에게 자신은 생명연장 장치에 의해서 연명하길 원하지 않는다는 의사표시를 했다고 주장하고 있는데요. 법원은 많은 논란에도 불구하고 남편이 거짓말을 한다고 의심할만한 합리적인 이유가 없다고 판결을 한 겁니다.

법원은 의회에서 만들어진 법을 입법의도대로 해석하고 적용해야 하는 의무를 갖고 있습니다. 하지만 이번 경우에 있어서는 테리 샤이보를 살리라는 특별법의 의도에도 불구하고 삼권분립 정신과 사법부의 절차적 정의를 고집함으로써 법원이 정치권의 허수아비가 되는 걸 막았다며 사법부의 결정을 칭찬하는 분위기도 감지되고 있습니다. 이와 관련해 워싱턴포스트지의 사설은 다음과 같이 썼습니다.

*" ...지금까지 38명이 샤이보에게
물을 주려고 경찰의 저지선을 뚫으려다
연행돼서 24시간의 구류 처분... "*

The message is a blunt and welcome rejection of a crude maneuver by Congress. While judges have a duty to interpret and apply the law as Congress writes it, they also have a duty to stand up to politicians when the law so requires. Perhaps the only happy outcome of this most unhappy case is that the federal judiciary did not let itself become an instrument of political manipulation.
법원은 정치권의 주제 넘는 행동에 대해 퉁명스러우면서도 당연한 듯한 거절의 메시지를 보냈습니다. 재판관들이 의회의 법제정 의도대로 법을 해석하고 적용할 의무를 지고 있지만, 그들은 법이 요구할 때는 정치인들에 맞설 의무도 갖고 있습니다. 이 가장 불행한 사례에 있어서 아마도 유일하게 바람직한 결과를 찾으라면 연방 법원이 자신들이 정치권의 조작대로 움직이는 도구로 전락하는 걸 막았다는 사실이 될 겁니다.

시위자 38명, 테리에게 음식 주려다 체포

테리 샤이보가 누워있는 요양소 앞에서는 아직도 많은 시위가 벌어지고 있습니다. 지금까지 모두 38명이 샤이보에게 물을 주려고 경찰의 저지선을 뚫으려다 경찰에 연행돼서 24시간 동안의 구류 처분을 받았습니다. 샤이보의 친정 동생은 오늘 기자회견을 열어 지속적인 지지를 부탁하면서 경찰의 저지선을 뚫는 일은 자제해 달라고 부탁했습니다. 테리 샤이보의 부모는 이제 법에 호소하는 일은 좌절됐고 제브 부시 주지사의 특별조처에 기대를 걸고 있습니다. 하지만 이미 한 차례 테리 샤이보의 연명을 위해 특별법을 제정했다가 헌법위배라는 법원의 판결을 받은 바 있고, 최근 여론조사 결과 봄 휴가 도중에 올라와서 특별법에 서명한 이후 부시 대통령의 지지율이 크게 하락한 것으로 나타나면서 제브 부시 주지사가 더 이상의 정치적 개입을 꺼리고 있습니다. 따라서 샤이보의 몸에 다시 튜브가 연결될 수 있을 가능성은 지금으로선 지극히 희박한 상탭니다.
테리의 남편 마이클은 오늘 성금요일을 맞아 테리 부모의 소원대로 테리의 입에 와인을 몇 방울 흘려 넣어 줬다고 합니다. 죽음을 맞는 아내에 대한 마지막 배려라고 봐야 될까요?

테리 남편이 혹시 돈 때문에...?

테리 샤이보로부터 영양공급 튜브가 제거된 지 13일이 됐습니다. 물 한 방울 없이 사람이 얼마나 오랫동안 버틸 수 있을까요? 당초 영양공급 튜브가 제거되면서 언론에서는 1주에서 2주까지는 생존이 가능할 것으로 예상했습니다. 그런데 오늘 CNN에 출연한 조지워싱턴 대학병원의 의사는 사람에 따라, 또 그 사람의 의지에 따라 생존 가능 기간이 다 다르다고 하더군요. 이 의사는 자기 환자 가운데는 물과 음식 없이 한 달 넘게 버틴 예도 있다고 말했습니다.

미 연방 항소법원, 테리부모 청원 또 거부

오늘 오전 한 때 미국 연방 항소법원이 테리 부모가 논점을 바꿔 제출한 청원을 검토한다고 해서 테리에게 다시 영양공급관이 삽입되는 게 아닌가 하는 한 가닥 희망의 불을 지폈습니다. 그러나 그것도 잠깐, 오후 늦게 항소법원은 서류를 검토한 결과 새로운 증거가 나오지 않는 한 수 많은 재판을 거친 판결 내용을 뒤집을 수 없다는 결론을 내렸기 때문에 청원을 받아들일 수 없다고 발표했습니다. 테리를 살리려는 친정 부모들의 법적 호소가 또 다시 벽에 부딪쳤고, 이제 사법기관에는 더 이상 기대를 걸 수 없을 것으로 보입니다.

테리 어머니, "사위, 내 딸을 돌려주게"

오늘 테리 샤이보의 어머니는 사위에게 눈물로 호소했습니다.

"Michael and Jody, you have your children. Please give my child back to me."

...테리를 살리려는 친정 부모들의 법적 호소가 벽에 부딪쳤고, 이제 사법기관에는 더 이상 기대를 걸 수 없을 것으로...

"마이클과 조디(마이클의 동거녀), 자네들에겐 자네들의 자식이 있지 않은가. 이제 내 자식은 내게 돌려주게."

"동물이나 꽃도 더 나은 대우 받을 것"

제가 이 글을 쓰고 있는 잠시 전, 테리의 부모와 함께 사경을 헤매는 테리를 문병하고 온 천주교 신부가 자기가 보고 온 테리 샤이보의 상태에 대해서 발표했는데요. 그 신부의 말도 많은 미국인들의 귓전을 때렸습니다. 병실에 들어갔더니 테리가 세 마리의 동물 인형을 껴안고 있더라고, 개와 고양이, 토끼였다고, 이 인형들이 살아있다면 우리는 그 동물들에게라도 현재 테리에게 하는 일을 하지는 않을 거라고, 그 동물들도 이렇게 이주일 가깝게 아무 것도 주지 않은 채 방치하지는 않았을 거라고 했습니다. 그리고 침대의 발쪽에는 아름다운 꽃을 담은 화병 두 개가 있었는데 테리는 그 꽃보다도 못한 대우를 받고 있다며 그 꽃들에게 허락된 물조차 테리에게는 주어지지 않고 있다고도 했습니다. 듣고 보니 맞는 소리군요. 그리고 가슴 아프고 슬픈 얘기군요. 오늘도 시위대 중 10명이 테리에게 물을 주려고 경찰 저지선을 넘다가 연행돼 지금까지 경찰에 구속된 사람은 모두 48명으로 늘었습니다.

법원, "부모보다는 남편"

남편 마이클 샤이보는 도대체 어떤 생각에서 이런 일을 하고 있는 걸까요? 자신이 한 때 사랑했던 여인은 이렇게 비참하게 생을 이어가기를 원하지 않았을 것이다, 아내는 대신 품위 있게 죽기를 원했을 것이다, 그리고 그런 의사를 자신에게 표현한 적이 있었다는 게 남편의 주장입니다. 즉, 두 남녀가 아직은 행복한 부부였을 때 샤이보 부부는 한 친지의 장례식에 함께 참석한 적이 있다고 합니다. 그 때 망자는 인공적인 생명연장 장치에 의해 연명하다가 끝내 사망한 사람이었고, 그를 본 테리 샤이보는 남편과 친지들에게 자신이라면 인공적인 생명연장 장치에 의해서 비참하게 연명하지는 않을 것이라고 얘기한 적이 있었다는 겁니다. 법원은 테리가 이 같은 뜻을 모두 7문장으로 표현했으며 그 당시에 모두 3명이 이 말을 들었다면서 구체적인 상황을 제시하는 남편의 증언을 받아들였고, 테리의 진심을 가장 잘 알 수 있는 사람은 친정 부모가 아니라 남편이라는 판결을 내린 상황입니다.

남편이 혹시 돈 때문에?

그럼 여기서 당연한 의심이 하나 고개를 듭니다. 테리 샤이보가 쓰러진 뒤 벌어진 의료사고 소송으로 받게 된 돈이 있다던데, 혹시 남편의 이런 행동 뒤에는 그 돈에 대한 복잡한 속셈이 있는 건 아닐까? 결론부터 말씀드리자면 남편이 돈 때문에 그러는 것 같지는 않다는 겁니다.

의료사고 소송으로 120만 달러 받아

지난 1992년, 테리 샤이보는 병원이 테리의 칼륨부족 상태를 미리 알지 못해 결국 심각한 뇌손상을 입게 됐다는 내용의 의료사고 소송에서 승리했습니다. 이 때 받은 손해배상금과 법정 밖에서 받은 합의금까지 합쳐서 120만 달러, 우리 돈으로 12억 원쯤 되는 돈을 받게 됐는데, 그 돈은 모두 미래에 발생하는 의료비용으로 충당하도록 돼 있었습니다. 이 기금 가운데 올해 3월 현재까지 남은 돈은 5만 달러, 우리 돈으로 5천만 원 이하인 것으로 전해지고 있습니다. 테리의 의료기금 관리 상태를 알 수 있는 회

> *...테리의 남편은 손해배상금과 법정 밖에서 받은 합의금까지 합쳐서 120만 달러, 우리 돈으로 12억 원쯤 되는 돈을 받게 됐는데...*

계서류는 비밀에 부쳐져 그 내용을 알 수가 없습니다. 그러나 그 동안 많은 소송을 거치면서 법정에 제출됐던 서류들을 살펴보면 그 돈이 어떻게 사용됐는지를 대략 알 수 있는데요.

테리 샤이보로부터 영양공급 튜브를 빼라는 명령을 내린 그리어 판사가 테리의 의료기금을, 테리 샤이보의 치료비로 써야 한다는 명시적 조항에도 불구하고, 남편 마이클이 변호사 비용으로 전용할 수 있도록 승인한 것으로 돼있습니다. 이렇게 해서 마이클의 주 변호사인 조지 펠로스는 지금까지 모두 40만 달러, 우리 돈으로 4억 원 이상을 받은 것으로 밝혀졌습니다. 이 변호사는 테리를 치료하기 위해 조성된 돈을 받으면서도 테리를 공공연하게 관상용 식물에 비유하고, 자신의 새로 출판한 책 광고를 위해서 테리 사건을 전국망의 텔레비전 프로그램에서 이용했다고 해서 거센 비난을 사기도 했습니다.

"유산을 자선기관에 기부한다?"

이번 사건과 관련해서 남편 마이클이 아내가 죽게 되면 유산 전액을 자선기관에 기부할 예정이라는 소문도 떠돌았습니다. 그러나 이 말은 지난 1998년 10월 마이클의 변호사가 제안한 내용입니다. 만약에 테리의 부모가 딸로부터 영양공급 튜브를 제거하는데 합의만 한다면 마이클이 받게 될 돈 전부를 자선기관에 기부하겠다는 내용의 제안이었는데요. 법원이 임명한 테리 샤이보의 법정 대리인이, 만약에 아내가 죽음에 이르러서 남편이 의료비용의 잔액을 받게 된다면 개인 이익의 상충현상이 일어난다고 지적한 다음에 나온 제안이었습니다.

간단히 말해서, 혹시 돈이 탐나서 부인을 죽이려는 게 아니냐는 의문이

제기됐다는 말입니다. 이런 의심을 받게 된 다음에 나온 남편 측의 '유산 전액 자선단체 기부' 제안은 한 가지 조건을 달고 있었는데요. 바로 부모가 열흘 안에 동의하지 않으면 효력을 상실한다는 조건이었습니다. 테리의 부모는 당연히 딸을 굶겨 죽이는 조처에 반대했고, 이 제안은 결국 무효가 됐습니다.

치료기금 대부분 변호사 비용으로 지출, 생명보험도 없어

그리고 또 한 가지, 그래도 받은 돈의 많은 부분이 테리의 치료를 위해서 사용되지 않았겠느냐는 예상이 있지만 그것도 그렇지 않은 것 같습니다. 지난 1993년 11월 아내의 안락사를 허락해달라는 청원을 제출하면서 마이클은 1992년에 받은 치료목적의 보상금 120만 달러의 사용내역을 함께 제출했는데요. 단 1년 동안 변호사 비용으로 47만 달러 이상을 지출하는 등 테리의 치료와는 직접적인 관계가 없는 곳에 대부분의 돈을 사용한 것으로 나타났습니다.

결론적으로 남편이 적어도 유산을 바라고 부인을 죽이려는 것 같지는 않아 보입니다. 치료비용으로 받은 돈을 변호사 비용으로 지불해서 얼마 남지도 않았고, 또 만약에 그런 옳지 않은 의도가 깔려있었다면 7년 동안 끌어온 30번이 넘는 재판 과정에서 승소할 수가 없었을 것이기 때문입니다. 그리고 남편과 담당 변호사는 테리가 사망할 경우 받기 위해 몰래 들어놓은 생명보험은 없다며 테리의 죽음을 이용해 돈을 얻으려는 음모가 있는 것이 아니라고 공언하기도 했습니다.

남편의 진심은?

과연 남편의 진심은 뭘까요? 일반 대중은 여러 가지 의심의 눈초리로 그 의도를 재단하고 있지만, 혹시 정말로 테리의 인간답게 죽을 권리를 존중해 주기 위해서, 그렇게 해달라는 아내의 요청이 있었기 때문에 그 약속을 지키기 위해서 그러는 건 아닐까요? 여러분의 생각은 어떠십니까? 테리 샤이보를 둘러싼 삶과 죽음의 논쟁에서 쉽게 누구의 손을 들어주기 어려운 이유가 바로 여기에 있습니다.

해 주기 위해서, 그렇게 해달라는 아내의 요청이 있었기 때문에 그 약속을 지키기 위해서 그러는 건 아닐까요? 여러분의 생각은 어떠십니까? 테리 샤이보를 둘러싼 삶과 죽음의 논쟁에서 쉽게 누구의 손을 들어주기 어려운 이유가 바로 여기에 있습니다.

샤이보의 마지막 인사

테리 샤이보가 숨을 거뒀습니다. 무리한 체중조절의 부작용으로 쓰러져 뇌에 심각한 손상을 입고 병상에 누운 지 15년만이고, 남편의 요구를 받아들인 법원의 명령으로 영양을 공급하는 튜브를 뽑힌 지 만 13일 만입니다.

남편과 친정 식구, 운명 직전에도 고성 오가는 말싸움

테리는 마지막으로 눈을 감는 순간에도 자신을 사랑하는 방식을 두고 대립하고 있는 양쪽 가정의 큰 소동을 지켜봐야 했습니다. 테리의 친정 동생들은 테리의 마지막 순간을 꼭 함께 하겠다고 요구했고, 남편이 그를 거절하면서 큰 말다툼이 벌어졌다고 합니다. 테리 샤이보가 사망하기 불과 15분 전에 있었던 일입니다. 당시 테리의 친정 부모는 요양원 안에 없었던 것으로 전해졌습니다. 결국 친정 식구들은 테리 샤이보의 마지막 순간을 보지 못했고, 마지막 병상은 주위 사람을 물리친 남편 마이클 샤이보 혼자서 지켰습니다. 마지막 호흡이 끊어지는 순간 마이클은 아내를 꼭 부둥켜안고 있었다고 합니다.

"조용하고 평화로운 죽음 맞아"

남편의 변호사 조지 펠로스는 테리가 조용하고, 평화롭게 영면했다며 마지막 순간을 전했습니다. 또, 온 미국을 분열시킨 안락사 논쟁의 와중에서 변하지 않았던 남편의 의지가 있었다면 그것은 바로 인간답게 죽기를 원했던 아내의 소망을 들어주는 것이었다고 말했습니다. 개인의 죽음은 가족이나 남편, 부모를 위한 것이 아니며 결국 개인 자신의 죽음일 뿐이라고 강조하기도 했습니다.

> *...테리 샤이보가 숨을 거뒀습니다.*
> *무리한 체중조절의 부작용으로 쓰러져 뇌에*
> *심각한 손상을 입고 누운 지 15년만이고...*

부시 대통령, "생명은 우선적으로 존중돼야"

부시 대통령은 즉시 유족에게 애도의 뜻을 표했습니다. 참을 수 없는 고통 속에서도 테리의 가족들이 보여준 우아하고 꿋꿋한 행동들에 감명을 받았다고 했습니다. 그러나 개화(開化)의 요체는 강자가 약자를 보살피는 의무를 지는 것이라며 앞으로 생명존중의 문화를 더욱 키워나가자고 제의했습니다. 우리가 약육강식의 본능 속에 살아가는 동물과는 다르게 문명을 이루고 살아가는 그 근저에는 강자가 약자를 보호해야 하는 숭고한 의무가 자리하고 있다는 얘기였죠.

부시 대통령은 또, 인간의 생명에 관해 중대한 의문이나 의심이 제기되면 그 무엇보다 우선 생명을 살려놓고 보는 선택을 해야 한다며, 비록 법원의 반대에 부딪혀 뜻을 이루진 못했지만 테리의 생명 연장을 위해 미국 의회와 자신이 기울였던 노력들이 정당했음을 다시 한 번 강조했습니다.

친정 식구, 감사와 용서의 메시지 발표

테리의 죽음을 맞아 오전 내내 외부와의 연락을 끊고 슬픔에 잠겼던 친정 식구들은 오후 늦게 기자들 앞에 나타나 성명을 발표했습니다. 내용은 감사와 용서의 메시지였습니다. 우리가 테리를 사랑했으나 하나님의 사랑은 더욱 커서 테리는 이제 배고픔과 갈증의 고통이 없는 하늘나라로 갔다고 말했습니다.

여동생 수잔은 테리의 편에 서서 성원을 아끼지 않았던 교황 요한 바오로 2세에게 깊은 영광과 감사의 뜻을 밝혔습니다. 남동생 바비 쉰들러는 자신들의 반대 입장에 섰던 사람들에 대한 용서와 함께 반목과 다툼의 과정에서 자신들이 저질렀을지도 모르는 잘못에 대한 용서를 바라면서 십자가에 못 박힌 예수께서 하셨던 용서의 기도를 인용했습니다.

"Father, forgive them for they know not what they do."
“아버지여, 저들을 용서하소서. 저들은 자신들이 저지른 죄를 알지 못합니다.”

순식간에 날아간 4시간의 노동

저는 무려 네 시간동안 정성들여 작성했던 테리의 죽음과 관련된 뉴스레터를 순식간에 날렸습니다. 인터넷에서 관련된 비디오 자료를 찾아 일일이 녹취록을 작성해서 번역해 집어넣고, 사진도 찾아 크기와 위치를 조정하고, 글씨의 색깔과 모양까지 손 보고, 단락의 제목까지 다른 색으로 꾸며서 전송 버튼을 클릭했더니 그 긴 글이 감쪽같이 사라지더군요. 불과 1초도 걸리지 않은 사이에 말입니다. 그야말로 광속도로 사라졌습니다. 웹상에서 작업을 한 거라 그 어디에 흔적도 남아있지 않았습니다.
너무 갑자기 당한 일이라 충격도 커서 한동안 책상에 앉아 멍하니 아무것도 할 수가 없었습니다. 썼던 글의 내용은 다시는 찾을 수 없는 세상으로 가버렸습니다. 그러나 저는 다시 기운을 차려 이 글을 쓰기까지 꼭 하루 동안 남편 마이클 샤이보의 심정을 다시 생각할 기회가 있었습니다.

첫 키스 상대와 결혼한 테리

41살이라고 하기에 저보다 나이가 어린 줄 알았더니 테리 샤이보가 저와 같은 1963년생이더군요. 남편도 동갑이라니까 저와 나이가 같습니다. 그러고 보니 이 전에 보내 드렸던 "딸을 잃은 아버지의 절규"라는 제목의 뉴스레터에 등장하는 제시카의 아버지도 같은 나이였습니다. 그래서 그랬을까요? 남편은 과연 무슨 생각으로 아내에게 죽을 권리를 보장해 달라는 소송을 제기했을까 에 대해 깊은 생각을 해봤습니다.
테리 샤이보가 21살 때 찍은 결혼사진을 보았습니다. 정말 아름다운 사람이라고 느꼈습니다. 마이클은 테리가 데이트했던 첫 번째 남자였고, 그녀가 입을 맞춘 첫 번째 남자였습니다. 고등학교 때는 뭘 했었느냐고요? 그 때 테리는 몸무게가 100kg이 넘게 나가는 완전히 다른 "테리"였습니다. 그 때문에 데이트를 할 기회도 없었습니다. 마이클은 테리가 일생에 있어 가장 사랑했던 최고의 남자였습니다.

마이클, "테리, 인공적인 연명 원하지 않았다"

그런 테리를 대학 교정에서 보고 첫 눈에 반했던 마이클, 그 마이클은 처가집의 극심한 반대에도 불구하고 자신의 아내는 인간답게 죽을 권리가 있다며 반대자들의 표현을 빌면 "사법부를 동원한 살인"을 저질렀습니다. 그 동기는 뭘까요. 7년 동안 30번이 넘는 재판을 거치면서 확신으로 굳어진 그의 행동의 동인은 도대체 뭘까요. 혹시 자기가 한 때 사랑했던 여인이 요양원의 간병인들의 손에 맡겨진 채 추한 모습으로 변해가는 걸 참을 수 없었던 건 아닐까요.
부부는 테리가 쓰러지기 전에 한 친지의 장례식에 초대 받아 참석한 적이 있었는데요. 그 때 망자는 생명연장 장치에 의존해 살다가 끝내 숨진 사람이었고, 테리는 그 때 남편에게 자신이라면 저렇게 비참하게 연명하느니 차라리 죽음을 선택하겠다고 분명히 말했다고 합니다.

남편의 소송 동기는 아내와의 약속 이행?

비록 지금은 다른 여자와 벌써 10년째 동거하며 아이도 두 명이나 둔 처지지만, 마이클은 아름다웠던 그 옛날의 자기의 아내를 생각하며, 문득 그와의 약속을 지켜야 한다는 의무감이 들게 된 건 아닐까요? 저는 꼭 그런 것만 같습니다. 병상에서 미망을 헤매는 아내를 보면서 아내가 원했던 삶에 대한 어떤 신념을 갖게 된 건 아니었을까요?
마이클이 소송을 제기한 이유가 세상의 재단처럼 단지 이제 병상에 누워 있는 테리를 보기가 싫고, 거추장스럽기 때문이었다면, 왜 아내를 처갓집으로 보내는 것까지 거부하며 온 세상의 비난을 자초했을까요. 처갓집에 간병을 맡기면 자신의 눈에는 보이지 않겠지만 결국 아내는 "구차하게" 의미 없는 삶을 연명할 것이고, 그것은 아내가 원하는 게 아니었다고 생각한 건 아닐까요. 그게 자신이 사랑했던 아내에 대해 자신이 베풀 수 있는 마지막 배려라고 생각했던 건 아닐까요.

의료사고 보상금 10억원, 소송비용으로 거의 소진

저라면 어떻게 하겠느냐고요? 정말로 모르겠습니다. 여러분은 어떤 결정을 하시겠습니까? 참 어려운 문제죠. 그러나 마이클이 살인마, 냉혈한, 난봉꾼이라는 참을 수 없는 욕을 듣고 살해위협까지 받아가면서 아내에게 죽을 권리를 보장해야 한다고 그렇게 고집을 꺾지 않은 데는 세속적인 이유를 뛰어넘는 어떤 의무감이나, 또는 자신의 결정이 옳다는 확신이 있었던 거라고 생각됩니다. 의료사고 보상금 10억 원의 대부분을 소송비로 써가면서까지 말입니다.
30번이 넘는 재판 과정에서 한결같이 남편의 손을 들어준 미국의 법관들도 혹시 남편의 그 같은 아내 사랑의 방식을 인정할 수밖에 없었던 건 아닐까 싶습니다.

테리 샤이보 영혼의 마지막 인사는?

오랫동안 침대에 누워서 생활하는 사람은 등이나 엉덩이가 짓무르는 욕

> *...샤이보는 15년 동안이나 요양원에 누워있으면서도 단 한 번도 욕창을 앓아본 적이 없었다고 합니다. 남편이...*

창을 앓게 마련이지만 테리 샤이보는 15년 동안이나 요양원에 누워있으면서도 단 한 번도 그 욕창을 앓아본 적이 없었다고 합니다. 아무리 간병인이 있다고 하지만 혼자서는 아무 일도 할 수 없는 환자의 몸을 정성스럽게 관찰하고 돌보지 않으면 힘든 일이죠. 친정 식구들의 정성도 있었지만 테리의 남편이자 법적 대리인인 마이클은 병상에 누운 아내를 위해 지난 15년 동안 항상 최선을 다해왔다고 합니다.

튜브가 제거된 뒤 지난 13일 동안 하루도 빠지지 않고 아내의 병상을 지켰던 마이클 샤이보……. 참을 수 없이 아름다웠고 한 때 자신보다 더 사랑했던, 그러나 지금은 입을 반쯤 벌린 채 퀭한 눈의 초점을 허공에 맞추고 있는 테리가 숨을 거두는 순간 마이클은 자신의 아내를 꼭 안고 있었다고 합니다.

테리 샤이보의 영혼이 있었다면, 그 영혼이 15년 동안 자신을 꼭꼭 가둬놓았던 갑갑한 육신으로부터 마침내 해방되는 순간, 자신의 온 몸을 꼭 끌어안은 채 마지막 가는 길을 홀로 배웅하는 남편에게 어떤 말을 해주고 싶었을까요.

"마이클, 제발 울지 말아요. 사랑해요. 그리고 이해해요. 고마워요."

혹시 이런 인사는 아니었을까요?

부고(訃告)만 쓰는 기자

매일 죽음을 만나는 기자들

죽음. 우리 모두가 언젠가는 반드시 홀로 맞아야 하는 이 진지하고 광대한 사건과 늘 함께 하는 기자들이 있습니다. 워싱턴포스트에는 부고기사가 매일 실립니다. 그 부고기사라는 게 우리처럼 누구누구의 부친께서 돌아가셨다는 신문 한 구석의 한 줄짜리 기사가 아니고요. 망자의 사진이 함께 게재된 비중 있는 기삽니다. 영어로는 obituary라는 특화된 기산데요. 5월 17일자 워싱턴포스트지에는 하루 전 직장암으로 향년 90세에 사망한 한 퇴역 육군 장군의 사망기사가 실렸습니다.

앤드류 굿패스터 예비역 장군은 미국 웨스트포인트 육사 교장을 역임했고 NATO(북대서양 조약기구) 사령관도 지낸 분이군요. 장문의 이 부고기사에는 굿패스터 장군의 제 2차 세계대전에서의 활약상과 그가 받은 각종 서훈, 전쟁 후 프린스턴 대학교에서의 수학 과정, 아이젠하워 대통령과 친분을 맺어 대통령 보좌관에 임명된 과정, 그 이후 대통령에게 직언을 서슴지 않아 결국 사이가 틀어진 이야기, 닉슨 행정부에서 관리들과 마음이 맞지 않아 조용히 은퇴를 하고 말년을 부인과 함께 연어 낚시로 소일했다는 그야말로 소소한 이야기들이 모두 들어있습니다.
나토 사령관을 지낸 분이면 이런 장문의 기사에 합당한 분이군요. 그래도 단 하루 만에 유년부터 말년까지를 꿰뚫는 기사를 쓰는 게 쉬운 일은 아닐 겁니다. 사망 기사를 전문으로 쓰는 기자라면 대개 이런 고령의 유명인들은 그 사망에 대비해서 미리 자료 조사를 많이 해놓았겠죠. 그런데 워싱턴포스트지에 나는 부고기사의 주인공들은 이렇게 이른바 지체 높으신 분들만 있는 게 아닙니다. 별 잘나지도 못한 사람들의 그렇고 그런 인생 이야기와 죽음을 이 신문은 진지하게 다룹니다.

5월 17일자 신문에도 굿패스터 장군 말고도 우체국 감사를 지낸 프레드 줄리어스 햄버거 씨(80)와 건축가며 자원봉사자였던 거트루드 휴위트 씨(80), 미 중앙정보국 직원이었던 폴 호지스 씨(77), 토목공학자 겸 변호사였던 해리 레이몬드 스미스 주니어 씨(78), 그리고 야구 헬멧을 처음으로 고안해낸 찰리 뮤즈 씨(87) 등 나토 사령관은 아니었지만 자신의 주어진 환경에서 최선을 다해 살다가 숨진 5명의 부고가 함께 실려 있습니다.

20년 동안 15,000명의 죽음 다뤄

오늘 소개하려고 하는 기사는 20년 동안 매일 이처럼 남의 사망 소식만을 기사로 써서 지난 3월 정년퇴임하기까지 무려 15,000 명의 죽음을 다룬 바트 반즈 기자의 글입니다. 슬픔으로 가득 찬 부고기사를 다루는 기자에게 필요한 건 뭘까요? 기사의 제목과 첫 줄에 해답이 실려 있습니다.

You really have to love life to write about death every day…
매일 부음 기사를 쓰는 기자에게 정말 필요한 건 삶에 대한 사랑입니다.

You have to love humor and irony, pathos and mystery, tragedy and romance. You have to be reverent and irreverent. You have to laugh a little or you' ll go crazy.
유머와 풍자, 비애와 신비, 비극과 공상을 사랑해야 합니다. 공손하면서도 무례하기도 해야 합니다. 조금 웃을 줄도 알아야지, 그렇지 않으면 미쳐버리고 말 겁니다.

사망기사 전담 기자들이 찾는 유머

부고기사를 쓰는 기자들이 찾는 유머는 어떤 게 있을까요? 예를 들면 이

> *...워싱턴포스트는 유명 인사의 부고기사만을 쓰는 걸까요? 그렇지 않습니다. 죽기 전에는 단 한 번도 신문에 이름을 올리지 못했던...*

런 겁니다. 유가족들이 신문사 부음전담 기자에게 사랑하는 이들의 죽음을 알리면 전화를 받은 기자는 당연히 사망 사실을 알려줘서 고맙다는 인사를 하겠죠. 그럼 유가족들은 들뜬 목소리로 "My pleasure!"라고대답을 한답니다. 우리말로는 "천만에요." 라고 쉽게 번역을 할 수 있겠지만, 그 단어를 좀 들여다보면, "제가 좋아서 한일인데, 뭘." 또는 "나의 기쁨입니다."라는 뜻이 되는데요. 그렇게 대답을 한 사람은 단지 "Thank you!"에 대한 상투적인 답을 했겠지만, 그 말을 뜯어보면 가족의 사망소식을 전하게 돼서 기쁘다는 뜻이 돼서 마치 죽음을 기다렸다는 말이 될 수 있죠. 그게 뭐 그리 웃기느냐고요? 뭔가 좀 덜 진지하고, 덜 슬픈 꼬투리를 찾고 싶어 하는 부고전담 기자들은 그런 사소한 웃을 기회도 놓치지 않는다는 말입니다.

79살 전직 외교관, 인라인 스케이트 타다 사망

15,000 명의 죽음을 다루다 보면 별별 희한한 죽음도 다 있겠죠. 이 기사에서 소개된 특이한 죽음들을 좀 살펴보면요. 어떤 심리치료사는 심리치료에 사용되는 감각차단 탱크(Sensory Deprivation Tank)-외부와 밀폐된 작은 물탱크로 소금물을 조금 채워서 환자가 그곳에 떠서 편안한 휴식을 취할 수 있도록 된 탱크-안에서 익사체로 발견됐고요. 행글라이더가 공중 충돌하는 바람에 죽은 사람도 있었고요. 또 한 번은 퇴임한 외교관이 인라인 스케이트를 타다가 사고로 목숨을 잃었는데요. 그 외교관의 나이가 79살이었다고 합니다. 그 정도면 파격적인죽음이죠?

대개 평범한 시민들의 죽음 다뤄

그럼 워싱턴포스트지는 유명 인사의 부고기사만을 쓰는 걸까요? 그렇지 않습니다.이 세상에 태어나 죽기 전에는 단 한 번도 신문에 이름을 올리지 못했던 장삼이사들의 죽음이 부고란에 더 많이 등장합니다. 그들이 이 세상의 문화를 만들어 나가는 진정한 주인공이라는 생각 때문이죠.

We wrote the obligatory obituaries of world leaders and celebrities. But mainly we wrote about ordinary people, the rank-and-file bureaucrats and businessmen, doctors, nurses, teachers, letter carriers, plumbers, taxi drivers, soldiers, sailors, airmen and Marines, most of whom had never had their name in a newspaper. They were the people who kept the social machinery running. Without them, there would be no civilization. I liked to call them the real people. They deserved an obituary in The Washington Post. There were gems and treasures among them, and real heroes who survived hell-on-earth experiences, recovered and returned to society, wanting no more than the love of family and friends and the chance to make a quiet contribution.
우리들은 세계 지도자들과 유명 인사들의 부음은 반드시 다루도록 돼있습니다. 그러나 우리는 대개 살아생전에는 신문에 이름을 올리지 못했던 평범한 사람들 즉, 말단 관료와 사업가, 의사, 간호사, 교사, 우체부, 배관공, 택시 운전사, 육해공군과 해병대 병사에 대한 기사를 싣습니다. 그들이야말로 사회 체제를 계속 돌아가게 만든 사람들이었습니다. 그들이 없었다면 문명은 있을 수 없었을 겁니다. 나는 그들을 진짜 사람들이라고 부르길 좋아합니다. 그들은 워싱턴 포스트의 부고란에 실릴 가치가 있습니다. 그들 가운데는 보석들이 있었고, 땅 위의 지옥 같은 경험을 겪고도 살아남아 회복한 뒤 사회로 돌아와서 가족과 친구들의 사랑 외엔 달리 원하는 것도 없이 조용히 사회에 공헌해온 사람들이 있었습니다.
기자는 자신이 부고기사를 다뤘던 평범한 시민들의 인생을 소개했는데요. 그 가운데는 워싱턴 지역의 마지막 왕진 의사도 있고, 비행기를 이용한 세계여행을 취미로 삼았던 국무성 관리도 있었는데, 그 관리는 비행기를 타고 공중을 나는 걸 즐겨할 뿐이어서 비행기가 공항에 도착하면 공항 밖은 나가보지도 않고 곧바로 다른 비행기를 타고 되돌아오곤 했답니다.
또 이런 죽음도 있었습니다.

자신의 장례식 미리 치르고 사망

I'll not forget Alan Marks, a Washington stockbroker who learned he had terminal cancer in 1997. Marks planned his memorial service. But he hated the idea of missing it, so he held it before he died. He called it a "celebration of life" and invited 500 people. It was held Feb.16, 1998,at the University of Maryland chapel. Marks died less than three weeks later, on March 6. "Please smile about my life. It was a full and good one," he said in a statement read at his grave. He was 59.
나는 앨런 마크스를 잊을 수 없을 겁니다. 그는 워싱턴에서 주식중개업을 하던 사람이었는데요. 지난 1997년 어느 하루 자신이 말기 암을 앓고 있다는 사실을 알게 됐습니다. 마크스는 자신의 장례식을 준비했습니다. 그리곤 자신이 자신의 장례식에 참석할 수 없다는 사실이 마음에 들지 않았습니다. 그래서 자신의 장례식을 자신이 죽기 전에 치르기로 결정했습니다. 그는 그 장례식을 "생의 축전"이라고 이름짓고 조문객 500명을 초대했습니다. 이 행사는 1998년 2월 16일 메릴랜드대학 채플에서 거행됐습

“ ...하다못해 자신이 워싱턴 지하철의 아버지라고 주장하는 사람의 사망기사만도 세 건이나 있었다고 합니다... ”

니다. 마크스는 이 장례식이 치러진 지 채 3주일이 못돼서 사망했습니다. 향년 59세였고, 그의 묘비에는 이런 말이 씌어져 있습니다. “제발 저의 인생에 미소를 지어주세요. 제 인생은 꽉 차고 훌륭한 인생이었습니다.”

"잘되면 내 덕, 못되면 네 탓"

부고기사를 쓰다 보면 속담이나 격언이 이렇게 맞아떨어지는구나 하고 감탄할 적이 있다고 하는데요. 그 가운데 하나가, “Success has many fathers while failure is an orphan.” (잘되면 내 덕, 못되면 네 탓) 이라고 합니다. 예를 들면 미국의 제 2차 세계대전 승리에 결정적인 역할을 한 원자탄 제조에 결정적인 역할을 했다는 과학자들의 부고는 벌써 몇 년 동안이나 쓰고 있고, 현대 컴퓨터 기술 창조를 도운 남녀의 부고도 열 번이 넘게 써왔다고 합니다. 하다못해 자신이 워싱턴 지하철의 아버지라고 주장하는 사람의 사망기사만도 세 건이나 있었다고 합니다. 그러나 실패한 실험이나 사업의 주창자에 대한 글을 써달라고 부탁 받는 경우는 당연한 일이지만 아주 드물다고 합니다.

We wrote about the NASA scientists who worked on the Apollo and other successful space missions but little or nothing about those who worked on the Challenger, which exploded in January 1986, killing all seven crew members.
우리는 아폴로나 다른 성공적인 우주 계획에 참여했던 NASA 과학자들에 대해서는 많은 기사를 썼지만 지난 1986년 탑승했던 우주비행사7명 모두의 목숨을 앗아간 챌린저 우주선을 만드는데 참여했던 사람들에 대해서 기사는 거의 쓴 적이 없습니다.

누군가는 반드시 읽는 기사

슬프기 한량없고, 진지하기 한이 없고, 누구나 피하고 싶어 하는 죽음에 대해20년 동안 기사를 써온 기자의 보람은 그럼 어디에 있을까요? 그의 답변은 단 한마딥니다.

Somebody cared about every single obituary we wrote.
그 누군가는 반드시 우리가 쓴 부고기사를 관심을 갖고 읽었습니다.

망자가 세상을 살아가면서 인연을 맺었던 많은 사람들 가운데 그 누군가는 그 사람의 삶과 죽음에 관한 기사를 반드시 읽어줬을 거라는 기자의 생각에 공감하면서, 저도 기자생활을 하는 동안 누군가는 반드시 관심을 갖고 읽는 좋은 기사를 써야 되겠다는 다짐을 하게 됩니다. 아울러 우리 신문들도 별로 잘나진 못했지만 최선을 다해 살다 세상을 떠난 일반 시민들의 사망기사만을 전문적으로 다루는 면을 신설하면 그 반응이 어떨까 하는 생각도 해봤습니다.

고위 여성 CIA 비밀 요원 정체, 누가 누설했나?

제 아들의 다섯 번째 생일 때 있었던 일입니다. 저녁에 아이들이 좋아하는 만화영화나 한 편 보자고 약속을 했는데 아침 리포트 제작 때문에 꾸물대다가 좀 늦었습니다. 시간은 늦었고, 약속한 극장의 위치도 모르고 해서 약간 서두르면서 운전을 했습니다. 저희 KBS 워싱턴 지국이 입주해 있는 National Press Building을 빠져나와서 백악관 옆길을 돌아설 때였습니다. 원래 우측 차선 한 차선만 우회전이 가능한 곳이었는데 차가 밀리는 바람에 왼쪽 차선을 타고 오다가 우회전 금지를 무시하고 그냥 운전대를 꺾었습니다. 그런데 뒤차가 "삐익"하는 이상한 경고음을 내기에 돌아보니 바로 경찰차였습니다.

제 머리 속은 온통 시간이 늦어서 영화를 못 보게 될 가족들의 모습으로 가득 찼었기 때문에 상황을 제대로 인식하지 못한 채 뒤차에 대고 손을 한 번 들어주고 그냥 제 갈 길을 갈 요량으로 운전을 계속했습니다. 그래도 혹시나 하고 룸미러로 뒤를 살펴보니 경찰차가 따라오고 있었습니다. 그래서 "혹시?" 하는 생각에 한 번 차선을 바꿔보았더니 경찰차도 차선을 바꾸더군요. 이거 상황이 심상치 않다고 생각하는 순간, 뒤에 따라오던 경찰차가 경광등을 반짝이기 시작했습니다.

"아, 걸렸구나"하는 생각과 함께 지체 없이 백악관 앞 갓길로 차를 댔습니다. 운전면허 시험 볼 때 배운 대로 두 손을 운전대에 얌전히 올린 채로 기다리고 있었더니, 육중한 몸집의 젊은 경찰관이 허리에 찬 권총을 만지작거리면서 조심스럽게 운전대 쪽으로 접근했습니다. 저는 손을 가지런히 운전대 위에 올린 채 표정으로 창문을 내려도 되겠느냐고 물었더니 경찰이 손으로 창문을 내리라는 표시를 했습니다.

"뭘 잘못하셨는지 아시겠습니까?" "예, 알고말고요! 하지만 혹시 변명을 좀 해도 된다면 오늘이 제 아들의 생일입니다. 같이 영화를 보러 가기로 했는데 좀 늦어서 서두르다가 그렇게 됐습니다."

…소시민에게는 마냥 너그럽고, 판사라는 권력에 대해서는 강하게 맞부딪치는 미국 경찰의 당당한 모습이 다시 눈에 들어왔습니다….

"운전 면허증과 보험 가입 증명서를 보여주십시오."

전 약간 긴장을 하는 바람에 운전면허증을 꺼낸다는 게 신용카드를 꺼내 줄 뻔했습니다. 아, 영화 구경은커녕 벌점에 벌금까지 물게 생겼구나하고 낙담을 하고 있었는데, 면허증과 보험증서를 갖고 자기 차로 돌아갔던 경찰이 잠시 뒤에 돌아오더군요.

"Mr. Min, drive more carefully from next time. And say 'Happy Birthday' to your son for me."
"민 선생님, 다음부터는 좀 더 주의 깊게 운전하십시오. 그리고 아드님께 제 대신 생일 축하한다는 말을 전해 주십시오."

위반 사례가 중대하지 않고 또 아들의 생일이라는 말에 그 기분을 망치지 말자는 배려를 했던 거겠죠. 자칫하면 어두워질 뻔했던 아들의 생일 저녁 분위기가 마냥 밝아지는 순간이었습니다. 그 날 식구들과 함께 마다가스카르라는 재미있는 만화영화를 즐겁게 관람했습니다.
그 다음날 운전을 하다가 라디오 뉴스를 듣게 됐는데요. 한 여자가 과속으로 경찰에 단속된 다음에 자신이 판사라는 사실을 이야기한 사건을 경찰이 조사하고 있다는 소식을 듣게 됐습니다. 그 판사가 과속 사실 때문에 입건될 위기를 넘기기 위해서 압력의 수단으로 자신의 신분을 밝혔는지를 조사한다는 말이었습니다.
경찰과 판사라는 두 기관 사이의 팽팽한 긴장감이 느껴지는 동시에 아들의 생일날 가족 행사에 늦을까봐 서두르다 사소한 교통위반을 한 소시민에게는 마냥 너그럽고, 판사라는 권력에 대해서는 강하게 맞부딪치는 미국 경찰의 당당한 모습이 다시 눈에 들어왔습니다.
이번엔 부시 2기 행정부의 가장 큰 스캔들로 떠오른 비밀누설 추문, 리크 게이트(Leak Gate)에 대해서 자세히 설명 드리겠습니다.

리크 게이트로 드러난 여성 CIA 요원의 정체

남편과 함께 고급 스포츠카에 앉은 미모의 여인……. 짙은 색 선글라스와 스카프로 얼굴을 가린 채 대중잡지 배너티 페어의 표지 모델로 등장한 이 여인이 바로 부시 2기 행정부 최대의 스캔들로 떠오른 비밀누설 파문, 이른바 리크 게이트의 주인공 발레리 플레임입니다. 그 동안 발레리는 영화배우 빰치는 출중한 외모의 전직 외교관의 아내로서 에너지 산업 관련 사기업에 근무하는 중견 기업인으로만 알려졌지만 실은 미국 중앙정보국 CIA에서 핵무기 등 대량살상무기를 담당하는 고위직 정보요원이었습니다.
대량살상무기 개발 의혹을 산 이라크와 전쟁을 벌이고 있는 와중에 그 분야 고위직 여성 비밀 정보요원의 신분을 누설함으로써 앞으로의 공작을 불가능하게 하고 생명의 위협까지 느끼게 만든 사람, 현행법에 따라 최고 10년형에 처할 수 있는 중범죄를 저지른 사람은 과연 누구인가? 그 발언의 진원지가 다름 아닌 백악관인 것으로 서서히 드러나면서 리크 게이트는 닉슨 대통령의 하야까지를 부른 워터게이트 사건 이후 최대의 정치 스캔들로 비화하고 있습니다.

윌슨, 이라크 우라늄 수입 의혹 조사차 니제르 방문

리크 게이트의 시초는 지난 2002년 2월로 거슬러 올라갑니다. 가봉 대사를 지낸 플레임의 남편 윌슨 씨는 이때 CIA의 요청에 따라 이라크가 아프리카로부터 우라늄 원광석을 구입하려 했다는 소문의 진상을 조사하기 위해 니제르로 떠납니다. 조사활동을 마친 윌슨은 CIA에 출석해 이라크가 니제르로부터 우라늄 원광석을 구입하려 했다는 증거를 찾을 수 없다는 취지의 보고를 합니다.

백악관, 윌슨 조사 보고서 내용 묵살

그러나 이 보고는 이라크 전쟁의 명분을 찾기 위해 애쓰던 백악관의 상층부에까지 전달되지 않았고, 부시 대통령은 다음해 2월 의회 연설에서 다음과 같이 영국 정부를 인용해 사담 후세인 이라크 대통령이 아프리카에서 상당량의 우라늄을 수입하려 했다며 윌슨의 보고와는 정반대의 의견을 개진합니다.

"The British government has learned that Saddam Hussein recently sought significant quantities of uranium from Africa."
"영국 정부는 사담 후세인이 최근 아프리카로부터 상당한 양의 우라늄을 수입하려 했다는 사실을 알게 됐습니다."

16개 단어로 된 이 문장은 부시 대통령의 연설 이후 그 정보 출처의 신빙성이 문제가 돼 결국 정식 연설문 원고에서 삭제됐으며 미국이 이라크 전을 일으키기 위해서 무리하게 여론을 몰고 간 증거 가운데 하나로 지금도 인용되고 있습니다.

윌슨, "정부가 이라크 관련 정보 왜곡" 주장

이후 자신의 의견이 묵살된 사실에 격노한 윌슨은 뉴욕타임스지 기고문을 통해 부시 행정부가 이라크 전쟁의 명분을 찾기 위해 이라크의 대량살상무기 위협과 관련된 정보를 왜곡했다고 주장하기에 이릅니다. 마침 대

*...전직 외교관의 부인으로서
CIA의 고위 비밀요원이었던 발레리 플레임의
정체가 만천하에 드러났습니다...*

선을 앞두고 윌슨이 민주당 케리 후보 측을 위해 일하고 있다는 사실이 알려지면서 백악관은 즉각적인 대응에 들어가며 이 때 1급 정보에 접근이 가능한 그 누군가의 입으로부터 윌슨의 부인이 CIA의 간부라는 말이 흘러나옵니다.

백악관이 왜 윌슨 부인의 신분을 흘렸느냐? 윌슨은 자신을 니제르로 파견한 사람은 딕 체니 부통령이라고 주장해왔습니다. 부통령이 시켜서 다녀온 조사활동인데 그 조사활동의 보고서를 백악관이 스스로 폐기해서야 되겠느냐는 것이 윌슨의 주장이었습니다. 여기에 대해서 백악관은 윌슨의 주장을 취재하는 기자들에게 사실 윌슨이라는 사람을 니제르로 보낸 건 체니 부통령이 아니라 그의 부인 발레리 플레임이며 발레리 플레임은 에너지 관련 사기업의 간부가 아니라 사실은 대량살상무기를 담당하는 CIA의 고위 비밀 간부라는 사실을 넌지시 흘린 것입니다. 윌슨의 주장에 신빙성이 없다는 사실을 부각시키기 위한 흠집 내기 차원의 대응이었던 셈입니다.
그러면 실제로 일어난 상황은 어땠는가? 나중에 밝혀진 바에 따르면 혹시 이라크가 니제르로부터 우라늄 원광석을 수입하려 했는지를 한 번 알아보라고 CIA에 지시를 한 사람은 체니 부통령이었다고 합니다. 부통령의 지시를 받은 CIA는 니제르로 파견할 적임자를 수소문했고, 그 과정에서 발레리 플레임이 아프리카 가봉에서 대사를 역임한 자기의 남편이 적임자라고 추천을 했던 겁니다. 누가 윌슨을 니제르로 보냈느냐의 진실게임에서 백악관과 윌슨 모두 나름대로의 근거가 있는 주장을 하고 있었던 겁니다. 윌슨의 입장에서 보면 니제르 파견 건이 제일 먼저 입안된 곳은 부통령실이었던 것이고, 백악관 입장에서 보면 윌슨을 특사로 고른 사람은 다름 아닌 윌슨의 부인 발레리 플레임이었던 셈입니다.

발레리 플레임의 정체, 신문 기사로 만천하에 공개돼

이 말은 정치권을 취재하던 기자들에 의해 기사화됐고 이로써 전직 외교관의 부인으로서 CIA의 고위 비밀요원이었던 발레리 플레임의 정체가 만천하에 드러났습니다. 이 사실을 제일 먼저 공개한 칼럼리스트 노박은 시카고 선타임즈에 기고한 글을 통해 윌슨의 부인 발레리 플레임이 CIA의 대량살상무기 파트에서 일하는 비밀요원이며 우라늄 거래 의혹을 밝히기 위해 니제르로 윌슨을 파견한 사람은 다름 아닌 윌슨의 부인이라는 사실을 두 명의 고위관료로부터 들었다고 밝혔습니다.

CIA는 즉시 법무부에 비밀정보요원의 신분을 누설한 이 사건의 위법성 여부를 조사해달라고 긴급 요청했고 법무부는 특별검사를 임명해 2년간의 긴 조사활동에 들어가면서 이 사건은 리크 게이트라는 이름을 달게 됩니다. 지난 1982년에 만들어진 정보기관원 신원보호법은 비밀 정보요원의 신분을 밝히는 사람을 처벌하도록 돼있습니다. 그러나 비밀취급 인가를 받은 사람만이 처벌대상이고, 폭로행위가 의도적이어야 하며, 자신의 행위로서 비밀 정보요원의 신원이 드러난다는 사실을 인식해야 하는 등 범죄 구성요건이 까다로워 지난 23년 동안 이 법에 의해 처벌받은 사람은 단 한 명에 불과할 정돕니다.

백악관, 칼 로브의 연루 가능성 부인

부시 대통령의 20년 정치적 동지로서 부시 대통령이 대선 승리의 설계자라고 추켜세웠던 대통령 비서실 부실장 칼 로브가 법무부의 조사가 시작된 초기부터 비밀 누설에 관계됐다는 의심을 받았지만 백악관의 맥클렐런 대변인은 평소에 자기가 알아온 칼 로브의 인격을 거론하며 그 가능성을 일축했습니다.

"It' s totally ridiculous… I said that it' s totally ridiculous. I know Carl Rove, and I don' t have to ask him. He has a high standard of ethics. He' s not that kind of person."
"정말이지 말도 안 되는 얘깁니다. 제가 말도 안 되는 얘기라고 하지 않았습니까? 저는 칼 로브를 압니다. (혹시 비밀을 누설하지 않았느냐고) 그에게 가서 물어볼 필요도 없습니다. 그는 높은 수준의 윤리 의식을 지니고 사는 사람입니다. 그는 그런 사람이 아닙니다."

부시 대통령도 곧바로 비밀요원 신분 누설 사건에 관한 조사할 것이며 비밀을 누설한 사람에게 응분의 조처를 하겠다는 반응을 보였습니다.

"If someone did leak classified information, I' d like to know it and would take appropriate action."
"만약에 누군가가 비밀정보를 누설했다면 나는 그가 누구인가를 알고 싶고, 필요한 조처를 취할 것입니다."

2003년 12월 시카고 출신의 패트릭 피트제럴드 변호사가 특별검사로 임명된 이후 1년 반 동안 부시 대통령과 체니 부통령, 그리고 대통령의 오른팔 칼 로브 같은 고위관료들이 특별검사의 조사를 받습니다. 이런 와중에 지난해 8월 CNN과의 인터뷰에서 칼 로브는 자신의 연루 혐의를 부인합니다. 인터뷰 내용에서 "그녀의 이름"이라는 부분을 강조한 것이 눈에 띕니다. 아무리 칼 로브가 그 여자를 알 수 있도록 인용했더라도 이름을 말하지 않았을 경우 법적 제재를 피할 수 있기 때문인 것으로 생각되는 부분입니다.

> *...부시 대통령이 솔직한가를 묻는*
> *여론조사에서 그렇다고 대답한 사람이 41%에*
> *불과해 취임 이래 가장 낮은 수치를...*

" I didn' t know her name and I didn' t leak her name."
"나는 그녀를 알지도 못하고 그녀의 이름을 누설하지도 않았습니다."

수사 협조 거부한 언론인 철창행

특별검사는 관리들로부터 플레임의 정체를 들어서 알게 된 시사주간지 타임의 매트 쿠퍼 기자와 뉴욕타임즈의 주디스 밀러 기자 등 언론인들을 대상으로 한 수사도 벌였습니다.

이들 두 기자는 취재원을 밝히지 않겠다고 고집하면서 수감 위기에 몰렸고 두 기자 가운데 쿠퍼 기자는 마지막 순간 취재원이 자신의 정체를 밝혀도 좋다는 의사를 밝혀옴으로써 철창행을 면하게 됩니다. 그러나 쿠퍼 기자는 그 취재원이 백악관의 비서실 부실장 칼 로브였다는 폭탄선언을 하면서 소문으로만 떠돌던 칼 로브의 연루 혐의가 사실로 드러납니다. 이에 비해 주디스 밀러 기자는 끝내 대배심원에 협조하지 않은 혐의로 버지니아주 교도소에 수감됐습니다.

민주당과 윌슨은 칼 로브의 행동과 그 동안 진실을 호도해온 백악관의 처사를 강력히 비난하면서 칼 로브를 파면하고 비밀취급 인가를 취소하라고 요구하고 나섰습니다. 윌슨은 부시 대통령에 대해 위법 사실에만 매달릴 게 아니라 도덕적 이유로 칼 로브를 당장 파면함으로써 비밀을 누설한 사람을 파면하겠다던 자신의 약속을 지켜야 한다고 촉구했습니다. 민주당은 비밀을 지키지 못하는 사람에게는 더 이상 비밀을 말해서는 안 된다는 사실은 삼척동자도 다 아는 상식이라며 칼 로브의 비밀 인가권을 취소

해야 한다고 지원 사격을 폈습니다.

백악관, "No comment!"로 일관

백악관은 갑자기 노코멘트로 일관하는 전략을 들고 나왔습니다. 2년 전 칼 로브의 연루 혐의에 대한 질문을 받고 코웃음 치던 맥클렐런 대변인은 칼 로브의 연루혐의가 사실로 드러나면서 벌써 며칠째 언론의 집중적인 질문 공세를 받고 있습니다. 자신들을 거짓말의 대상으로 삼았고 여론을 호도했다는 이유로 백악관 기자들은 브리핑 시간에 돌아가며 똑 같은 질문을 24번이나 되묻는 등 분풀이를 하고 있지만 백악관 대변인은 현재 진행 중인 조사에 관련된 논평은 할 수 없다는 틀에 박힌 대응으로 일관하고 있습니다.

부시 대통령은 말을 아끼면서도 조사가 끝난 뒤에 관련자를 해고하겠다고 못을 박았습니다. 그러나 당초 부시 대통령이 해고하겠다고 했던 대상은 "비밀요원의 신분을 누설한 사람"에서 "범죄를 저지른 사람"으로 바뀌었습니다. 그러나 자기 사람을 챙기기로 유명한 보스 스타일의 부시 대통령이 20년간 정치적 영욕을 같이한 동지를 버리지 않을 것이라는 관측이 우세합니다. 오랫동안 백악관 자문역을 맡아온 정치 평론가 거건은 다음과 같이 말하며 칼 로브의 건재를 예언했습니다.

"Let's not underestimate George W. Bush on that he's extremely loyal to his people and he's particularly loyal to Carl Rove. I don't think we've seen anything yet which suggest Carl Rove is on his way out or lose his security clearance and like that."
"조지 부시 대통령을 과소평가해서는 안 됩니다. 부시 대통령은 자신의 사람들에게 충직하며 칼 로브는 특별히 아낍니다. 지금까지 관찰한 바로는 칼 로브가 파면될 기미도, 비밀인가를 박탈당할 기미도 안 보입니다."

부시 신뢰도 41%, 연임 대통령 징크스 계속되나?

이제 관심은 특별검사가 과연 누구를 기소할 것인가에 모이고 있으며 특별검사는 정보기관원 신원보호법 위반혐의가 아니라 조사과정에서 사실을 은폐하거나 왜곡한 혐의를 중점 조사하고 있다는 말이 흘러나오고 있습니다. 이런 가운데 부시 대통령이 솔직한가를 묻는 최근 여론조사에서 그렇다고 대답한 사람이 41%에 불과해 부시 대통령의 취임 이래 가장 낮은 수치를 보였고, 백악관이 특별검사의 조사에 진실 되게 임하고 있다고 응답한 사람도 전체 조사대상자의 25%에 지나지 않는 등 부시 2기 행정부가 신뢰성의 위기를 맞고 있습니다.
위법 사실 여부를 떠나 도덕성의 상실, 부정직함이 드러나면서 닉슨 대통령의 워터게이트 사건과 클린턴 대통령의 지퍼게이트 사건 등 미국 역사이래 연임에 성공한 대통령을 따라다녔던 스캔들의 오명이 이번에도 계속될 것이라는 우려 섞인 관측이 이곳 워싱턴을 떠돌고 있습니다.

"저는 장례식엔 꼭 갑니다."

라디오에서 들었던 노래나 글을 다시 듣고 싶어서 애썼던 기억들 가지고 계십니까? 저는 중학교 때 라디오에서 흘러나오는 피천득 씨의 "구원의 여상"이라는 아름다운 수필을 듣고는 그 구절구절이 가슴에 박혀온 적이 있었습니다. 그 당시엔 인터넷이 있던 것도 아니어서 "여기 나의 한 여상이 있습니다. 그의 눈은 하늘같이 맑습니다."로 시작하는 그 글을 찾으려고 백방으로 찾아다니며 애를 썼습니다.

그 글을 다시 읽으려고 중학교 시절에 당시에 생긴 지 얼마 안 된 전철을 타고 인천에서 서울 구 경기고등학교 자리에 있는 정독도서관까지 간신히 찾아갔습니다. 거기서 "산호와 진주"라는 수필집, 1969년에 출간돼 빛이 바래고 맞춤법도 달랐던 그 단아한 수필집을 대출받아서 "구원의 여상"이라는 수필을 공책에 한 자 한 자 옮겨 적어 온 일이 있었습니다.

돌아오는 전철 안에서 피곤한 몸에도 불구하고 보석 같은 그 글을 비로소 손에 넣었다는 사실에 기뻐했던 기억이 납니다. 라디오에서 처음 듣는 노래도 그런 곡들이 있었습니다. 아름다운 가락에 실려 오는 공감 가는 노랫말에 취해 정신을 잃고 있다가 나중에 제목과 가수의 이름만 간신히 듣고 그 노래를 찾으려 레코드 가게를 전전하던 기억도 있죠.

그 날 퇴근길에 라디오를 듣는데, 그런 경험을 했습니다. 이곳에는 NPR이라는 방송국이 있습니다. National Public Radio라고 국립공영라디오 쯤으로 번역이 될 텐데요. 기부금과 후원금으로 운영되며 광고를 하지 않는 라디오 방송입니다. 매일 아침저녁 출퇴근길에 듣는 그 라디오 방송을 통해 저는 미국의 문화와 역사, 정치, 경제 전반에 대해 참으로 많은 것을 배웁니다.

그 날 방송을 통해 들은 글은 "All Things Considered" (모든 것을 고려할 때) 라는 이름의 프로그램의 "This I Believe" (내가 신봉하는 것)이라는 코너에 소개된 글입니다. 한 여자 변호사가 자신이 쓴 에세이를 직접 읽었는데요. 장례식에는 꼭 참석해야 한다고 평소에 가르쳐주셨던 아버지의 교훈을 담담하게 풀어가는 글이었습니다. 꼭 다시 듣고 싶은 글, 혼자 듣기엔 아까운 그 글을 여러분과 함께 나누고 싶습니다.

I believe in always going to the funeral. My father taught me that.
저는 장례식엔 꼭 가야하는 걸로 알고 있습니다. 제 아버지께서 제게 그렇게 가르쳐 주셨습니다.

The first time he said it directly to me, I was 16 and trying to get out of going to calling hours for Miss Emerson, my old fifth grade math teacher. I did not want to go. My father was unequivocal. "Dee," he said, "you're going. Always go to the funeral. Do it for the family."
아버지께서 처음 제게 그 말을 직접 하신 건 제가 16살 때로, 5학년 때 수학을 가르쳐주셨던 나이 든 에머슨 선생님의 장례식에 안 가려고 애를 쓸 때였습니다. 저는 가기 싫었습니다. 그러나 아버지는 단호하셨습니다.
"디야. 가야 돼. 장례식엔 항상 참석해야 하는 법이란다. 가족을 위해서 가거라"라고 아버지께서는 말씀 하셨습니다.

So my dad waited outside while I went in. It was worse than I thought it would be: I was the only kid there. When the condolence line deposited me in front of Miss Emerson's shell-shocked parents, I stammered out, "Sorry about all this," and stalked away. But, for that deeply weird expression of sympathy delivered 20 years ago, Miss Emerson's mother still remembers my name and always says hello with tearing eyes.

결국 저는 장례식에 가게 됐고 아버지께서는 밖에서 기다리셨습니다. 장례식장 분위기는 제가 생각했던 것보다 더 나빴습니다. 저만 빼곤 모두가 어른들 뿐이었습니다. 조문객 사이에 섰다가 마치 폭격을 맞은 듯 충격을 받은 모습의 에머슨 선생님의 부모 앞에 마침내 떠밀리듯이 당도했을 때 저는 "모든 상황이 유감입니다"라고 간신히 우물거린 다음 성큼성큼 식장을 걸어 나왔습니다. 그러나 20년 전에 제가 내뱉었던 그 아주 괴상한 위로의 말 때문에 에머슨 선생님의 어머니는 아직도 저의 이름을 기억하시고 항상 눈물 젖은 눈으로 저에게 인사를 하십니다.

That was the first time I went un-chaperoned, but my parents had been taking us kids to funerals and calling hours as a matter of course for years. By the time I was 16, I had been to five or six funerals. I remember two things from the funeral circuit: bottomless dishes of free mints and my father saying on the ride home, "You can't come in without going out, kids. Always go to the funeral."
이것이 제가 처음으로 보호자 없이 참석한 장례식이었습니다. 그러나 저의 부모님께서는 수년 동안 마치 당연한 일인 것처럼 우리 형제들을 장례식에 데리고 다니셨습니다. 제가 16살이 되었을 때까지 참석한 장례식이 5-6건이나 됐을 정도였습니다. 그렇게 장례식장을 돌아다니면서 경험한 것들 가운데 두 가지가 제 기억에 남습니다. 첫 번째는 비워지기가 무섭게 다시 채워지곤 했던 공짜 박하사탕을 담은 접시들이고, 다음으론 장례식장에서 돌아오는 길에 차 안에서 아버지께서 해주셨던 "주는 것이 없으면 얻는 것도 없는 법이란다. 얘들아. 장례식엔 항상 참석해야 해" 라는 말씀입니다.

Sounds simple -- when someone dies, get in your car and go to

“ …"디야, 가야 돼. 장례식엔
항상 참석해야 하는 법이란다.
가족을 위해서 가거라"… ”

calling hours or the funeral. That, I can do. But I think a personal philosophy of going to funerals means more than that. 누군가 사망했다는 소식을 들으면 바로 차에 올라서 장례식장으로 가라, 듣기는 참 단순하게 들리죠. 그거라면 할 수 있습니다. 그러나 남의 장례식장으로 향하는 사람들의 개인적인 철학의 의미는 그렇게 단순하지 않습니다.

"Always go to the funeral" means that I have to do the right thing when I really, really don't feel like it. I have to remind myself of it when I could make some small gesture, but I don't really have to and I definitely don't want to. I'm talking about those things that represent only inconvenience to me, but the world to the other guy. You know, the painfully under-attended birthday party. The hospital visit during happy hour. The Shiva call for one of my ex's uncles. In my humdrum life, the daily battle hasn't been good versus evil. It's hardly so epic. Most days, my real battle is doing good versus doing nothing.
"장례식엔 꼭 참석하라"는 건 제가 정말로 정말로 내키지 않을 때에도 옳은 일을 해야 한다는 걸 의미합니다. 제가 남에게 작은 성의를 보일 수 있을 때 저는 바로 이 사실을 생각해 내야 합니다. 물론 반드시 해야 하는 일은 아니고 확실히 내가 좋아서 하는 일은 아니지만 그렇더라도 옳은 일을 해야 한다는 사실을 말입니다. 저에게는 작은 불편일 뿐이지만 받는 사람들로서는 이 세상과 맞바꿀 수 없는 그런 의미라는 걸 말하는 겁니다. 참석인원이 너무 적어서 속이 상할 정도인 생일잔치에 참석해주는 일, 한참 행복한 순간에라도 남의 문병을 가는 일, 헤어진 남자친구의 숙부들을 위해서 힌두교 의식에 참가하는 일 등등이 그런 일들이죠. 단조로운 삶을 살아가면서 저는 매일 선과 악의 싸움을 하고 있지 않습니다. 그렇게 거창한 일은 거의 없습니다. 대개 보면 저의 진정한 싸움은 선을 행하는 것과 아무 것도 하지 않는 것 사이의 싸움입니다.

In going to funerals, I've come to believe that while I wait to make a grand heroic gesture, I should just stick to the small inconveniences that let me share in life's inevitable, occasional calamity.
장례식에 참석하면서 저는 다음과 같은 사실을 믿게 됐습니다. 즉, 장대하고 영웅적인 일을 말하기에 앞서서 인생의 불가피한 일들과 가끔씩 찾아오는 큰 재난을 다른 사람들과 나누기 위해서 작은 불편을 먼저 감수해야 한다는 사실입니다.

On a cold April night three years ago, my father died a quiet death from cancer. His funeral was on a Wednesday, middle of the workweek. I had been numb for days when, for some reason, during the funeral, I turned and looked back at the folks in the church. The memory of it still takes my breath away. The most human, powerful and humbling thing I've ever seen was a church at 3:00 on a Wednesday full of inconvenienced people who believe in going to the funeral.
3년 전 4월의 그 어느 차가웠던 밤, 암 투병을 하던 저의 아버지께서 조용히 숨을 거두셨습니다. 아버지의 장례식은 한 주의 중간인 수요일에 있었습니다. 저는 며칠 동안이나 멍한 상태에 빠졌다가 장례식에 참석해서 어느 순간에 우연히 고개를 뒤로 돌려 교회에 앉아있던 추모객들을 보게 됐습니다. 그 생각만 하면 저는 아직도 숨을 제대로 쉴 수가 없습니다. 제가 그 때까지 보아온 가운데 가장 인간적이고, 강력하며, 사람을 겸허하게 만드는 장면이었던 그 모습은 바로 장례식엔 반드시 참석해야 한다고 믿으며 불편을 무릅쓰고 수요일 오후 3시에 교회를 꽉 채운 그 수많은 추도객들의 모습이었습니다.

(방송을 직접 듣기 원하시는 분은 다음 사이트를 방문해 보세요.
http://www.npr.org/templates/story/story.php?storyId=4785079)

지은이 디어더 설리번은 뉴욕 시라큐스에서 어린 시절을 보냈습니다. 그녀는 세계를 돌아다니며 별별 직업을 전전한 끝에 노스웨스턴 대학의 법대에 입학했습니다. 그녀는 현재 브루클린에 살면서 프리랜스 변호사로 일을 하고 있습니다. 설리번은 자신의 아버지가 자신과 자신의 가족에게 남긴 가장 위대한 자산은 당신의 죽음의 과정을 가족들이 충격 없이 잘 받아들이도록 한 것이라고 말합니다.

피터 제닝스 앵커, 폐암 사망

부드러운 하이 톤의 아름다운 목소리와 희미한 미소를 짓는 듯한 매력적인 표정, 그리고 그 어느 급박한 뉴스가 발생해도 침착성을 잃지 않는 안정적인 진행으로 미국 최고의 앵커맨으로 군림하던 ABC 방송의 피터 제닝스가 2005년 8월 7일 폐암으로 세상을 떠났습니다. 지난 4월 5일 초췌한 얼굴과 갈라진 목소리로 뉴스에 출연해 자신이 폐암에 걸렸고 치료를 위해 방송진행을 그만 둔다고 이야기한 지 불과 4개월만입니다. 이 방송에서 피터 제닝스는 자신이 20년 전까지 담배를 피워왔으며 지난 2001년 9.11 테러 이후 다시 담배에 손을 댔었다고 고백했습니다. 피터 제닝스가 폐암으로 숨진 이후 미국에선 다시 금연 열풍이 불고 있으며 이는 피터 제닝스가 미국 시민들을 위해 남긴 또 다른 값비싼 교훈이라고 언론들은 전하고 있습니다.

이로써 40년 동안 미국의 안방으로 세계의 뉴스를 전하던 ABC의 피터 제닝스, CBS의 댄 래더, NBC의 톰 브로코 등 세 명 앵커의 트로이카 시대는 이제 완전히 막을 내렸습니다. 피터 제닝스가 아직 폐암에 걸린 사실을 몰랐을 때, NBC의 톰 브로코가 세 명의 앵커 가운데 가장 먼저 앵커직 사임을 발표하고 앵커직을 떠나는 날 피터 제닝스는 잠시 뉴스 진행을 멈춘 채 시청자들과 함께 라이벌인 NBC 방송을 통해 방송되는 톰 브로코의 고별 클로징 멘트를 들었습니다. 그 장면이 참 인상 깊었는데, 미국 전역의 시청자들을 사로잡았던 그 피터 제닝스가 세상을 떠났습니다.

피터 제닝스가 세상을 떠난 뒤 ABC 방송은 어제 그의 67년간의 일생을 조명하는 특별 프로그램을 방영했습니다. 그 가운데 피터 제닝스가 딸의 고등학교 졸업식에 참석해 연설을 하는 장면이 있었습니다. 무슨 말인가를 이어가던 피터 제닝스가 어느 부분에서 갑자기 감정이 격해지면서 목이 메어 말을 잘 잇지 못했습니다. 간신히 감정을 추스르고 한 얘기는 바로, 딸이 자기가 이루지 못한 것을 이뤄줘서 참 자랑스럽다는 얘기였습니

> *...지난 4월 5일 저녁 뉴스에서 피터 제닝스는 녹화된 화면으로 자신이 폐암에 걸렸으며 치료를 위해 당분간 방송을 중단한다고...*

다. 고등학교를 졸업하지 못한 자신의 학력을 뒤돌아보고 한 얘기였겠죠. 캐나다 국적으로 고등학교 2학년 중퇴의, 다른 앵커와 비교할 땐 보잘 것 없는 학력이었지만, 끊임없는 노력과 공부로 시청자들의 사랑은 물론 타 방송국 앵커들의 존경을 샀던 피터 제닝스의 사망소식에 즈음해 워싱턴 포스트지는 다음과 같은 사설로 한 시대를 주름잡았던 방송계 거인의 인생을 기렸습니다.

Peter Jennings's style was restrained, his delivery autoritative, his demeanor calm. But as the three captains of network TV departed one by one over the past nine months, it was Mr. Jennings who delivered the most emotionally wrenching farewell. His voice uncharacteristically raspy, his look grim, he announced in a videotaped message on the evening news April 5 that he had lung cancer and was taking time off for treatment. For those who had watched him deliver the news for ABC from one venue or another for more than 40 years, it was the saddest story he'd ever reported. It ended Sunday with his death at 67.
피터 제닝스의 스타일은 절제됐고, 그의 말은 권위가 있었으며, 그의 태도는 침착했습니다. 그러나 지난 9개월 동안 차례로 앵커석을 내려온 네트워크 텔레비전의 선장 세 사람 가운데 가장 가슴을 쥐어짜는 이별을 고한 것은 제닝스 씨였습니다. 평소 그답지 않은 갈라진 목소리와 어두운 표정으로 지난 4월 5일 저녁 뉴스에 모습을 나타낸 피터 제닝스는 미리 녹화한 화면을 통해 자신이 폐암에 걸렸으며 치료를 위해 당분간 방송을 중단한다고 발표했습니다. 그가 40년 넘게 ABC 방송국에서 분야를 가리지 않고 이런 저런 뉴스를 전달하는 걸 봐온 시청자들에게 있어서 이 소식이야 말로 피터 제닝스가 지금까지 방송한 그 어느 뉴스보다 슬픈 소식이었습니다. 그 소식은 결국 지난 일요일 그가 향년 67세로 이 세상을 떠남으로써 끝을 맺었습니다.

Mr. Jennings was credited by ABC with lifting its evening news program into the middle of the ratings race, where he battled Tom Brokaw of NBC and Dan Rather of CBS for dominance in the final decades of the 20th century. But well before these combatants had departed, cable, satellite networks and the vast, chattering online universe had gone far to create a world in which no three men will ever again deliver the news to an entire nation with such Jovian authority.
제닝스 씨는 지난 20세기의 마지막 수십여 년 동안 NBC의 톰 브로코, CBS의 댄 래더와 함께 시청률 우위를 놓고 경쟁을 벌이는 가운데 ABC의 저녁 뉴스 프로그램을 시청률 경쟁의 주역으로 격상시켰다는 평가를 ABC로부터 받았습니다. 그러나 이 전사들이 앵커석을 내려오기 훨씬 전에 이미 도래한 유선방송과 위성 네트워크, 그리고 광대한 채팅 온라인 세계 때문에 세 명의 앵커는 더 이상 미국 구석구석에 신격화된 권위를 갖고 뉴스를 전달할 수 없었습니다.

Whatever emerges from the growing media babble, though, Mr. Jennings and his two rivals will be a hard act to follow. They had a way of rising to the occasion on the big stories, and in times of supreme crisis Mr. Jennings often seemed to achieve just a little more elevation than the others–and to get the most viewers.

... "언론인"이라는 표현에 가장 잘 어울리는지를 묻는 전국적인 여론조사에서 2등을 큰 차이로 따돌리고 1등을 차지한 피터 제닝스 씨는...

그러나 현재 성장하는 방송으로부터 그 어떤 것이 나오더라도 제닝스 씨와 그의 두 경쟁자들은 여전히 따라가기 힘든 상대로 남을 것입니다. 이들은 대형 사건사고가 발생했을 때 위기에 대처하는 나름대로의 능력들을 지니고 있었습니다. 그러나 매우 중요한 위기의 순간에 제닝스 씨는 다른 두 명의 앵커보다 좀 더 뛰어난 능력을 발휘하곤 했고 가장 많은 시청자들을 끌어들였던 것 같습니다.

He was frequently attacked by conservative media critics, but he took it in stride, as he did the daily storm of news, which he handled with reassuring aplomb. Mr. Jennings was easy to take on TV; he had the looks, the voice, the manner. But he also had respect. In a national poll this year people were given the names of various media celebrities and asked which of them merited the description "journalist." In this context, the word was deemed a compliment, and Peter Jennings, who got the highest rating by a considerable margin, probably considered it the highest one he could be paid.

그는 보수적인 방송 비평가들로부터 자주 공격을 당했지만 매일같이 쏟아져 들어오는 뉴스를 느긋하게 평상심으로 처리했던 것처럼 그는 그런 비평들도 당당한 자세로 받아들였습니다. 제닝스 씨는 텔레비전에 맞는 인물이었습니다. 그는 외모와 목소리, 그리고 태도를 갖추고 있었습니다. 게다가 그는 존경심까지도 겸비했습니다. 올 초에 다양한 방송계 유명인사들 가운데 누가 "언론인"이라는 표현에 가장 잘 어울리는지를 묻는 전국적인 규모의 여론조사가 치러졌습니다. 설문의 문맥상 "언론인"이란 단어는 칭찬의 의미를 담고 있었는데, 2등을 큰 차이로 따돌리고 1등을 차지한 피터 제닝스 씨는 평소에도 이 "언론인"이라는 말을 자기가 들을 수 있는 최고의 찬사로 생각했을 겁니다.

수중묘지가 된 뉴올리언스

11일 동안 뉴올리언스 홍수를 취재하고 어제 워싱턴으로 돌아왔습니다. 휘발유도 없고, 전기도 없고, 전화나 인터넷도 안 되고, 먹을 것도 없고, 잘 곳도 없고, 중계차도 참으로 멀리 떨어져 있는 힘든 환경 속에서 지내다 온 열 하루였습니다. 수중 공동묘지가 돼버린 뉴올리언스 거리를 헤매며 엄청난 자연의 힘을 절감했습니다. 리포트 송출시간에 대기 위해 편도 3시간의 거리를 시속 160 킬로미터로 달리기도 했고요. 취재 초기에는 먹을 것이 없어서 이재민 구호소에 들려, "오늘 하루 아무 것도 먹지 못했으니 먹을 것을 좀 달라"는 절박한 호소 끝에 햄버거를 얻어먹었습니다. 한 이틀이면 끝날 줄 알았던 출장이 열흘을 넘기면서, 뉴올리언스 시내 폐수에 범벅이 된 옷을 갈아입을 수가 없어서 한인 교회에서 수재민들을 위해 모아놓은 옷을 골라 얻어 입기도 했습니다.

저는 5년 전 미국 연수를 하면서 부모님을 모시고 가족과 함께 뉴올리언스를 방문할 기회가 있었습니다. 미시시피 강에서 유람선을 탔었는데요. 뉴올리언스 항구에 가까워졌을 때 배에서 내려다 본 선착장 근처에서 구슬픈 곡조의 트럼펫 연주를 하던 안경을 쓴 훤칠한 키의 한 흑인의 모습을 잊을 수 없습니다. 거리마다 음악이 넘치고, 프랑스풍의 아름다운 건물들이 즐비했던 그 뉴올리언스가 검은 폐수로 가득 찬 수중도시, 물속의 공동묘지로 변해있었습니다. 과연 그 아름답던 도시가 언젠가 다시 옛 모습을 되찾을 수 있을까요? 미국 역사상 네 번째로 강력한 5등급의 허리케인 카트리나가 뉴올리언스를 비롯한 루지애나와 미시시피, 앨라배마 등 미국 남부지역을 초토화 시켰습니다. 강풍과 해일로 제방의 둑이 무너지고 약탈까지 잇따르면서 카트리나는 인명피해 만여 명, 재산피해 200 조원 등 사상 최대 피해를 남긴 자연재해로 미국 역사에 기록 될 전망입니다.

...벌써 사흘 째 사람들이 흙구덩이에서 지내고 있다, 비인간적인 대우다, 우리가 백인이었다면 이런 취급을 받았겠느냐……...

허리케인이 휩쓸고 간 자리엔 빈 집터만.

5등급의 허리케인이 휩쓸고 간 자리는 자연의 힘이 얼마나 강력한지를 여실히 보여줬습니다. 앨라배마주 걸프포트는 백사장과 야자나무들이 펼쳐진 천혜의 휴양지였습니다. 해변에 즐비한 부호들의 별장들은 평소 수십억 원을 호가했다고 합니다. 그러나 그 큰 집들이 흔적도 없이 사라지고, 마치 비로 쓸어놓은 듯 깨끗한 시멘트로 된 집터만 남아있었습니다. 집집마다 갖추고 있던 수영장만이 평소 저택들의 호화로움을 짐작하게 했습니다.

아름드리 나무들이 뿌리째 뽑혔고, 한 여름 푸른 잎을 자랑해야 할 나무들은 소금물에 씻긴 단 하루 만에 누런색으로 타 들어가기 시작했습니다. 아마 오수 파이프로 쓰였을 듯한 한 아름이 넘는 지하의 플라스틱으로 된 파이프들이 십여 미터 높이의 나뭇가지에 걸쳐있는 걸 보는 순간, 폭풍이 몰아칠 때 무게 수십 톤의 그 파이프가 마치 줄넘기처럼 아래위로 요동쳤을 모습을 눈에 보는 듯했습니다.
콘크리트 건물마저 형체를 알아볼 수 없게 부서져 내렸고 위용을 자랑하던 한 교회의 건물은 지붕만 남겨놓은 빈 허깨비가 돼 버렸습니다. 해변에 위치했던 대부분 건물의 잔해들은 백여 미터 뒤로 밀려 엄청난 잔해더미를 이뤘습니다. 대부분의 사망자들은 이들 잔해 아래에 위치해 있고 40도 가까운 더위에 이제 썩어가기 시작하고 있지만 산 사람 위주의 구조정책과 잔해를 옮길 중장비의 부족으로 시체에는 아직 손을 못 대고 있는 상황이었습니다.

허리케인을 틈탄 약탈 기승

천재지변은 인재를 동반했습니다. 이웃이 허리케인에 큰 피해를 입고 고통스러워하는 사이 무너진 건물을 헤집고 다니며 귀중품을 뒤져 훔쳐가는 약탈자들이 기승을 부렸습니다. 걸프 포트에서 만난 한 백인은 높이 10미터의 해일이 닥친 직후 넋이 빠진 사이 바로 눈앞에서 2인조 흑인 약탈자들에게 보석과 현금 4천만 원어치를 털렸습니다. 그 가족은 이후 모두 총으로 무장한 뒤 집 앞에 "접근하면 발포한다."는 경고문을 써 붙였습니다.

미국 남부지방을 덮친 대 재앙은 미국 사회의 불평등한 부의 구조를 적나라하게 보여줬습니다. 허리케인 경고방송을 듣고 130만 명이 차를 타고 고속도로를 가득 메우며 높은 지대를 찾아 대이동을 하는 사이, 타고 갈 변변한 차량이 없는 2만5천명은 시당국이 대피장소로 제공한 수퍼돔을 찾았습니다. 그러나 수퍼돔에도 가지 못하고 집에서 홍수를 맞은 사람들은 고속도로변에 모였습니다.

이재민들 수천 명 고속도로에서 사흘 밤 지내

경찰은 홍수지역에서 헬기를 이용해 구조한 사람들도 이곳에 내려놓은 뒤 버스에 태워 휴스턴 등 인근 도시로 이송했지만 문제는 많은 사람들이 며칠이고 그 순서를 기다려야 한다는 사실이었습니다. 거의 모두가 흑인인 이들은 제대로 된 수용시설로 자신들을 태우고 갈 버스를 기다리며 섭씨 50도가 넘는 고속도로 아스팔트 위에서 사흘을 보냈습니다.

한 때 만 명을 헤아린 이재민들이 먹다 버린 음식물과 각종 오물로 악취가 진동하고, 햇볕을 가릴 변변한 그늘마저 없는 곳에서 노약자들은 하나 둘씩 일사병으로 쓰러졌습니다. 취재 중에 소변이 급해서 길가에 설치된 간이 화장실을 이용해야 했었는데, 그 때 본 화장실 안의 모습은 지금 생

> *…"왜 그렇게 공포에 질려 있느냐?"*
> *물었더니 참았던 울음을 터뜨렸습니다.*
> *아이들 때문이라고……….*

각해도 구토가 치밀 정돕니다.

"백인이라면 이런 취급 받았겠는가?"

천지를 진동하는 악취 속에 5천 명이 넘는 흑인들이 모여 있는 곳으로 접근해 취재를 시작했는데요. 카메라와 기자를 본 흑인들은 너나 할 것 없이 인터뷰를 자청하고 나섰습니다. 그 내용은 하나같이 자신들이 돼지 취급을 당하고 있다는 것이었습니다. 벌써 사흘 째 사람들이 흙구덩이에서 지내고 있다, 비인간적인 대우다, 우리가 백인이었다면 이런 취급을 받았겠느냐. 나는 임산부다, 사람들이 임산부에 대한 대우를 해주지 않고, 여기저기서 밀고, 때리고 쫓고 쫓기고, 도저히 사람들이 살아갈 환경이 아니다.

99 퍼센트가 흑인들로 이뤄진 이들 군중 가운데 졸지에 소수로 전락한 백인들과 베트남 사람들, 그리고 히스패닉계 주민들은 흑인 이재민들과의 익숙지 않은 동거 단 사흘 만에 공포에 휩싸였습니다.
지금도 기억에 남는 한 히스패닉계 가족이 있습니다. 흑인들 속에서 그들의 존재는 너무도 확연히 눈에 띄었습니다. 흑인들과는 다르게 모두 말쑥한 옷 차림새였고, 가족들이 하나씩 배낭을 메고 있었습니다. 제일 먼저 저의 주의를 끈 것은 막내쯤으로 보이는 초등학생 아들이 막 울면서 "아빠, 여기서 나가요" 하고 떼를 썼습니다. 그 아버지는 이러지도 저러지도 못하는 곤혹스런 표정이었는데요. 기자를 보더니 다가와서 핸드폰을 쓸 수 있겠느냐고 했습니다. 그래서 전화를 건네줬더니 어딘가에 열심히 전화를 했습니다. 그리고는 전화가 되지 않는다고 하더군요. 뉴올리언스에 있는 친구 집에 전화를 하고 있었던 건데, 온 시내가 물에 잠긴 상황에서 전화가 될 리가 없었죠. 그래서 그 사람을 붙잡고 인터뷰를 했는데요. 제가 이런저런 질문을 하다가, "왜 그렇게 공포에 질려 있느냐?" 고 물었더니 참았던 울음을 터뜨렸습니다. 아이들 때문이라고. 흑인들이 소리를 지르고 서로 싸우고 밀치는 상황에서 아이들이 두려움에 떨고 있다고. 그러나 자기가 해줄 수 있는 일이라곤 이 아스팔트 위에서 버스를 기다리는 일뿐이라고 했습니다. 자기의 일이라면 참겠지만 아이들 때문에 어쩔 줄 몰라 하는 모습이 한 가족의 가장으로서 십분 이해가 됐습니다.
한 중년 나이의 백인 여자는 기자를 보더니 다짜고짜 자신을 구해달라고, 자신은 오늘 밤에 흑인들에게 맞아 죽을 거라고 했습니다. 자초지종을 물어봤더니 흑인들이 이 모든 상황이 백인들 때문에 빚어진 거라며 자기를 때리고 밀고 침을 뱉었다고 했습니다. 울면서 자신을 좀 구해달라고. 허리케인 카트리나가 뿌리 깊은 인종갈등을 건드린 거겠죠.

한인교포들도 침수와 약탈 피해, 재기 의지마저 "휘청"

허리케인 카트리나는 이역만리 미국에서 피땀 흘려 삶의 기반을 쌓아왔던 한인들에게도 큰 피해를 남겼습니다. 휴스턴 총영사를 비롯한 한국 외교관들과 피해를 입은 한인 교포들과 함께 뉴올리언스의 한인 밀집 거주지역을 돌아봤는데요. 한인들이 경영하는 상점들의 약탈 상황을 관찰할 수 있었습니다. 한 교포가 운영하던 신발과 핸드폰 상점은 유리로 된 출입문이 부서져 있었고요. 신발과 옷가지, 핸드폰 등 값나가는 물건들은 벌써 털린 뒤였습니다. 메릴랜드에서 피땀 흘려 번 돈 15억 원을 들고 1년 반 전에 뉴올리언스로 와서 세탁소를 차렸던 한 교포는 자신이 일생을 걸고 이룬 모든 것을 이번 허리케인으로 날렸다면서 허탈해 했습니다.
폭풍과 침수, 약탈로 재산상의 피해들은 입었지만 다행히 인명 피해는 없는 것으로 현재까지는 집계됐습니다. 대피경고에도 불구하고 교회에 남아있던 한 목사가 정신없이 불어나는 물에 목숨을 잃을 뻔했지만 간신히 옆집으로 피신해 목숨을 구했고 사흘 뒤 구조보트에 의해 침수지역을 빠져나올 수 있었습니다.

김선일 씨 사망사건과 쓰나미 등 외국에서 대형 사건사고가 일어날 때마다 큰 혼란을 경험했던 정부는 이번 허리케인 피해지역에 신속대응팀을 긴급 투입했습니다. 뉴올리언스와 미시시피, 앨라배마 등을 방문해 한인 피해규모를 파악한 신속대응팀은 루이지애나 주정부와 접촉해 한국인이나 한국인과 비슷한 동양 사람들이라도 혹시 시체가 발견될 경우 연락을 해달라는 요청을 해놓은 상탭니다. 특히 휴스턴의 총영사는 뉴올리언스 수퍼돔에서 휴스턴의 아스트라돔으로 이송된 이재민들 가운데 혹시 섞여 있을지 모르는 한국인들을 위해 시선을 끌도록 대형 태극기를 펼쳐놓고 한인 구조 창구를 설치했다고 했는데요. 고속도로변에서 이재민들이 겪는 고통을 직접 목격한 상황에서 참으로 고마운 처사라는 생각이 들었습니다.

뉴올리언스 둑 네 군데 무너지며 순식간에 침수

뉴올리언스는 도시의 70%가 해수면보다 낮은 곳입니다. 북쪽으로는 폰차트레인 호수와 접해있고 미시시피강이 도시를 휘돌아 흐르면서 평소에도 둑으로 스며드는 물을 퍼내기 위해 대형 펌프를 작동했었습니다. 그런데 초대형 허리케인 카트리나가 닥치면서 3등급 허리케인에 맞춰 설계된 홍수방지 둑이 네 군데나 무너졌고 이 때문에 도시의 80%가 물에 잠겼습니다. 천신만고 끝에 뉴올리언스 시내에 도착해서 배를 빌린 뒤 물에 잠긴 시내를 돌아볼 수 있었는데요. 목만 내민 교통표지판과 두 동강 난 가로등만 아니었다면 영락없는 호수의 뱃길이었습니다. 불 꺼진 신호등만이 배가 지나가는 그곳이 한 때 차로 붐비던 사거리였음을 알려줄 뿐이었습니다.

*"...프랑스풍의 아름다운 건물이 즐비하던 곳,
이름 없는 연주가들이 거리에서 관광객들의
눈길을 끌던 곳이 수중 공동묘지로..."*

지붕 처마까지 잠긴 물은 홍수가 난 지 일주일이 지났지만 전혀 빠질 기미가 없었고요. 생존자를 찾기 위한 구조 활동은 계속 됐지만 사람을 구조했다는 소식은 찾아보기 힘들었습니다. 보트를 갖고 160여 킬로미터 떨어진 곳에서 인명구조를 하기 위해 자원봉사를 나온 대니얼 에드가라는 사람을 만났는데요. 둑이 터지면서 갑자기 불어난 물에 미처 대피를 하지 못한 대부분의 사람들은 집의 가장 높은 곳에 위치한 다락방으로 피신을 했기 때문에 한 집 한 집 보트를 멈춰서 지붕을 두드리면서 생존자가 있는지를 확인한다고 했습니다. 이 사람은 만 명이 넘을 것이라는 뉴올리언스의 사망자 대부분이 자기 집 다락방에서 발견될 거라는 전망을 내놓기도 했습니다.

"사망자 만명" 예상까지

카트리나로 인한 홍수가 난 지 일주일까지는 구조대원들이 물에서 떠다니는 시신을 발견하더라도 그 시체를 수습하지 않았습니다. 산 사람의 구조에 방해가 되기 때문이기도 했고, 엄청난 수의 시신을 처리할 시설물을 갖추기 까지는 시간이 필요하기 때문이기도 했습니다. 그러나 구조작업 열흘이 지나면서 생존자가 남아있을 가능성은 점점 희박해지고 구조대원들은 생존자 구조 활동에서 시신 수습작업으로 작업을 전환하고 있습니다. 뉴올리언스 시내 침수지역에 근접한 다리 위에는 시신을 보관할 냉동 컨테이너들이 등장했고, 루이지애나 주당국은 시체를 담을 비닐 백을 2만5천개나 준비하고 있다고 합니다. 사망자가 만 명이 넘을 것이라는 전망이 결코 과장이 아님을 엿볼 수 있게 하는 대목입니다.

호수와 강의 물을 쉴 새 없이 뉴올리언스 안으로 끌어들였던 제방 네 군데의 구멍은 이제 모두 다시 채워졌고 이제는 뉴올리언스를 채운 물을 빼내는 작업이 한창입니다. 시내 174군데에 있던 배수펌프 가운데 다섯 개만 작동하고 있지만 앞으로 물이 빠지면서 가동할 수 있는 펌프의 수는 더 늘어날 것이고 배수 속도도 더 빨라지게 될 겁니다. 그래도 뉴올리언스 시내의 물이 모두 빠지기까지는 두 달 가까이 소요된다고 합니다.

재즈의 발상지로서 프랑스풍의 아름다운 건물이 즐비하던 곳, 거리마다 이름 없는 연주가들이 기타며, 트럼펫을 불며 관광객들의 눈길을 끌던 곳, 싱싱한 해산물을 사다가 호텔 방에서 가족과 함께 맛있게 끓여먹던 개인적인 추억이 깃든 그 곳이 악취를 풍기는 검은 폐수에 갇힌 생지옥, 수중 공동묘지로 변해 있었습니다. 시체들 때문에 배수펌프가 막힐 지경이고 사망자 수가 3만 명에 달할 것이라는 확인되지 않는 소문들이 흉흉한 가운데 두 달 뒤 물이 완전히 빠진 뉴올리언스는 과연 어떤 모습을 드러낼 것인지 온 세계가 숨죽인 채 지켜보고 있습니다.

부시, "화장실이 급한데..."

세계 최강국의 대통령도 생리현상을 참는 덴 한계가 있는 게 당연합니다. 우리도 사진기자들의 근성과 뛰어난 장비 덕택에 국회에서 의원들이 서로 비밀스럽게 건네는 작은 메모의 깨알 같은 글씨들이 큼지막한 사진으로 공개돼 가끔씩 정치권의 가십 기사가 되곤 했었는데요. 미국의 부시 대통령도 유엔 정상회의에 참석했다가 콘돌리자 라이스 국무장관에게 살짝 건넨 메모 내용이 공개돼 인터넷에서 큰 화제가 되고 있습니다.

바로 부시 대통령이 유엔 회의 참석 도중 화장실에 가도 좋겠느냐는 메모를 쓰는 장면이 로이터 통신의 사진기자 카메라에 포착된 겁니다. 부시 대통령은 이 메모를 써서 콘돌리자 라이스 국무장관에게 넘겼던 것으로 전해졌는데요. 로이터 통신의 사진기자가 유엔 정상회담 도중에 사진 찍는데 성공한 그 메모의 내용은,

"I think I may need a bathroom break? Is this possible?"
"화장실엘 좀 다녀와야 되겠는데, 가능할까?" 였습니다.

이 사진은 곧 인터넷을 타고 온 세계로 퍼져나갔는데요. 야후 뉴스 사이트에서 문제의 사진이 이메일을 통해 가장 많이 유통된 사진으로 기록됐습니다. 더 타임스 온라인에 붙은 사진 설명은 'Excuse me Condi, can I go to the bathroom?' "콘디, 미안하지만 화장실에 좀 다녀와도 될까?" 였지만 다른 웹사이트에서는 똑 같은 사진 설명을 'Bush needs to go……. NOW' "부시가 정말 급해요" 라고 붙이기도 했습니다.
일부에서는 이 사진이 정말 진본이냐, 혹은 부시 대통령이 정말로 그 메모 전체를 써내려 간 거냐를 놓고 의문을 제기했지만 언론 전문 잡지 "Editor and Publisher"는 로이터 통신의 사진기자 릭 윌킹이 이 메모

*...''I think
I may need a bathroom break?
Is this possible?''...*

장면을 찍은 지 얼마 되지 않아 부시 대통령이 실제로 화장실에 다녀왔다고 로이터 통신의 편집자가 말한 것으로 보도했습니다. 즉, 부시 대통령이 이 메모를 라이스 국무장관에게 전달한 뒤에 부시 대통령이 잠깐 회의장을 떠났다가 다시 돌아온 것을 윌킹 기자가 봤다는 것입니다.

허숀 편집자는 이 기사에서 윌킹 기자가 부시 대통령을 찍을 당시엔 그 메모의 내용이 무엇이었는지 알지 못했다고 말했는데요. 그 판단의 근거는 다음과 같습니다.

"Rick had no idea what he was shooting, or what Bush was writing. If Rick knew what he was writing we'd have 25 pictures of this, not two."
“윌킹 기자는 자기가 뭘 찍는지, 부시 대통령이 뭘 쓰고 있는 건지 알지 못했어요. 만약에 그 메모 내용을 알았다면 필름 한 통을 다 찍지 달랑 두 장만 찍고 말았겠습니까?”

미네소타의 한글 마을

호수의 천국 미네소타

미국의 중북부에 위치한 미네소타는 무려 15,000개가 넘는 아름다운 호수로 유명한 곳입니다. 호수가 많아 민물낚시가 아주 일반화돼 있습니다. 캐나다와 국경을 맞댄 북쪽지역으로 겨울이 길고 추운 곳입니다. 그래서 겨울이면 사람들은 호수 위에 통나무집을 짓고 자동차로 끌고 다니면서 두껍게 언 호수에 구멍을 낸 뒤 낚시를 즐긴다고 합니다. 임시 가옥이라고 하지만 통나무로 지은 집을 차로 끌고 다녀도 끄떡없는 정도로 두껍게 얼음이 언다니 정말 대단하죠?

미네소타 호수에는 룬이라는 새가 유명합니다. "후루루루, 후루루루~" 하고 우는 게 언뜻 듣기엔 늑대 울음소리를 연상시키는데요. 처음 들을 땐 기분이 으스스했는데 자꾸 듣다보면 구슬픈 게 참 아름답더군요. 꼭 오리같이 생겼지만 크기는 좀 큰 샌데요. 추운 북부지방에서 많이 사는 새라고 합니다. 울음소리가 특이해서 미네소타 지방의 많은 사람들의 사랑을 받고 있고요. 미네소타 미네아폴리스 국제공항에 가면 룬의 소리를 흉내낸 놀이기구를 특산물로 판매하고 있습니다. 저도 아이들에게 출장 선물로 뭘 사다줄까 하다가 30달러씩 하는 그 울음소리 내는 장난감을 두 개 사가지고 왔습니다.

미네소타는 미국으로 이주한 사람들 가운데도 추위에 익숙한 스웨덴과 핀란드 쪽 북구출신의 이민자들이 많이 모여 사는 곳이고요. 또, 홀트아동복지회 등 세계적인 입양기관의 본부가 많이 자리하고 있는 곳이기도 합니다. 당연히 우리나라 어린이들이 많이 입양돼 살고 있는 곳이죠.

이번 취재를 위해서 미네소타의 미네아폴리스에서 차를 빌려 타고 북쪽으로 5시간이나 운전을 했는데요. 넓은 들판에서 만나는 침엽수가 가득 찬 숲이 참으로 아름다웠습니다. 북유럽에서나 볼 수 있을 듯한 아름다운 숲이죠. 하늘은 한 점 구름도 없이 푸르고요. 그 아름다운 호수, 새벽이면 물안개가 수면을 따라 천천히 흐르는 마치 북한강을 닮은 그 호수에는 오리를 닮은 룬만이 구슬픈 울음소리를 흘릴 뿐 고요했습니다. 여름이 오면 미네소타의 하켄색이란 지방의 호숫가에는 한국어 마을이 들어섭니다. 아침의 고요는 학생들의 기상을 알리는 꽹과리와 북소리로 흩어집니다.

미네소타 호숫가에 울려 퍼지는 꽹과리 소리

원래 미국 기독교 단체가 여름 휴양지로 쓰는 곳인데요. 여름의 한 두 달 동안은 한국어를 가르치는 숲 속의 호수마을로 변합니다. 숲 속의 호수마을은 모두 20여 개의 통나무집으로 이뤄져 있습니다. 각 통나무집에는 경기도, 황해도 같은 한반도 각 도의 지명이 한글로 표시돼 있습니다. 남북한 남녀의 기질을 표현하는 남남북녀라는 표현이 있습니다만 이곳은 다릅니다. 한국의 각 도 이름이 붙은 통나무집은 여학생들이, 북한의 각 도 이름이 붙은 통나무집은 남학생들이 차지하고 있습니다. 바로 백여 명의 학생들이 짧게는 1주일에서 길게는 한 달 동안 하루 24시간 한국말과 한국문화에 흠뻑 빠져 배우고 즐기는 여름 캠프 현장입니다.
캠핑장의 입구에는 제주도 하르방이 손님을 맞고요. 비록 간장, 된장이 들어있진 않지만 큰 장독대와 각종 항아리들이 마치 한국 같은 느낌을 자아냅니다. 학생들은 아침 체조도 최신 한국 가요에 맞춰 몸을 푸는 것으로 대신합니다. 학생들은 강당에 모여서 "머리! 머리! 다리! 다리! 음악에 맞춰 몸을 흔들어 보세요."라는 노래를 부르며 단상에서 춤을 추는 강사들의 율동을 열심히 따라 합니다. 물론 처음엔 무슨 소리인지 알 수가 없지만 2주일 동안 계속하다 보면 한국말을 처음 접하는 금발의 외국 어린이들도 손과 엉덩이, 허리 등 노래 가사에 나오는 신체의 각 부분 명칭을 잘 외워서 돌아가게 됩니다.

오늘의 암호 – "이름이 뭐예요?"

이어 찾아온 식사 시간, 식당 앞에서도 부르기 쉽고 배우기 쉬운 한국 가요의 가사를 고쳐서 율동과 함께 가르칩니다. 일어나자마자 아침 내내 몸을 부지런히 움직일 수밖에 없어서 시장기가 돌지만 식당에 들어가기 전에 반드시 거쳐야 하는 관문이 아직 하나 남아있습니다. 바로 암호를 대는 일인데요. 그날그날에 따라서 어느 날은 이름을, 어느 날은 자신의 숙소 이름을 대야 합니다. 그러면서 "이름이 뭐예요?" "어디에 살아요?" 같은 간단한 질문을 알아듣고 또 대답하는 법을 배우게 되는 거죠.

이곳에서는 한국인과 다른 민족 사이에 태어난 2세들을 혼혈아란 말 대신 총명하고, 아름답다는 뜻의 함경도 방언인 자그배라 부릅니다. 이들 자그배들이 매년 이곳을 찾는 학생들의 30% 정도를 차지하고 나머지는 미국인과 입양아, 그리고 한국인 2세, 3세들로 구성됩니다. 생김새는 다 달라도 이들에게는 두 가지 공통점이 있는데요. 하나는 하나같이 한국말보다는 영어가 더 익숙한 사람들이라는 것이고, 또 한 가지는 다들 한국어를 배워야 하는 나름대로의 이유가 있다는 점입니다.

한국인 어머니와 미국인 아버지 사이에 태어난 워싱턴에서 온 한 자그배는 자신이 한국말을 하지 못하면 서울에 사는 어머니 쪽 가족들과 의사소통을 할 수 없기 때문에 한국어를 배운다고 했고요. 한국인의 피가 섞였을 것 같지 않았던 예쁘고 당찬 모습의 10살짜리 또 한 자그배는 한국인인 할머니와 이야기하고 싶어서 한국말을 배운다고, 혹시 아느냐고, 어쩌면 자기가 나중에 한국에 가게 될지도 모른다며 한국어를 배우는 이유를 설명했습니다.

"이렇게 많은 외국인이 한국어를, 자랑스러워요!"

이 캠프에는 자그배와 한국인 선생님 20여 명이 매년 아이들을 가르치고

> *...학생들이 각종 활동을 하는 강당에는 태극기를 볼 수 없습니다. 한국말을 민족어로서 가르치지 않겠다는 의지의 표현입니다...*

있습니다. 한국인 선생님들은 미국 미네소타 주에서 공부하는 대학생들과 캐나다에서 역시 공부하는 유학생들, 그리고 한국에서 온 대학생들이 주류를 이루고 있습니다. 특히, 한국에서 온 학생들은 입양아들이 아닌 미국인들이나 타민족들이 한국어를 배우러 캠프에 참가하는 모습에 크게 놀라면서 자랑스러워하는 모습이었습니다.

방학을 맞아 자원봉사 삼아 미국에 와 아이들을 가르치는 고려대학교 박재민 양은 다음과 같이 말했습니다.

"한국어를 미국에서 가르친다고 해서 저는 입양아만 오는 줄 알았는데 와보니까 반 이상이 흑인일 때도 있고, 몽족도 있고… 오히려 한국 아이들이 소수라, 우리나라 언어에 이렇게 관심이 있구나, 자랑스럽더라고요."

장구, 태권도에 양궁까지

이 캠프에서는 한국어만을 가르치는 게 아닙니다. 양궁과 사물놀이, 태권도 등을 직접 체험하게 함으로써 한국말뿐 아니라 한국 문화를 알리는데도 큰 역할을 하고 있습니다.

"쿵따닥, 쿵딱, 쿵따닥 쿵딱!"

파란 눈의 미국 어린이들은 처음 잡아보는 장구채가 어색하지만 강사의 지도에 따라 열심히 장구를 두드립니다. 선생님들은 한국의 리듬에 맞춰 자연스럽게 어깨춤을 추라고 하지만 그게 어디 쉬운가요? 오른 손을 쭉 펴서 채를 잡으라는 말도 듣는 둥 마는 둥 마치 드럼을 두드리듯 장구를 쳐댑니다. 그러나 그렇게 한 가지 박자를 배우고 나면 나중에 한국의 사물놀이 공연을 접할 때 연주자들의 현란한 연주가 얼마나 어려운 것인지를 희미하게나마 알 수 있겠죠.
양궁도 최근 이 캠프가 도입한 인기 있는 한국 문화 이벤트입니다. 팔뚝에 보호 장구를 차고 활시위를 힘차게 당겼다 놓으면 화살촉이 날아가 과녁에 박힙니다. 마냥 신기한 이 동작을 연거푸 계속하면서 어린이들은 한국 문화와 전통의 맛과 멋을 느끼기 시작합니다.

즐기고 따라 하기 위해 배우는 언어-한국어 수요의 새로운 경향

이곳에서 접하는 한국 문화는 굳이 장구와 양궁, 태권도에 국한되지 않습니다. 학생들이 각종 활동을 하는 강당에는 태극기를 찾아볼 수 없습니다. 한국말을 민족어로서 가르치지 않겠다는 의지의 표현입니다. 대신 최근 한류를 대표하는 한국의 유명 탤런트와 영화배우들의 눈에 익은 영화 포스터들로 도배가 돼있습니다. 문화를 즐기고, 따라 하기 위해 배우는 언어… 욘사마 열풍에 이은 일본인들의 한국어 수강 열기에서 보듯이 한글의 세계화를 여는 새로운 착안점입니다.
한 해 이곳을 다녀가는 학생들은 200여 명. 지난 1999년 시작한 이 캠프가 입 소문을 타고 선풍적인 인기를 끌면서 해마다 입소 학생들이 늘고 있습니다. 지금까지 한국어 마을을 다녀간 미국 학생들은 모두 천여 명. 한국어 마을은 고등학생들의 정식 교과과정을 담당하는 교육기관으로 인가를 받으면서 한국학 전공 예비 학생들을 배출하는 훈련소 역할을 톡톡히 하고 있습니다.
학생들은 이곳이 미국의 한인 주거지역에서 찾아볼 수 있는 한글학교와는 다르다고 이야기합니다. 한글학교는 이미 한국어를 할 줄 아는 어린이들에게 한국의 교과과정을 따라가게 하기 위한 심화학습에 중점을 둔다는 말입니다. 그렇기 때문에 처음으로 한국말을 접하는 사람들이 따라가기도 힘들뿐 아니라 문법적으로 궁금한 점이 있어도 그걸 미국사람들에

> *…"한국 사람들이 영어와 영어교육에 투자하는 금액과 국어와 국어교육에 투자하는 금액을 비교하면 창피할 정도로 미미할 겁니다."…*

게 설명하지 못하더라는 게 이곳 학생들의 설명이었습니다. 자그배로서 2년째 이 캠프에 참석하고 있는 타냐 데슬로지 양(17)의 말입니다.

"한글학교는 한국 사람들을 대상으로 한 한국어 교육기관이기 때문에 우리들이 문법적으로 이해할 수 없을 경우에 그걸 설명해주지 못하더군요. 하지만 이곳 선생님들은 한국어를 외국인들에게 가르치는 전문가들이기 때문에 그런 의문점에 대해 설명을 잘 해주고 우리들에게 뭐가 필요한지를 더 잘 이해하는 것 같아요."

그냥 노는 것처럼 보이는 캠프생활이지만 반복적인 모든 활동은 언어를 효과적으로 체득시키기 위한 철저한 계산속에 구성돼 있습니다. 한국어 외에도 지난 45년 동안 핀란드어와 스웨덴어, 스페인어 등 외국어를 전문적으로 교육해온 이곳 언어마을의 노하우 덕택입니다.

파란 눈의 미네소타 한국어 마을 촌장 로스 킹 교수

미네소타의 호변 마을에서 한국 가요와 꽹과리, 장구 소리가 울려 퍼지게 만든 사람. 한국어 마을의 촌장은 놀랍게도 파란 눈의 미국인, 로스 킹 교숩니다. 캐나다 브리티시컬럼비아 대학의 한국학과 교수로서 한국인과 결혼한 한국통입니다. 어렸을 적에 콘코디아 언어마을에서 독일어 등을 배운 경험이 있는 상태에서 대학교 때 우연히 한국어를 접하게 돼 한국어 박사가 됐고 결국 콘코디아 언어마을에 한국어 마을을 세운 사람입니다. 킹 교수는, "한국어를 잘하는 외국인 한 명을 배출하려면 돈도 많이 들고 굉장히 장기적인 과정이 필요합니다. 아주 어렸을 때부터 시작해야 하는

데 숲 속의 호수와 같은 과정이 가장 적합하다고 생각합니다." 라며 한국을 공부하는 미래의 한국 전문가 배출을 위해 한국어 마을이 중대한 역할을 하고 있다고 자랑했습니다.

그러나 한국어 마을이 한국 국제교류재단으로부터 지원 받는 돈은 한 해에 고작 6백만 원 정도. 고학으로 어렵게 한국어를 배운 킹 교수는 한국 정부와 국민들이 영어를 배우기 위해 쓰는 돈의 단 10%라도 한국어 교육을 위해서 쓸 수 있게 되길 바란다며 완벽한 한국말로 말했습니다.

"영어와 영어교육에 투자하는 금액과 한국 사람들이 국어와 국어교육에 투자하는 금액을 비교하면 창피할 정도로 미미할 겁니다."

한국어 마을의 성공비결은 우수한 강사진의 확보에서도 찾아볼 수 있습니다. 외국인을 위한 한국어 전문 강사와 율동 전문가, 만화가 등이 벌써 몇 년 동안 여름마다 이곳에서 한국어를 가르치고 있습니다. 이들이 한 달 동안 한국어 마을에서 받는 강사료는 70만 원 정도로 한국에서 미네소타까지 왕복 항공료의 채 반이 못 되는 박봉입니다. 하지만 미국 땅에서 한국어를 배우기 위해 미네소타 숲 속 마을을 찾는 어린이들을 생각하면 자기도 모르는 사이에 다시 이곳을 찾게 된다고 외국어대학교 한국어 강사로 이곳 한국어 마을의 부촌장을 맡고 있는 조영미 씨는 말합니다.

"처음에 이곳에 들어오는 아이들은 자기 이름도 똑바로 못 써요. 하지만 4주차 정규교육을 받으면 아이들이 기본적인 한국말을 제대로 하게 돼요. 그걸 보면 보람이 있고, 여기가 아니면 아이들이 한국어를 배울 곳이 없는데, 이런 생각에 계속 오게 되더라고요."

영구 건물 갖춘 외국어 마을 입촌이 숙원

한국어 마을에서 자동차로 2시간쯤 북쪽으로 달리면 콘코디아 언어마을에 도착합니다. 이곳은 스웨덴어와 스페인어, 그리고 독일어 등을 가르치는 다섯 개 마을로 이뤄져 있습니다. 각 마을은 전통 가옥과 각종 상징물들로 가득한데요. 남의 시설물을 빌려 쓰는 한국어 마을과는 달리 지속적인 투자를 통해 영구적이고 독립적인 시설물들을 갖추고 있습니다.

일 년 사시사철 사용할 수 있는 건물과 기숙사를 갖추고 있고요. 특히 각국의 고유 건축양식으로 지어진 건물들 때문에 학생들은 마치 그 나라에 와있는 듯한 느낌을 갖게 됩니다. 물론 한국어 마을도 하루방과 장독대, 디딜방아, 그리고 각종 영화 포스터가 있긴 하지만 기와집과 초가집, 마구간, 그리고 주막집이 있는 것과는 큰 차이가 나겠죠.

콘코디아 언어마을은 최근 들어 한국과 일본, 중국 등 아시아 국가 가운데 한 곳이 건축부지를 매입해 여섯 번째 영구적인 언어마을로 입주하길 바라고 있습니다. 한국어 마을도 입주를 원하고 있지만 건물을 제외한 부지 매입비만 해도 5백만 달러가 넘어서 엄두를 내지 못하고 있습니다.
그곳에서 만난 크리스틴 슐츠 콘코디아 언어마을 원장은 한국어 수요가 앞으로 크게 늘어날 것이라며 한국인들의 관심과 함께 언어마을 입주를 위한 공공기금의 쾌척이 늘어나길 바란다고 말했습니다.

"한국은 미국의 큰 교역 상대국이고 중요한 우방이기 때문에 비록 현재는 한국과 중국, 일본 등 아시아 3개국 가운데 가장 수강 인원이 적지만 앞으로 몇 년 동안 한국어 수요는 크게 늘어날 것입니다."

물론 돈 문제가 걸려있어서 한국어 마을이 관계자들의 소원대로 콘코디아 언어마을에 입주하기 까지는 아직 시간이 걸릴 겁니다. 그러나 한국어를 외국인도 쉽게 접하고 배울 수 있는 세계어로 만들려는 한 외국인의 당찬 시도는 한국을 생각하는 사람들 사이에서 적지 않은 파장을 일으키고 있습니다.

콘코디아 언어마을에 대해 더 알고 싶으신 분은
http://home.freechal.com/hosuzang/
http://clvweb.cord.edu/korean/patmos/ 을 방문하시기 바랍니다.

낙태로 범죄율 줄인다?

"흑인 애 안 낳으면 범죄율이 준다고?"

과거 공화당 정권에서 두 차례 장관직을 역임한 미국의 보수 논객 한 사람이 자신의 라디오 프로그램을 진행하다가 큰 설화에 휩싸였습니다. 바로 윌리엄 베네트라는 전 교육부 장관이 그 주인공인데요. 베네트 전 장관은 지난달 28일 미국 내 115개 방송국을 통해서 매일 방송되며 청취자가 125만 명이나 되는 "Morning in America"라는 프로그램을 진행하면서 범죄율을 줄이려면 흑인들에게 낙태수술을 시키면 된다는 말을 해서 큰 논란을 불러일으켰습니다. 정확하게는

"미국의 모든 흑인 태아에 대해서 낙태 수술을 실시한다면 범죄율이야 떨어지겠죠." 라고 말했습니다.

흑인 단체들과 민주당은 당장 들고 일어나서 베네트의 발언을 정신 나간 소리라고 공격하면서 공식 사과를 요구했고요. 지지율 하락으로 부심하고 있는 부시 대통령은 즉각 부적절한 발언이었다는 논평을 발표하며 불씨가 공화당으로까지 번지는 걸 막기 위해 노심초사하고 있습니다.
그러나 정작 당사자인 윌리엄 베네트는 자신의 진의가 왜곡됐다며 사과를 거부하고 있습니다. 베네트는 한 발 더 나아가서 자신이 무슨 이야기를 했는지를 알면서도 자신들의 정치적 이해관계를 위해 그 뜻을 고의로 왜곡하고 있는 정당과 각종 단체 대표들이 자신에게 사과해야 한다고 주장했습니다.
결국 이 문제가 설화로 번져 미국 사회에 큰 파장을 일으키면서 이 사람이 과거 라스베가스에서 우리 돈으로 수십억 원 단위의 돈을 걸며 도박을 즐겼다는 등 그 동안 널리 알려지지 않았던 베네트의 숨기고 싶은 전력까

> *“...미국에서 태어나는 모든 흑인 태아에 대해서 낙태 수술을 실시한다면 범죄율이야 떨어지겠죠...”*

지 드러나고 있습니다.

"청취자의 잘못된 논리 반박하면서 튀어나온 실언"

그럼 이 사람은 도대체 뭐에 홀려서 이런 어이없는 말을 하게 된 걸까요? 음, 사정을 알고 보면 이 사람 입장에서는 억울한 면이 없지 않습니다. 흑인들이 들으면 펄펄 뛸 이 말은 바로 베네트가 전화를 걸어온 한 청취자의 논리를 반박하는 과정에서 “말도 안 될” 한 사례로서 언급한 것이기 때문입니다. 즉, 청취자 한 사람이 전화를 걸어와서, 만약에 30년 전에 낙태가 합법화됨으로써 태어나지 못한 모든 사람들이 태어났다면 세금 수입이 늘어나서 현재 미국이 겪고 있는 사회보장제도의 재원 부족 같은 사태는 없었을 거라고 한 겁니다. 베네트는 이 같은 논리를 반박하면서, 만약에 그런 논리라면 범죄율을 줄이기 위해 모든 흑인들에게 낙태수술을 시킨다는 말과 같은 건데, 그렇다면 범죄율이야 줄어들겠지만 그런 정책은 “있을 수도 없고, 우스꽝스러우며, 도덕적으로 비난 받을 일이 될 것”이라고 얘기했습니다.
듣고 보면 그렇게 흥분할 일은 아니다 싶기도 하십니까? 도대체 누가 잘못하고 있는 겁니까? 말 한 마디 한 마디에 극도의 신경을 써야 할 방송 진행자로서 하필이면 오해 받을 표현을 써서 그렇지 않아도 허리케인 카트리나가 닥쳤을 때 차별적인 피해를 입었다며 흥분하는 흑인 사회를 쓸데 없이 자극한 베네트가 잘못한 걸까요? 아니면 베네트가 진짜 하고 싶었던 말은 애써 외면한 채 앞뒤를 다 자르고 자신들의 정치적 이익에 따라서 “흑인이 안 태어나면 범죄율이 준다고?” 라며 소리 높여 논란을 부추기는 사람들이 잘못하고 있는 걸까요?

라디오 방송의 문제가 된 부분을 잘 읽으신 뒤에 한 번 직접 판단해 보시기 바랍니다.

CALLER: I noticed the national media, you know, they talk a lot about the loss of revenue, or the inability of the government to fund Social Security, and I was curious, and I've read articles in recent months here, that the abortions that have happened since Roe v. Wade, the lost revenue from the people who have been aborted in the last 30-something years, could fund Social Security as we know it today. And the media just doesn't -- never touches this at all.
청취자: 요즘 방송을 듣다보면 정부 예산이 부족하다느니, 정부가 사회보장제도의 재원을 확보하지 못하느니 하는 소리들을 많이 하는데요. 최근 몇 달 동안 기사들을 읽다가 느낀 건데, "로와 웨이드" 판결로 합법화된 낙태수술 때문에 지난 30년 동안 죽어간 태아들이 태어났다면 그 사람들이 세금을 많이 내서 지금 문제가 되고 있는 사회보장제도의 예산부족 사태가 해결되지 않았을까요? 그런데 신문 방송에서는 아무도 이 문제를 전혀 건드리지 않는 것 같습니다.

BENNETT: Assuming they're all productive citizens?
베네트: 그 태아들이 모두 생산적인 시민들이 됐을 거란 말씀인가요?

CALLER: Assuming that they are. Even if only a portion of them were, it would be an enormous amount of revenue.
청취자: 그렇죠. 아니, 그 가운데 단지 일부만 생산적인 시민으로 성장했다고 하더라도 예산상으로는 엄청난 돈이 됐을 것 같은데요.

BENNETT: Maybe, maybe, but we don't know what the costs would be, too. I think as -- abortion disproportionately occur among single women? No.
베네트: 어쩌면 그럴 수도 있었겠죠. 하지만 그 비용적인 측면이 또 어떻게 됐을지는 아무도 모릅니다. 현재 편모들의 낙태율이 기형적으로 높은 상황에서도 그렇게 생각하신단 말씀인가요? 전 그렇게 생각하지 않습니다. (편모에서 태어난 자식들의 범죄율이 높다는 통계가 있는데, 그런 상황에서도 그 아이들이 태어났다면 범죄자가 되지 않고 세수를 늘리는 모범 시민으로 성장했을 것으로 생각하느냐는 논란입니다.)

CALLER: I don't know the exact statistics, but quite a bit are, yeah.
청취자: 저는 정확한 통계는 모릅니다. 그래도 그럴 가능성이 높다고 생각하는데요.

BENNETT: All right, well, I mean, I just don't know. I would not argue for the pro-life position based on this, because you don't know. I mean, it cuts both -- you know, one of the arguments in this book Freakonomics that they make is that the declining crime rate, you know, they deal with this hypothesis, that one of the reasons crime is down is that abortion is up. Well ?
베네트: 자, 그럼 한 번 봅시다. 저는 낙태 반대론자들의 논리를 놓고 논쟁을 하자는 게 아닙니다. 왜냐하면 아무도 모르기 때문이죠. 양쪽 모두에 해당되는 말입니다. 프리코노믹스라는 책을 보면 범죄율의 저하를 다룬 부분이 있는데요. 이런 가정을 합니다. 즉, 범죄율이 떨어지는 게 바로 낙태율이 높아지기 때문이라는 거죠. 어떻게 생각하십니까?

CALLER: Well, I don't think that statistic is accurate.
청취자: 저는 그 통계가 정확하다고는 생각하지 않습니다.

BENNETT: Well, I don't think it is either, because first of all, there is just too much that you don't know. But I do know that it's true that if you wanted to reduce crime, you could -- if that were your sole purpose, you could abort every black baby in this country, and your crime rate would go down. That would be an impossible, ridiculous, and morally reprehensible thing to do, but your crime rate would go down. So these far-out, these far-reaching, extensive extrapolations are, I think, tricky.
베네트: 네, 저도 정확하다고 생각하지 않습니다. 우선 우리가 알 수 없는 부분이 너무나 많기 때문입니다. 하지만 범죄율을 줄이는 게 유일한 목적이라면 그렇게 할 수 있습니다. 미국의 모든 흑인 태아에 대해서 낙태 수술을 실시한다면 범죄율이야 떨어지겠죠. 그건 불가능하고 우스꽝스럽고 도덕적으로 비난 받을 일이 될 겁니다. 하지만 범죄율은 떨어지겠죠. 그러니까 이런 추론을 너무 광범위하게 끌고 나가다간 잘못된 결론에 도달하기 쉽다고 생각합니다.

누가 잘못한 건가요? 방송 진행자가 말실수를 하긴 한 건가요? 아니면 별것 아닌 일을 일부에서 침소봉대하고 있는 건가요? 결국 그 판단은 무서운 여론의 몫입니다.

방송을 직접 듣고 싶으신 분은 다음 주소를 클릭하세요.

http://mediamatters.org/static/audio/bennett-200509280006.mp3

사슴 충돌 교통사고(Deer Collision)

사슴과의 일상적인 접촉

한국에서는 도심으로 진출한 멧돼지가 큰 뉴스거리가 되고 있는데요. 미국에 와서 접한 가장 인상적인 장면 가운데 하나가 바로 골프장이나 도로변 숲을 평화롭게 거니는 사슴의 무리였습니다. 골프장의 코스를 따라 걷다 보면 저기 멀리서 한가하게 풀을 뜯는 사슴들의 모습을 어렵지 않게 볼 수 있고요. 더 놀라운 건 그 사슴들이 전혀 사람들을 무서워하지 않는다는 사실이었습니다. 제가 직접 보지는 못했지만 집 앞에 있는 사과나무까지 사슴들이 와서 사과를 따먹는다는 이웃의 말을 듣기도 했습니다.

10월-11월 사슴 충돌사고 3-5천 건 발생

그 사슴들이 해마다 이쯤이면 수난을 당합니다. 사슴으로 인한 교통사고를 이곳에서는 deer collision, 즉 사슴 충돌 사고로 따로 분류를 합니다. 그렇게 죽어간 사슴 등 야생동물을 road kill이라고 부르고요. 출퇴근 시간에 조지 워싱턴 파크웨이를 운전하다 보면 차에 치여 죽어간 사슴들의 사체를 어렵지 않게 발견할 수 있습니다.
특히 9시 뉴스 제작을 위해서 새벽에 워싱턴으로 차를 몰다가 길가에 무리지어 서있는 사슴들을 보기도 했고, 또 아침 출근길에 죽은 사슴의 김이 나는 내장을 독수리들이 뜯어먹는 끔찍한 장면을 보기도 했습니다. 10월 말에서 11월 말에 사슴들로 인한 사고들이 집중돼 버지니아주의 페어팩스 카운티에서만 한 달 동안 3천에서 5천 건의 자동차 사고가 발생하는 것으로 집계됐습니다. 바로 이만큼의 사슴들이 죽거나 큰 부상을 당한다고 봐야 되겠죠. 이 가운데 경찰이 개입할 정도의 심각한 사고는 120여 건에 이른다고 합니다.

> *...대개 사슴들은 뛰어오르면서 차와 부딪쳐서 전면 유리창이 부서지고 놀란 운전자는 눈을 감고 운전대를 갑자기 꺾으면서 중앙분리대에...*

짝짓기와 먹이 확보가 사고 다발 원인

왜 하필이면 이 때 사고가 많을까요? 여러 가지 이유가 있는데요. 일단 10월 말에서 11월 말은 사슴의 발정기라서 짝을 찾기 위한 수사슴의 활동이 활발해지는 땝니다. 평소에는 얌전하던 사슴들이 갑자기 날뛰면서 숲에서 도로로 튀어나오는 거죠. 두 번째 이유로는 가을의 이맘때는 도토리와 호두 같이 사슴들이 좋아하는 견과가 많이 땅에 떨어지는 땝니다. 워싱턴과 버지니아, 메릴랜드로 이뤄진 메트로폴리탄 지역에만 5만 마리의 사슴들이 살고 있는 것으로 추정되는데요. 개체 수가 늘면서 먹이를 위한 경쟁도 심해져서 숲 속의 모든 먹이를 다 먹어 치운 뒤에 남은 열매를 찾아서 인간의 거주 지역으로 활동 영역을 넓히는 게 사고가 늘어나는 또 다른 이윱니다. 물론, 평화로운 동물의 상징인 사슴을 인간이 너무 예뻐하다 보니까 사슴들이 겁이 없어진 것도 큰 이유죠.

서머타임제 해제도 사고 빈발의 한 원인

또 다른 중요한 이유는 바로 11월이면 일광절약제, 이른바 서머타임제도가 해제되는 데 있습니다. 하절기동안 에너지를 절약하기 위해서 시간을 한 시간 앞당기는데요. 해가 짧아지면서 다시 원래의 시간으로 돌아갑니다. 그렇게 되면 퇴근 시간이 늦어지는 효과가 생겨서 해가 진 다음에 교통량이 크게 늘어나게 됩니다. 사슴은 일출 전이나 일몰 후에 갑자기 활동이 활발해지는데 이 때 교통량이 늘어나면서 사슴과 차량의 충돌이 잦아지는 거죠. 저는 미국에 와서 길거리에 죽어있는 사슴의 사체들을 보고 언젠가 이 아이템으로 뉴스를 만들어야 되겠다는 생각을 했었는데요. 특파원 현장보고 차례가 돌아와서 일단 사슴의 사체를 치우는 용역업체들을 밀착 취재하기 시작했습니다. 이들은 지방 자치단체들의 용역을 받아 길거리의 사슴 사체들을 깨끗하게 치우는 일을 하고 있었고, 한 마리당 일정액의 돈을 받는다고 했습니다. 그 액수가 얼마나 되는지 궁금했지만 그 건 가르쳐줄 수 없다고 하더군요. 이들이 하는 일은 매일 아침 시민들로부터 경찰에 접수된 사슴 사체의 위치를 파악해서 하루 종일 관할구역을 돌면서 그 사체를 수거해 쓰레기장으로 옮기는 일이었습니다.

"한밤중 산길" 사고 가장 많아

사고는 주로 산길과 접한 2차선의 좁은 도로에서 많이 일어나고 사고는 대개 밤에 집중된다고 했습니다. 사슴들은 대개 다리가 부러진 상태였고 차에 부딪쳐 공중으로 높이 뜬 뒤 떨어진 2차 충격으로 머리나 내장에 큰 상처를 입는 게 대부분이었습니다. 사슴들의 크기도 다양했는데요. 20킬로그램쯤 되는 가벼운 어린 사슴부터 120킬로그램이 넘는 큰 송아지만한 사슴들도 많았습니다. 사슴의 크기를 구별하는 단위로 이 곳 사람들은 포인트라는 표현을 쓰더군요. 바로 뿔의 가지 수를 말하는 건데요. 뿔이 하나 올라오기 시작하면 원 포인트, 두 개가 솟으면 투 포인트 이런 식이었습니다.

뿔 달린 사슴 머리는 이미 잘려나가

양쪽에 뿔이 있으니까 대개 짝수로 나가는데요. 식스 포인트 하면 꽤 큰 사슴에 속했습니다. 에잇 포인트라면 송아지만한 사슴이었는데요. 그 보다 더 큰 사슴들의 사체도 봤는데 특이한 건 뿔이 모두 잘려있었습니다. 취재 하루 동안 수거한 가장 큰 사슴은 아예 목이 없었습니다. 전기톱으로 머리 부분이 깨끗하게 잘린 사체였는데요. 목이 없었음에도 불구하고 둘이서 들 수 없을 정도로 크고 무거웠습니다. 벌써 5년 동안 사슴 사체 수거 작업을 해온 용역업체 직원에 따르면 사고로 죽은 사슴이 뿔이 달린 사슴일 경우 행인들이 그 뿔을 다 잘라가 버려서 뿔이 있는 사슴의 사체를 수거하는 일은 참 드물다고 했습니다. 그 큰 사슴의 머리도 어느 집의 거실에 박제로 장식돼 있겠죠. 차와 부딪친 사슴이 경상을 입고 날 뛸 경우엔 주위의 차와 사람들에게 더 큰 위협이 될 수 있습니다. 그래서 경찰이 이런 사슴을 발견하면 총으로 안락사 시키는데요. 용역업체를 따라다니며 취재를 한 그 날도 목 쪽에 총알구멍이 있는 사슴을 발견했습니다.

6-point 이상과 충돌하면 폐차할 정도의 피해

식스 포인트만 해도 차와 정면으로 충돌하면 차는 폐차 처리를 해야 할 정도로 큰 손상을 입게 됩니다. 사슴과 충돌한 차량의 파손 정도가 얼마나 되는지를 알기 위해서 자동차 차체 수리 공장들을 돌아봤는데요. 사슴과 정면충돌한 차들은 마치 벽에 부딪친 것처럼 크게 부서져 있었습니다. 대개 사슴들은 뛰어오르면서 차와 부딪쳐서 전면 유리창이 부서지게 되고요. 놀란 운전자들이 눈을 감고 운전대를 갑자기 꺾으면서 중앙분리대와 시멘트 구조물 등에 다시 부딪치는 게 문제였습니다. 이곳 통계를 보면 사슴과 부딪치는 차들은 평균 2천2백 달러, 우리 돈으로 2백만 원이 넘는 피해를 입는 것으로 집계됐습니다.

사슴과 부딪쳐도 운전대 꺾어선 안 돼

이에 따라서 매년 이맘때면 교통당국은 사슴충돌 사고를 막기 위한 운전자 교육에 역점을 두는데요. 그 내용을 살펴보면 일단 해 저문 뒤에는 되도록이면 운전을 하지 말고, 좁은 산길을 갈 때면 사슴의 출현에 대비해서 속도를 줄이며, 마주 오는 차량이 없을 때면 될 수 있으면 상향등을 이

> “…마냥 평화로워 보이는 사슴들도 개체수가 폭발하면서 기생충과 벼룩을 옮기고, 주택가의 화단의 모든 재배작물을 먹어 치우며…”

용해서 시야를 확보하라고 교육하고 있습니다.
또, 만약에 길옆에 서 있는 사슴을 발견할 경우 사슴들이 무리로 이동한다는 사실에 유의해서 또 다른 사슴이 길 위에 있을 것으로 예상하고 만반의 준비를 해야 하고요. 최악의 경우에 사슴과 부딪치더라도 갑자기 운전대를 좌우로 꺾지 말고 침착하게 속도를 줄이고 갓길로 차를 세우라는 조언을 하고 있습니다. 그러나 대개 어두운 밤이나 새벽에 갑자기 당하는 일이라서 사고를 피하는 데는 한계가 있다는 게 경찰 관계자들의 이야기였습니다.

10억짜리 지하 통로 건설 등 사고 방지 주력

미국 교통당국은 운전자 교육과는 별도로 사슴이 자주 나타나는 길목에 사슴 경고 표지판을 부착하고, 도로 중앙분리대에 차량의 불빛을 길가로 반사시켜 사슴들을 놀라게 해 접근을 사전에 방지하는 반사판을 설치하는가 하면, 물이나 먹이를 찾는 사슴들이 도로 대신 통로로 사용할 수 있도록 도로 밑에 터널을 건설하는 노력을 기울이고 있습니다. 특히 도로 밑에 통행 통로를 만드는 일은 건설비가 10억 원이나 드는 값비싼 작업이지만 매년 발생하는 개개의 교통사고로 초래되는 엄청난 비용을 생각하면 충분히 투자할 가치가 있는 작업이라고 했습니다.

사슴 사냥대회 개최로 개체수 조절도

마냥 평화로워 보이는 사슴들도 개체수가 폭발하면서 기생충과 벼룩을 옮기고 주택가 화단의 모든 재배작물을 먹어 치우며 자동차 충돌 사고를 일으키는 등 부작용이 속출하고 있습니다. 따라서 경찰은 때때로 일반 대중을 대상으로 한 사슴 사냥대회를 열기도 하고요. 경찰 사격대가 직접 나서서 공원같이 일정지역의 사슴 개체 수를 조절하기도 한다고 합니다. 이 때 나오는 사슴의 사체는 먹거리로 빈민층에게 무료로 제공된다고 경찰은 설명했습니다.

사슴 사체는 쓰레기 매립장에 매립

용역 업체 직원은 취재 하루 동안 24마리의 사슴 사체를 발견해 수거했습니다. 시민들이 수거 직원에게 죽은 사슴의 고기를 살 수 있느냐고 문의를 하는 경우도 있었는데요. 길거리에서 수거한 죽은 사슴고기의 매매는 법으로 엄격하게 금지돼 있습니다. 이 차량의 마지막 행선지는 지방자치단체가 운영하는 대규모 쓰레기 매립장이었습니다. 우리의 난지도를 연상시키는 이 쓰레기장은 그 엄청난 규모가 매우 인상적이었는데요. 이곳에 혹은 다리가 부러지고 혹은 목이 잘려나간 24마리의 사슴이 버려졌고 불도저가 이들을 흙으로 덮어버렸습니다. 쓰레기 매립장에는 썩은 고기를 먹는 독수리와 까마귀들이 떼를 지어 날아다녔습니다.

우리 인간에 앞서 이 땅에 살았을 사슴들. 과거엔 인간과 조화를 이루면서 살았을 이들 사슴들이 인간 문명의 발전에 밀려가면서 무서운 속도로 달려오는 비정한 자동차에 치여 공중제비를 하며 결국 독수리와 까마귀가 까맣게 뒤덮인 쓰레기 매립장에서 최후를 맞고 있었습니다.

다섯 달 만에 10억 원–아이디어로 횡재

1픽셀에 1달러–인터넷판 "대동강 물장사"

대동강 물을 팔았다는 봉이 김선달을 능가하는 영국의 한 대학생이 아이디어 하나로 단 5개월 만에 100만 달러, 우리 돈으로 10억 원을 벌어 화젭니다. 화제의 주인공은 올해 21살의 영국 대학생 알렉스 튜. 아이디어는 간단합니다. 대학 입학을 앞두고 학비 조달 방법을 고민하던 알렉스 튜는 지난 해 8월 29일 단돈 100달러, 우리 돈 10만원으로 사이버 공간을 산 뒤에 인터넷 홈페이지를 하나 만들어 The Million Dollar Homepage (백만 달러 홈페이지) 라는 이름을 붙였습니다. 그런 뒤 백만 픽셀 (픽셀은 텔레비전이나 전송사진 등에서 화면을 구성하고 있는 최소 단위의 명암의 점을 말합니다.)짜리 홈페이지 한 바닥을 광고판으로 내놓고 1픽셀에 1달러씩 팔기 시작한 겁니다.

100픽셀이 최소 판매 단위

바둑판처럼 생긴 공간의 작은 사각형 하나가 판매 최소단위인 100픽셀로서 가격은 100달러, 우리 돈으로 10만원입니다. 1픽셀에 1달러라고 했지만 1픽셀은 너무나 작아서 의미 있는 상징을 표현할 수 없어서 100 픽셀을 판매 최소 단위로 정했다고 합니다. 이렇게 시작했던 홈페이지가 여러 언론의 집중적인 관심 속에서 폭발적인 인기를 얻으면서 5개월만인 오늘 (1월 11일 오후) 드디어 판매고가 100만 달러를 넘어서게 됐습니다.

빈 공간이 줄어들기 시작한 백만불 홈페이지

오늘 아침까지 100만 픽셀 가운데 99.9%인 999,000 픽셀은 몽땅 판매

> *...20분 만에 떠오른 아이디어가*
> *인터넷을 타고 큰 각광을 받는 데는*
> *많은 시간이 필요하지 않았습니다...*

됐고, 마지막 1,000 픽셀은 인터넷 경매 e-bay에 내놓았는데 현재 가격이 1억 4천만 원을 넘어서서 당초 예상했던 백만 달러 수입 목표 달성은 이제 시간문제가 됐습니다.

"우연"이 만들어낸 거대한 꼴라쥬-2천여개 광고 유치 성공

이 홈페이지에 가면 크고 작은 2천여 개의 광고들을 한꺼번에 보실 수 있습니다. 평생에 인터넷 서핑을 하면서 만날 온갖 팝업 광고와 배너 광고들을 한꺼번에 보신다고 생각하시면 됩니다. 하나하나를 정확한 장소에 끼워 넣을 생각으로 만든 것이 아니었기 때문에 우연히 창출된 하나의 거대한 꼴라쥬를 보는 것 같습니다. 마치 한 때 유행했던 "월리를 찾아라" 시리즈를 보는 것 같은데요. 이곳에서는 아무리 노력해도 월리는 찾을 수가 없습니다.

100 픽셀부터 10,000 픽셀까지, 카지노부터 탈모 치료까지

이 인터넷 홈페이지에 들어가서 화면 위로 마우스를 움직이면 해당 광고의 짤막한 광고 문안이 팝업으로 뜨고요. 마우스를 클릭하면 해당 홈페이지가 생성됩니다. 광고의 크기도 다양합니다. 가장 큰 광고는 만 픽셀로 가격이 천만 원짜리인데 우표만한 크기고요. 대개는 10만 원짜리 최소 단위의 광고들인데 그 숫자가 천 개가 넘습니다. 사진들도 수영복 차림의 여성 상반신 그림부터 단 한 글자의 알파벳까지 갖가집니다. 광고를 내건 종목을 봐도 카지노와 대출업, 암 치료, 탈모 예방 및 치료 등 가지각색입니다.

단 20분 만에 떠오른 아이디어... 하루 320만명 방문

알렉스 튜는 처음엔 백만 개나 되는 픽셀 가운데 단 하나의 픽셀이라도 팔 수 있을까 걱정했었다고 합니다. 그리고 백만 달러는커녕 1-2만 달러만 벌더라도 큰 성공이라고 생각했었답니다. 아이디어 하나로 천만 원에서 2천만 원이라도 정말 큰돈이죠. 그러나 알렉스의 아이디어는 네티즌 사이에서 골칫거리로 떠오른 스팸과 팝업, 배너 광고를 전문적으로 유치하는 새로운 온라인 마케팅 방법으로 큰 주목을 받기 시작했습니다. 단 20분 만에 떠오른 이 아이디어가 인터넷을 타고 큰 각광을 받는 데는 많은 시간이 필요하지 않았습니다. 한 달도 못돼서 사이트 하루 방문자 수가 20만 명에 이르렀고, 지난 2주 동안에는 하루 방문자 수가 3백20만 명에 달했습니다.

“The more people talked about the site, the more money I made.”
"이 사이트에 대해 말하는 사람들이 많아질수록 저는 돈을 더 많이 벌게 됐습니다."

“And the more money I made, the more people talked about the site. It' s a self-perpetuating idea.”
"그리고 제가 돈을 많이 벌수록 그만큼 더 많은 사람들이 제 사이트에 대해서 말을 하게 된 거죠. 이건 스스로 영속성을 갖는 아이디어였습니다."

"앞으로 5년동안 사이트 유지" 약속

알렉스는 이 사이트를 인터넷이 존재하는 한 영원히 존치 시킬 계획이라고 약속하고 있습니다. 그 “영원”이라는 단어가 주는 무책임성을 피하기

위해서 알렉스는 지금까지 번 돈으로 적어도 5년 동안은 광고가 들어있는 이 홈페이지를 현재대로 유지하겠다고 약속했습니다.

어떻습니까? 기발한 아이디어로 돈벌이 쉽게 하죠? 알렉스 튜는 영국 사람이고 지금 이 인터넷 홈페이지가 선풍적인 인기를 끄는 곳은 영어권입니다. 그러니 아직 늦지 않았을 수 있습니다. 이 글 보시는 인터넷 천재님들, 어서 똑 같은 아이디어로 한글 광고를 유치하는 홈페이지 하나 개설해 보시죠. 그리고 큰 돈 버시면 나중에 제게 한 턱 내십시오.

모방 사이트 천여 개 성행

그러나 한 가지, 벌써 알렉스 튜의 홈페이지를 본 딴 천 개가 넘는 홈페이지가 존재한다는 건 염두에 두시기 바랍니다. 1픽셀을 25센트에 파는 사이트도 생겼고요. 세상에서 가장 비싼 픽셀이라는 이름을 내걸고 한 픽셀을 무려 천 달러에 팔겠다며 광고주들을 기다리는 간 큰 사람도 있습니다. 단지 가격을 바꾸는 게 아니고 좀 더 머리를 쓰는 사람들도 있습니다. 예를 들면 오사마 빈 라덴의 초상화를 바탕화면으로 깔아서 광고가 하나 팔릴 때마다 오사마 빈 라덴의 얼굴이 지워지도록 한 홈페이지도 생겼고요. 바탕화면이나 광고를 모두 여자들의 사진으로만 꾸며놓은 사이트도 생겼습니다.

"독창성"이 횡재 요령

혹시 실패하면 어쩌냐고요? 그에 대한 대답은 이 아이디어를 처음 내놓은 알렉스 튜, 학비 조달을 위해 아이디어를 냈지만 졸지에 부자가 돼서 결국 학업을 뒤로 미룬 이 21살 청년의 말을 소개하는 것으로 대신하겠습니다.

“ ...벌써 알렉스 튜의 홈페이지를
본 딴 천 개가 넘는 홈페이지가 존재...1픽셀을
25센트에 파는 사이트도... ”

“The one thing that everybody seems to be missing is that it's one of those crazy ideas that only works once. I was first to market and therefore I got 99 percent of the attention. Good luck to the imitators.”
"모든 사람들이 깜빡하는 게 있는데요. 바로 기발한 아이디어는 딱 한 번의 약효만 있다는 겁니다. 이 시장에 처음으로 진출한 사람은 바로 저였고 따라서 99%의 관심은 제가 독차지했습니다. 모든 모방자들에게도 행운이 따르길 바라지만 어디 그렇게 되겠습니까?"

“The lesson is that consumers are willing to go to good ideas, things that are unique, things that are novel.”
"소비자들은 좋은 아이디어, 독특한 물건, 그리고 새로운 것들을 찾아다닌 다는 걸 배워야 합니다."

“Rather than copy each other, spend time thinking up new things··· Creativity works.”
"서로서로를 모방하기보다는 새로운 것들을 고안하는데 시간을 투자하십시오. 창조적인 것에는 반드시 대가가 따릅니다."

"내 몸에 광고" 경매

안녕하세요?
워싱턴포스트지 일요판을 보니 web watch라는 고정 칼럼이 있더군요. 인터넷 상에 관심을 끄는 현상이나 조류, 또는 특이한 홈페이지를 소개하는 칼럼입니다. 지난번엔 스팸과 팝업 광고만을 유치하는 기발한 아이디어로 단 5개월 만에 100만 달러, 우리 돈으로 10억 원을 번 영국 대학생 알렉스 튜와 그의 백만 달러 홈페이지를 소개해 드렸었는데요. 오늘 소개해 드릴 내용은 자기의 몸을 광고판으로 팔겠다고 내놓은 네 명의 대학생 관련 기삽니다.

미국 대학생, "우리 몸을 광고판으로" 경매에 내놔

미국 애리조나 주립대학에 다니는 네 명의 대학생이 그 주인공들입니다. 이들은 오는 3월 멕시코로 봄 방학 여행갈 비용을 벌겠다며 자신들의 온몸을 광고판으로 인터넷 경매 사이트 e-Bay에 내놓았습니다. 경매는 10일 동안 진행될 예정이고 최초 응찰가는 e-Bay 관례대로 단 99센트에서 시작할 예정입니다. 대학생들이 경매 사이트에 내놓은 광고 문안은 다음과 같습니다.

"Think of all the advertising you could get when four college guys strut their stuff with your logo, Web site name, or product plastered all over their body! And the few times we HAVE to wear shirts, we are more than willing to wear anything related to your company! Feel free to give us temporary tattoos, t-shirts, hats, sweatshirts, sandals, or anything else you think we could use to promote your company!"

> *…1999년에는 "완전한 기능이 보장된 신장"이 5백70만 달러, 우리 돈으로 57억 원이라는 높은 경매가를…*

"대학생 네 명이 당신 회사의 로고나 웹사이트 이름, 또는 상품을 온 몸에 도배하고 활보할 때 얻게 될 모든 광고 효과를 생각해 보십시오! 그리고 가끔씩 우리가 셔츠를 입게 될 때면 우리는 당신 회사와 관련이 있는 그 어떤 옷이라도 입을 용의가 있습니다. 1회용 문신이나 티셔츠, 모자, 스웨터, 샌들 등 그 무엇이라도 상관없습니다. 당신 회사를 홍보할 수 있는 것이라면 무엇이라도 가져오십시오."

이틀 만에 99센트에서 860달러로

사진이 많을 걸로 기대하고 경매 사이트를 들어갔는데 달랑 있는 사진이라곤 대학생 네 명 가운데 한 명으로 보이는 사람이 이마에 뭘 써넣은 그림밖에 없군요. 처음에는 대학생 네 명이 사막을 배경으로 상의를 벗은 채 나란히 서있는 사진이 있었다고 하는데요. 네 명이 모두 좀 마른 편이었답니다. 기왕이면 풍채가 넉넉해서 광고 공간이 넓었다면 더 좋았겠죠. 아마 그런 이유 때문에 상의를 벗어 제낀 사진을 치운 모양입니다.
99센트에 시작한 경매가 이 대학생들의 기사가 전국지에 실리면서 금방 860달러, 우리 돈으로 86만원으로 올랐네요.

"순결"이 경매에 오른 적도

워싱턴포스트지는 여행비용을 대기 위한 대학생들의 이 기발한 아이디어를 "The Web's bizarre bazaar now offers adventures in nearly naked capitalism." "온라인의 기괴한 장터에서는 이제 벌거벗은 자본주의까지 판매된다."고 꼬집었던데요. 과거에도 이런 범상치 않은 물건들이 온라인 경매장에 오른 적이 있었답니다. 1999년에는 "완전한 기능이 보장된 신장"이 5백70만 달러, 우리 돈으로 57억 원이라는 높은 경매가를 기록한 적이 있었지만 결국 이를 발견한 e-Bay가 중간에 개입해 이 불법적인 거래를 막은 사례가 있었습니다. 지난 2004년에는 영국의 남녀공학 대학에 다니는 한 여대생이 자기 친구의 빚을 갚기 위해서 자신의 순결을 팔겠다고 경매를 신청한 적이 있었고요. 지난해 11월에는 스타트렉에 출연한 배우 윌리엄 섀트너가 수익금을 자선단체에 기부하겠다며 오줌을 통해 나온 요로결석을 팔겠다고 말한 적도 있었습니다.

농구 선수 헤어스타일이나 권투 선수 등짝도 이미 광고판

애리조나 대학생들이 자기들 몸을 광고판으로 팔기 위해서 인터넷을 이용한 면에서는 얼리어댑터라는 평가를 받아야 되겠지만 신체를 광고판으로 이용한 예는 과거에도 있었습니다. 지난 2004년에 NBA 농구스타 리처드 해밀턴은 자신의 머리를 굿이어 자동차 타이어 광고와 비슷하게 깎고 경기에 나오는 대가로 돈을 받았고요. 그 2년 전에는 온라인 카지노 사이트인 골든 팰리스(GoldenPalace.com)는 자기 회사의 이름을 등에 새기고 텔레비전에 나와 경기를 하는 권투선수들에게 돈을 지불하기 시작했습니다.

이마를 광고판으로 팔아 3천 7백만 원 벌기도

자기 몸을 광고판으로 팔 생각은 어떻게 했을까요? 네 명 대학생의 대표인 키틀슨(2학년, 부동산학 전공)은 한 넉 달 전에 어떤 사람이 자신의 이마를 광고판으로 팔겠다고 한 것을 보고 아이디어를 얻었다고 했습니다. 실제로 지난해에 네브래스카에서 웹 디자이너를 하는 앤드류 피셔라는 사람은 한 달 동안 자신의 이마에 코골이 치료를 광고하는 대가로 3천 7

백 37만 5천원을 번 적이 있었습니다. 키틀슨은 신입생 때인 지난해 멕시코에 친구들과 함께 놀러 갔다가 돈이 모자라서 큰 고생을 했기 때문에 그 경제적 부담을 좀 덜기 위해서 이번 일을 시작했다고 하는데요. 10일 동안 벌어질 경매가 단 이틀 지난 상황에서 86만원까지 올랐으면 여행비용의 상당 부분을 조달할 수 있겠군요.

"돈만 준다면 뺨에 문신도 가능"

이 대학생들은 고통을 주거나 영구적인 것이 아니기만 하면 된다는 조건을 달고 신체에 무슨 짓이라도 하겠다고 약속하고 있습니다. 이 부분에 대해 워싱턴포스트지 기자는 좀 대담하지 못한 게 아니냐고 실망감을 보였습니다. 자신의 몸을 광고판으로 판다는 선구자적인 제의를 한 바에는 좀 더 세게 나갔어야 하는 게 아니냐는 소립니다. 특정 회사의 로고를 문신으로 몸에 새기겠다, 정도로 나갔어야 하는 게 아니냐는 말이죠. 그런 질문을 했더니 이 대학생은 이렇게 얘기했다고 합니다.
“Oh, sure. I live by the theory that there is a price for everything.”
“아, 문제없습니다. 저는 모든 물건에는 다 가격이 있다는 이론이 옳다고 생각하며 사는 사람입니다.”

그래서 과연 얼마를 주면 나이키 로고를 볼에 새기겠느냐고 이 기자가 재차 질문을 했습니다. 그 대학생은 뭐라고 대답했을까요?

“On my cheek? Oh, jeez. I would do it but it would definitely have to be enough to retire on.”
“와, 뺨에요? 할 수 있습니다. 하지만 직장 생활도 안 하고 확실하게 노후까지 보장할 수 있는 돈은 받아야 되겠네요.”

> *…웹 디자이너 앤드류 피셔는 한 달 동안 자신의 이마에 코골이 치료를 광고하는 대가로 3천7백37만5천원을 번 적도…*

이들은 처음에는 팔, 다리, 이마, 배 하는 식으로 신체의 각 부분을 따로따로 경매에 광고판으로 내놓을 생각을 했다고 합니다. 하지만 광고효과를 생각해서 한 개의 광고만을 유치할 계획이라고 합니다.

"If I were looking at this, I wouldn' t want my brand name on a body with a thousand brand names."
"수천 개의 광고 가운데 내 회사 이름이 들어가 있는 걸 보고 좋아할 사람이 있을까요?"

"With one ad, that company is getting maximum exposure. We don' t want to be NASCAR cars."
"광고는 딱 한 회사에 집중될 때 최대의 효과가 있는 겁니다. 우리는 자동차 경주대회에 나오는 자동차들같이 되긴 싫습니다."

이 학생들은 이번 경매를 통해 한 사람 앞에 백만 원씩, 한 4백만 원만 벌었으면 좋겠다는 희망을 피력했는데요. 그들의 소식이 워싱턴에 나와 있는 제 귀에까지 들어와 또 여러분에게로까지 전달된 걸 보면 목표 달성은 시간문제 같습니다.

NFL의 거인 하인즈 워드

제 40회 수퍼보울 최우수선수

제 40회 수퍼보울의 MVP, 피츠버그 스틸러스 소속의 한국계 하인즈 워드 선수는 도대체 어떤 사람인가?
올해 프로 8년 차로서 키 183cm에 몸무게 98kg. 그런 몸집을 이곳 미국에서는 미식축구를 하기엔 비교적 작은 몸집이라고 합니다. 인터뷰를 하면서 보니까 발달한 승모근 때문에 목이 없는 것처럼 보였고요. 대흉근이 어찌나 발달했는지 마치 여성의 가슴 같더군요.

4년 연속 1,000 야드 전진 금자탑

하인즈 워드는 어머니 김영희 씨와 경기도 동두천에서 군 생활을 한 미군 하인즈 워드 시니어 씨 사이에서 1976년 3월8일 태어났습니다. 우리나라 나이로는 올해 31살입니다. 인터뷰 하면서 가까이 본 바로는 피부색이 우리와 거의 비슷했습니다. 보통 한국인보다 피부가 약간 까무잡잡하다는 인상을 받았을 뿐입니다. 성실한 자기관리와 노력으로 2001년부터 2004년까지 4년 연속 1,000야드 전진이라는 놀라운 기록을 달성하고 있습니다. 전진이란 야구의 투수쯤 되는 쿼터백이 던져준 공을 열심히 달려가다가 받아낸 거리로써 와이드 리시버의 기량을 평가하는 기록입니다.
올해는 단 25야드가 모자라서 5년 연속 1,000 야드 전진의 대기록을 이어가진 못했습니다.

연봉 63억, 고교시절 야구에도 두각

4년간 계약금액이 2,583만 달러로 연봉이 63억 원입니다. 현재 스틸러스 선수들 가운데 가장 높은 액숩니다. 애틀랜타에서 자라서 조지아 대학을 나왔습니다. 고등학교를 졸업할 시점에 벌써 미식축구와 야구에서 두각을 나타내서 명문대학들의 스카우트 제의가 빗발쳤지만 어머니와 함께 지내기 위해서 집에서 가까운 조지아 대학을 택했다고 합니다.
애틀랜타에 큰 저택에 고등학교 때 친구인 아내와 두 살 난 아들과 함께 살고 있습니다. 어머니는 한 40분쯤 떨어진 곳에서 따로 살고 있습니다. 집의 차고를 보니까 랜드로버 스포츠 유틸리티와 벤츠, 그리고 그 유명한 영국의 벤틀리 차가 주차돼 있더군요. 하인즈 선수는 이번 수퍼볼에서 MVP 상을 수상함으로써 캐딜락 에스컬레이드라는 최신형 최고급 차량을 또 한 대 부상으로 받았습니다.

"언제나 미소를 잃지 않는 하인즈가 좋아요."

이 선수의 특징이요? 제가 특파원 생활을 하면서도 하인즈 워드 선수에 대해서 특별히 주목한 적이 없었습니다. 한국계라는 말은 들었지만 그 어머니가 한국인이라는 건 실감이 안 갔고요. 미식축구라는 게 생소한 경기였기 때문이겠죠. 그런데 하인즈 선수 팀이 수퍼보울에서 승리하는 걸 텔레비전으로 지켜보고, 또 하인즈 선수가 최우수선수상까지 타는 걸 보고는 놀랐습니다. 다음에 피츠버그에 가서 시민 환영대회를 취재하면서 보니까 온통 하인즈 선수의 배번인 86번 유니폼을 입은 팬들 천지더군요. 그래서 그들에게 하인즈 선수의 특징이 뭔지 물어봤습니다.

“도대체 하인즈 선수의 어떤 점을 그렇게 좋아하십니까?”
“상대 선수들이 아무리 강하게 태클을 하더라도 하인즈 선수는 항상 크게 웃죠. 하인즈 선수는 아주 마음씨가 좋은 사람이에요.”
“혹시, 하인즈 선수가 반은 한국 사람이라는 걸 알고 계세요?”
“그럼요. 한국 어머니가 하인즈 뒷바라지를 하느라고 한꺼번에 세 가지

"...어머니는 인생에서 살아남기 위해 치열하게 노력한 분이십니다. 저는 그 과정을 지켜보면서 인생을 사는 법을 배웠습니다..."

일을 하면서 고생한 것까지 잘 알고 있어요."

살인미소가 상표, "싸이코" 별명까지

하인즈 선수의 전천후 미소는 미국 사람들이 보기에도 좀 이상했던 모양입니다. 코치는 하인즈 선수의 웃음을 살인 미소라고 부르고요. 동료 미식축구 선수들은 경기를 하면서 웃음을 잃지 않는 하인즈를 싸이코라고 부른다고 합니다.
하인즈 선수의 과거 기사를 찾아보니까 "왜 너는 항상 태클을 당해도 웃기만 하느냐?"는 내용이 있더군요. 그에 대한 답으로 그는 이렇게 얘기했습니다.

"나는 미식축구를 즐깁니다. 나는 내가 좋아하는 미식축구를 나의 직업으로 삼은 게 행복합니다. 태클은 수비선수들이 당연히 해야 하는 일이죠. 나는 날아오는 볼을 잡아 뛰어야 합니다. 볼을 잡은 뒤에 태클을 당하면 볼을 잡지 못해 태클도 당하지 못하는 것보다는 훨씬 기분이 좋아요."

"미소요? 어머니께 배운 겁니다."

하인즈에게 똑 같은 질문을 했습니다. 한국인인 저에게는 다른 이야기를 하더군요.

"미식축구가 거친 운동이죠. 그러나 그걸 운명으로 받아들이는 법을 어머니에게 배웠습니다. 어머니는 영어도 못하면서 미국에서 혼자 처절한 생의 투쟁을 벌였습니다. 서툰 영어 때문에 사기를 당하기도 했죠. 어머니는 인생의 고해 속에서 살아남기 위해 치열하게 노력한 분이십니다. 저는 그 곁에서 그 과정을 지켜보면서 인생을 사는 법을 배웠습니다. 미식축구는 거친 운동입니다. 미식축구를 하면서 태클을 당하는 일은 당연한 일입니다. 그런데 거기에 화를 내선 안 되죠. 내가 좋아서 선택한 직업인만큼 아무리 어려워도 참아내야 됩니다. 바로 어머니께 배운 겁니다."

김영희 씨, 이혼 뒤 영어 서툴러 아들 양육권 빼앗겨

5살 연하의 흑인 병사와 결혼을 해서 하인즈를 낳고 미국으로 건너와 이혼을 당한 직후 짧은 동안 김영희 씨는 하인즈와 함께 살았었습니다. 그러나 영어가 서툴고 경제능력이 없다는 이유로 양육권을 남편에게 빼앗겼죠. 김씨는 단 하나뿐인 혈육을 되찾아 오기 위해 음식점 접시닦이부터 편의점 종업원과 호텔 청소부 등 험한 일을 전전해야 했습니다. 하인즈가 7살 되던 해에 어머니의 정을 못 잊고 아버지 집에서 뛰쳐나온 뒤에야 김씨는 꿈에도 못 잊던 아들과 함께 살 수 있었습니다. 김영희 씨는 아들에게 항상 겸손하라고 가르쳤답니다.

"겸손하지 않다" 어머니 말에 터치다운 세레모니도 포기

그 가르침의 결과겠죠. MVP 수상 소감을 묻는 질문에도 동료가 볼을 잘 던져줬고 나는 운이 좋게 그 자리에 있었을 뿐이라며 쿼터백에게 그 공을 돌렸고요. MVP 수상 소감에 대한 질문을 받는 것 자체를 피했다고 합니다. 그리고 미식축구를 보시는 분이라면 엔드라인 터치다운을 한 선수들이 이른바 터치다운 세레모니를 하는 걸 보셨을 겁니다. 껑충껑충 뛰기도 하고, 춤을 추기도 하고, 관중석으로 뛰어가 인상을 쓰기도 하고… 하인즈도 한 때 그런 적이 있었지만 어머니가 하지 말라고 했답니다. 겸손하

게 보이지 않는다고… 그 이후로 하인즈 선수는 터치다운을 하는 그 격정의 순간에도 별스러운 세레모니 없이 자기를 스스로 다스리는 정돈된 모습을 보여주고 있습니다.

수비에도 적극 가담, 동료들의 존경 사

뭐니 뭐니 해도 하인즈 선수가 동료선수들에게 존경을 받는 이유는 자기 몸을 돌보지 않는 희생정신에 있습니다. 이번 수퍼보울 때도 하인즈 선수의 움직임을 유심히 살펴봤는데요. 와이드 리시버로서 얼른 앞으로 달려나가 쿼터백이 던지는 공을 멋지게 잡아내는 것뿐 아니라 자신에게 공이 오지 않을 때는 자기편 다른 선수들을 위해 몸을 던져 수비수와 몸싸움을 벌이는 모습을 자주 볼 수 있었습니다. 해설가들은 바로 이런 희생정신을 하인즈 선수가 어머니께 배운 점이라고 높이 평가했습니다. (계속)

美 언론도 워드 "극찬"

하인즈 워드에 대해서는 미국 언론들도 존경 어린 평가를 내리고 있습니다. 오래 참으며 시간을 기다릴 줄 아는 은근과 끈기, 가장 행복한 순간에도 그 성공의 공을 동료와 어머니께 돌리는 겸손함 등 그의 몸속에 한국인의 피가 흐른다는 사실을 알게 하는 미국 언론의 기사 한 건을 여러분과 함께 나누고 싶습니다. 언젠가 반드시 필요할 때가 있을 테니 포지션에 구애받지 말고 항상 주전으로 경기에 참여할 수 있도록 하라는 말씀도 바로 어머니의 가르침이었습니다. 학교에서 배운 오래된 교훈이 이뤄낸 승리라는 게 스틸러스를 평소에 취재한 기자의 결론이었습니다. 스틸러스의 우승 뒤엔 어떤 노력들이 숨어 있었는지 발견해 보시기 바랍니다.

Patience of Ward – and his team – is rewarded with MVP
최우수선수상으로 보답 받은 워드와 스틸러스 팀의 인내

Detroit Free Press의 드류 샤프 기자

A son's patience, forged from a mother's dogged determination, found its reward in a spotlight that nobody seemed to want Sunday.
한 어머니의 끈질긴 집념으로 단련된 한 아들의 인내심이 보상을 받아 그들은 이번 일요일 아무도 꿈꾸지 못했던 세상의 엄청난 주목을 받게 됐습니다.

Super Bowl XL inevitably found its star, but when it did, he didn't want to take the bow alone. Hines Ward wanted to share the moment with Jerome Bettis, Pittsburgh's aging warrior who

> “ *...워드는 쿼터백이 되기에는 몸집이 작았고,*
> *러닝백이 되기에는 느렸으며, 와이드 리시버가*
> *되기에는 너무 연약하다는 평가...* ”

inspired the Steelers' run to the world championship.
제 40회 수퍼보울로 또 한 명의 스타가 탄생했지만 스타탄생의 순간에 주인공은 그 영광을 혼자 차지하려 하지 않았습니다. 하인즈 워드는 그 순간을 피츠버그의 나이 지긋한 전사이며 스틸러스 팀이 세계 챔피언이 되도록 영감을 제공했던 제롬 베티스와 함께 나누고자 했습니다.

"This is for you, Bus," Ward told him as the cameras converged when time and a Hall of Fame career expired. "I love you, man."
“버스 (베티스의 애칭), 이 상은 자네를 위한 거야,” 워드는 최우수 선수상이 확정된 뒤 카메라가 모여들자 이렇게 이야기 했습니다. “친구, 난 자넬 사랑해.”

Ward earned Most Valuable Player honors for a game that was super in name only. There was too much sloppiness, perhaps indicative of the moment swallowing the man. Too many guys left too many plays on the field, but Ward did just enough at the right time to stand out from the darkness.
워드는 이름만 거창한 게임의 최우수선수상을 탔습니다. 엉성한 데가 너무 많았는데 아마 워드가 분위기에 압도당해 그랬는지도 모르겠습니다. 운동장에서 너무도 많은 사람들이 너무도 많은 플레이를 했지만 워드는 어둠에 솟아날 가장 적당한 시간에 딱 필요한 만큼의 플레이를 했습니다.

Ward's fourth-quarter touchdown off a gadget reverse pass delivered the fatal dagger to Seattle, the first wound to the

Seahawks that wasn't self-inflicted.
4쿼터에서 뒤로 한 패스를 받아 만들어낸 워드의 터치다운은 시애틀 팀에게 비수를 꽂았는데 바로 이것이 시호크 팀의 자책으로 만들어지지 않은 첫 번째 실점이었습니다.

But Ward deserves the award more because he best personifies the Steelers' code: If you believe, you can achieve.
그러나 워드는 뜻이 있는 곳에 길이 있다는 스틸러스의 팀 정신을 자신의 몸으로 가장 잘 보여줬다는 점에서 더욱 더 최우수상을 받을 자격이 있습니다.

They're not afraid to wait. They're not afraid to work. The fingerprints of their endurance were all over the Steelers' 21-10 victory at Ford Field.
그들은 기다리는 것을 두려워하지 않았습니다. 그들은 노력하는 걸 두려워하지 않았습니다. 스틸러스가 포드 경기장에서 거둔 21대 10의 승리 곳곳에서 우리는 팀원들의 인내의 흔적을 찾아볼 수 있습니다.

Running back Willie Parker rewrote the Super Bowl record books with a 75-yard touchdown gallop barely one minute into the second half. He went undrafted after starting only five games in four years at North Carolina.
러닝백 윌리 파커는 후반전 들어서서 1분도 되지 않아 75야드를 전진해 터치다운을 기록함으로써 수퍼보울의 역사를 다시 썼습니다. 그는 노스캐롤라이나 대학 재학 4년 동안 단 다섯 게임만을 뛴 끝에 드래프트에서 탈락한 경력이 있습니다.

But he never gave up.
그러나 그는 포기하지 않았습니다.

Bill Cowher has the longest tenure of current NFL head coaches – 14 years and counting – but until Sunday he was remembered more for the conference championship games he had lost on his own home turf.
빌 카우허 코치는 현재 NFL 수석 코치들 가운데 가장 오래된 14년의 경력을 이어가고 있지만 지난 일요일 수퍼보울 우승 이전에 그는 피츠버그 홈구장에서 열린 연맹 우승컵 경기에서 번번이 패배한 사실로 더 잘 기억돼 왔습니다.

But he persevered.
그러나 그는 좌절하지 않았습니다.

And Ward was considered too small to play quarterback, too slow to play running back and too fragile to endure the punishment of coming across the middle as a wide receiver at this level.
그리고 워드는 쿼터백이 되기에는 너무 몸집이 작았고, 러닝백이 되기에는 너무 느렸으며, 중간 수비벽을 넘을 때 반드시 거치게 마련인 태클을 견뎌야 하는 최고 수준의 와이드 리시버가 되기에는 너무 연약하다는 평가를 받았습니다.

Only the Steelers saw that he was determined to prove his doubters wrong.
워드가 자신의 능력을 의심하는 사람들이 틀렸다는 걸 증명하려는 의지가 뚜렷하다는 걸 알아낸 건 오직 스틸러스 뿐이었습니다.

"When you think of Pittsburgh receivers," Ward said, "You naturally think of (Lynn) Swann and (John) Stallworth. It's flattering being compared to those guys, but I've never felt that I belonged in that group. Winning a Super Bowl solidifies my career. It's a great honor (winning the MVP), but I'm not here without so many other people, and I can't forget that."
워드는 말합니다. "피츠버그 팀의 리시버들을 생각할 때 당연히 린 스완이나 존 스톨워스 같은 선수들을 떠올리게 됩니다." "그런 선수들과 제가 비교되는 것은 기쁜 일입니다. 그러나 제가 그들과 같은 반열이라고 생각해본 적은 단 한 번도 없습니다. 수퍼보울 우승은 저의 경력을 더욱 확고하게 만들었습니다. 최우수 선수상을 탄 것도 더할 수 없는 영광입니다. 그러나 저는 많은 사람들의 도움이 아니었으면 이 자리에 있을 수 없었고 저는 그 사실을 잊을 수 없습니다."

Ward dedicated the performance to his mother, Kim Young-hee, a South Korean native.
워드는 자신의 활약의 공을 한국 국적의 자신의 어머니 김영희 씨에게 돌렸습니다.

She married an American soldier and moved to the United States, but Ward's parents soon divorced. She initially got custody of her son, but her inability to grasp the English language and American culture severely hindered her employment opportunities.
그녀는 미군과 결혼해서 미국으로 왔지만 워드의 부모는 곧 이혼했습니다. 그녀는 처음에는 자신의 아들 양육권을 갖고 있었지만 영어 구사능력과 미국 문화에 대한 이해가 부족해서 직업을 구하기가 지극히 어려웠습니다.

She couldn't support her son and a court stripped her of her custodial rights. Ward would live with his father, who had remarried, but the special connection with his mother never dissipated.
그녀는 아들을 키울 수가 없었고 법원은 그녀의 양육권을 박탈했습니다. 워드는 재혼한 아버지와 함께 살게 됐지만 어머니와의 특별한 관계는 끊을 수 없었습니다.

An 8-year-old Ward ran away from home and reunited with his mother in Atlanta.
8살 때 워드는 집에서 도망 나와 애틀랜타에 있던 어머니와 재결합했습니다.

"She could have quit and given up, but she didn't," said Ward. "She taught me the greatest lesson imaginable. Keep working and keep fighting and you're going to find your way."
워드는 말합니다. "어머니는 모든 걸 그만두고 포기할 수 있었지만 그렇게 하지 않았습니다." "어머니는 세상에서 가장 위대한 교훈을 가르쳐줬습니다. 바로 끊임없이 노력하고 끊임없이 싸우면 길을 찾을 수 있다는 사실이었습니다."

Ward played three positions at Georgia_quarterback, running back and wide receiver. He'd do anything to get on the field

"...다른 팀에 있었다면 기회를 잡지 못했을 거라는 사실을 알고 있습니다. 지난 1998년 스틸러스가 세 번째 드래프트에서 워드를 선택했을 때..."

because his mother taught him that sometimes that's necessary.
워드는 조지아에서 쿼터백과 러닝백, 그리고 와이드 리시버의 세 가지 포지션을 모두 소화했습니다. 그는 주전으로 뛸 수 있다면 포지션을 가리지 않았습니다. 바로 어머니가 그렇게 하는 게 필요할 때가 있다고 가르쳤기 때문입니다.

That's what makes this championship special. It was old school.
그것이 바로 이번 승리를 특별하게 만드는 요인입니다. 승리의 요인은 바로 오래 전 학교에서 배운 교훈이었습니다.

The Steelers are an anomaly, the standard of consistency in a free agency era that inspires impatience. They've boasted the best record in the NFL in the 13 years of the salary cap, and that's because they believe in people more than records, more than wins and losses.
스틸러스는 참을성이 부족한 자유 계약 에이전트들이 설치는 요즘 일관성이 왜 중요한지의 기준을 보여준 비정상적인 팀이었습니다.

Cowher probably would have been fired elsewhere after suffering through three consecutive non-playoff seasons at the turn of the millennium, but the Steelers don't have a reflexive management style. Cowher twice offered his resignation, but each time the organization decided its patience would be rewarded.

카우허 코치는 2000년 들어 세 번이나 연속해서 플레이오프전에 진출하지 못한 죄로 다른 팀 같았으면 벌써 해고당했을 것입니다. 그러나 스틸러스는 조급한 경영을 하는 스타일이 아니었습니다. 카우허 코치는 두 번이나 사직서를 썼지만 그때마다 구단은 참으면 언젠가 반드시 보답이 올 것이라는 결정을 내렸습니다.

The Steelers trust their plan. They trust their people. And they trust that time will vindicate them.
스틸러스는 그들의 계획을 믿었습니다. 그들은 그들의 인적자원을 믿었습니다. 그리고 그들은 시간이 모든 걸 해결해줄 것이라는 확고한 신념이 있었습니다.

Ward knows he might not have gotten this opportunity with any other team. When the Steelers drafted him in the third round in 1998, they weren't exactly sure where Ward would fit.
워드는 자신이 다른 팀에 있었다면 기회를 잡지 못했을 거라는 사실을 알고 있습니다. 지난 1998년 스틸러스가 세 번째 드래프트에서 워드를 선택했을 때 그들은 워드를 어디 배치해야 할지 정확하게 알지 못했습니다.

"We just thought that he was a football player," said Cowher. "He had a great work ethic and that enabled him to find his role."
“우리는 다만 워드가 미식축구 선수라고 생각했습니다. 그는 훌륭한 직업윤리를 지닌 선수였고 바로 그 점 때문에 그는 자신의 포지션을 찾을 수 있었습니다.” 라고 카우허 코치는 말했습니다.

The moral of this championship is that time isn't necessarily the

villain.
이번 수퍼보울 경기의 교훈을 찾으라면 바로 시간이 반드시 나쁜 일만 가져오는 것은 아니라는 점이 될 것입니다. (계속)

내가 만난 하인즈 워드

"하인즈 연락처 아느냐?" 문의 빗발쳐

이제는 제가 만나본 하인즈 워드에 대한 이야기를 해보려 합니다. 2월 5일 일요일에 거행된 수퍼보울을 보면서 화면에서 만난 하인즈 워드. 한국계 NFL MVP의 자랑스러운 얼굴을 보면서 "아, 저 사람이 또 한동안 뉴스가 되겠구나." 라는 본능적인 느낌이 떠올랐습니다. 바로 그 경기 중계가 끝나자마자 서울의 라디오 프로그램 피디들이 전화를 걸어오기 시작했습니다. 하인즈 워드 선수의 연락처를 갖고 있느냐는 문의였는데, 저는 아직 하인즈가 어디에 사는지도 모르는 상태였고 미국은 새벽 한 시가 다 된 시점이었습니다.

특파원 보고 하인즈 워드 편 긴급 편성, 피츠버그로

KBS 1TV를 통해서 매주 목요일에 방송되는 "특파원 보고" 프로그램에서 급하게 하인즈 워드를 취재할 수 있느냐고 해서 바로 다음날 시민환영 카퍼레이드가 거행된 피츠버그로 향했습니다. 필요한 화면은 많이 확보하고 있으니까 워드나 만나서 인터뷰나 한 마디 받아오면 되겠다는 게 주문사항이었습니다.
사람은 누구나 낯선 도시에 처음 가게 되면 받는 느낌이 있게 마련입니다. 왠지 모르게 푸근한 느낌이 드는 곳이 있는가 하면 왠지 모르게 을씨년스러운 기분을 주는 곳이 있는데 피츠버그는 바로 후자였습니다. 줄기세포 파문이 퍼지던 그 초기에 제럴드 섀튼 박사를 만나러 갔다가 병원 경비원들에게 쫓겨나던 기억부터 김선종, 박종혁 연구원을 만나려다 헛걸음질을 쳤던 기억까지… 시민 환영 퍼레이드가 거행되던 날은 또 하필이면 눈발이 내리는 매서운 겨울 날씨였습니다. 피츠버그에는 철강 도시

> *…웬 젊은이가 야구 모자를*
> *거꾸로 쓰고 쓰레기를 버리고 있었습니다.*
> *혹시나 하고 다시 자세히 보니…*

답게 차가운 잿빛 하늘이 드리워져 있었습니다.

피츠버그 시민 27만 명에 폭 파묻혀 옴짝달싹도 못해

차가운 날씨와 전체적으로 음산한 분위기와는 달리 피츠버그 중심가는 스틸러스의 상징색인 금색, 검은색 리본과 시민들의 활기로 넘쳤습니다. 무려 27만 명의 시민들이 27년 만에 빈스 롬바르디 트로피를 되찾아온 스틸러스 선수들에 대한 사랑과 축하를 표시하기 위해 거리거리를 가득 메웠습니다. 퍼레이드가 끝나는 단상 근처에 자리를 잡고 인터뷰 기회를 엿보던 우리는 우리의 희망사항이 얼마나 허황된 것이었는지를 곧 깨달을 수 있었습니다. 사방팔방으로 거리를 꽉 메운 시민들에게 갇힌 우리들은 반경 5미터를 제대로 움직일 수 없을 정도로 옴짝달싹할 수가 없었습니다.

배번 86번 유니폼 천지, 워드 인기 실감

많은 팬들은 자기가 좋아하는 선수들의 유니폼들을 입고 나왔는데 워드 선수의 배번인 86번이 단연 눈에 띄었습니다. 피츠버그 스틸러스 팬들은 검은 머리의 텔레비전 기자들이 한국에서 왔다는 소리를 듣고 적지 않게 놀라는 눈치였으며 바로 하인즈를 취재하러 왔다는 소리에 고개를 끄덕였습니다. 이들의 입을 통해서 저는 하인즈 워드 선수가 온갖 역경에도 굴하지 않고 현재의 위치에 서게 됐으며 아무리 강한 태클을 당해도 항상 웃는 선수라는 사실, 그리고 한국인 어머니가 하인즈 뒷바라지를 위해 한꺼번에 세 가지 일을 마다하지 않았고, 하인즈 선수는 항상 그 사실을 고맙게 생각한다는 점 등 제가 미처 알지 못했던 많은 점을 알게 됐고, 팬들의 하인즈에 대한 사랑을 확인할 수 있었습니다.

8분짜리 프로그램 통짜 방송

시민들에 폭 파묻혀서 하인즈가 퍼레이드 행렬의 마지막으로, 시민들의 우렁찬 "MVP!, MVP!" 환호를 들으며 무개차를 타고 식장으로 들어서는 모습을 간신히 먼발치서 지켜봤습니다. 단독 인터뷰는커녕 단상에서 연설하는 모습을 육성과 함께 담았다는 사실을 스스로 위안으로 삼으며 워싱턴으로 돌아올 수밖에 없었습니다. 그렇게 해서 8분짜리 워드 특집 "특파원 보고"는 급히 제작됐고, 워드에 대한 인기에 힘입어 8분짜리 프로그램이 다음날 아침 뉴스광장을 통해 통짜로 다시 방송되는 기록을 세우기도 했습니다.
제가 워드를 다시 만난 것은 이틀 뒵니다. 워싱턴 특파원을 비롯한 각 언론사의 미주 특파원들이 한 차례 애틀랜타로 내려가 자랑스러운 아들을 키워낸 한국인 어머니 김영희 씨를 자택에서 인터뷰하고 올라온 다음날이었는데요. 이번에는 워드가 휴식 차 애틀랜타로 내려갔다는 소식을 듣고 부랴부랴 짐을 싸서 새벽 비행기로 애틀랜타에 도착했습니다. 도착하자마자 지난 밤 비행기로 먼저 애틀랜타에 도착해있던 특파원들과 연락해서 워드의 집 주소를 알아낸 뒤 그 집 앞에서 만나기로 하고 차를 몰았습니다.

기다리겠다던 방송사 기자들은 간 데 없고

새로 조성된 고급 주택가에 위치한 하인즈 워드의 저택에 도착했더니 기다리기로 했던 타 방송사 기자들은 하나도 보이지 않고, 워드의 집은 대문이 활짝 열려 있었습니다. 도대체 이 상황을 어떻게 해야 하나 하고 잠

...워드가 군청색 벤틀리 차량을 타고
차고 앞에 도착하자
대기하고 있던 기자들이 새까맣게 몰려들어...

시 고민을 하고 있을 때 멀리 보이는 차고의 문이 스르르 올라가기 시작했습니다. 가만히 보니까 웬 젊은이가 야구 모자를 거꾸로 쓰고 쓰레기를 버리고 있었습니다. 혹시나 하고 다시 자세히 보니 바로 하인즈 워드 선수였습니다. 저는 얼른 차 문을 열고 내려서는 혹시 하인즈 워드 선수가 아니냐고 소리쳤습니다. 그러자 워드 선수가 느릿느릿 차 쪽으로 걸어오면서 맞는다고 했습니다.

예정에 없던 세 차례 인터뷰에 불평 없이 임해

그렇게 인터뷰가 시작됐고 한 40여분 인터뷰를 하는 동안 다른 신문사와 통신 기자들이 모여들어 자연스럽게 예정에 없던 기자회견이 돼버리고 말았습니다. 나중에 알게 된 사실은 그 전날 밤 11시 30분 다른 방송국 기자가 집 앞에서 기다리고 있다가 한 차례 인터뷰를 했고, 우리가 도착하기 직전에 또 한 방송국이 부리나케 인터뷰를 하고 자리를 떴으며, 우리가 세 번째 기자단이었다는 것이었습니다. 하인즈 워드는 똑 같은 내용의 인터뷰를 위해 약속도 없이 집을 찾아온 기자들을 그 때마다 단 한 마디의 불평도 없이 웃는 얼굴로 맞아줬다는 걸 나중에야 알게 됐습니다.

인터뷰 도중에 하인즈의 한국계 변호사가 전화를 해서 왜 기자들과 인터뷰를 해주느냐고 아마 짜증 섞인 불평을 하는 것 같았고, 하인즈 워드는 전화에 대고 그런 줄을 몰랐다고, 미안하게 됐다고 사과를 하더군요. 아마 그 변호사는 시간과 장소를 갖춰서 근사한 공동 기자회견을 한 번 주선하고 싶었던 거겠죠.
하인즈 워드는 바로 다음날 지난해 11월 추수감사절 이후 만나보지 못했던 어머니 김영희 씨를 만나서 저녁을 하겠다고 했고 우리 특파원들의 애틀랜타 체류는 하루 더 연장됐습니다. 다음날 3시에 만나기로 돼있었지만 국내외 언론사에서 나온 기자들 20여명은 벌써 한 시간 전부터 김영희 씨의 집에 몰려들었습니다. 마침 워드가 운전하는 날씬한 군청색 벤틀리 차량 한 대가 미끄러지듯 김 씨 집의 차고 앞에 멈춰 섰고 대기하고 있던 기자들이 까맣게 몰려들어 주차장 앞 인터뷰가 또 시작됐습니다.

기자들의 열띤 취재경쟁에도 짜증 한 번 안 내

끌어안아 달라, 뽀뽀를 해봐라, 못 찍었으니까 이쪽을 보고 뽀뽀를 다시 한 번만 해 봐라. 별별 주문이 잇따랐지만 워드는 예의 그 살인 미소를 잃지 않고 사진기자들의 끊임없는 요청에 응했습니다. 다만 오늘 하루는 어머니와 맛있는 음식을 먹으면서 오붓한 시간을 함께 갖고 싶다며 저녁식사를 하는 곳에까지 따라오지는 말라고 얘기했습니다. 이 날 어머니가 맛있는 음식을 해주려고 했지만 목욕탕에서 넘어지는 바람에 몸이 안 좋아서 부득이 나가서 식사를 해야 하겠다고 했는데요. 이날 김영희 씨 모자가 고른 저녁 메뉴가 뭐였는지 아세요? 바로 매콤한 국물의 짬뽕이었습니다. 기자의 질문 중에는 어머니를 위해 어떤 기념품을 사왔느냐는 질문이 있었습니다. 워드는 웃으며 대답했습니다. “기념품 대신 돈을 가져왔어요. 어머니께서는 저를 보면 항상 물으시죠. ‘워드야, 돈 얼마나 가져왔니?’ 돈이 최고의 선물이에요.”

김영희 씨, "자식 너무 귀하게 키워선 안 돼"

어머니 김영희 씨에게는 아들을 훌륭하게 키운 비결이 뭐냐는 질문이 던져졌습니다. 김영희 씨는 아이들을 너무 위하지 말고, 필요하면 때려서 키우라고, 그리고 아이들은 밥만 먹여놓으면 스스로 크는 거라고 담담하게 대답했습니다. 김씨는 인터뷰 도중 하인즈 워드가 한국인과 아프리카계 미국인 사이에 태어났다는 표현이 담긴 신문 조각을 품에서 꺼내서는 누가 기사에 이런 표현을 썼느냐고 따졌습니다. 아마 미국에서는 black(흑인)이라는 표현보다는 African American(아프리카계 미국인)이라는 표현을 더 일반적으로 쓴다는 사실을 모르고 자신의 이혼한 남편이 아프리카에서 왔다고 오보를 했다고 오해를 한 거겠죠. 혹시 아들이 기사에 잘못 나갈까봐 걱정하는, 영락없는 한국의 어머니였습니다. 한참은 더 계속될 것 같았던 인터뷰는 차가운 날씨에 얇은 옷을 입고 나온 어머니가 감기에라도 걸릴까봐 걱정한 워드가 어머니를 꼭 껴안고 집안으로 들어가면서 끝이 났습니다. (계속)

검은 피부 벗겨져라, 모래로 "박박"

"1958년 겨울 강원도 양구. 살을 에는 매서운 날씨 속에 10살 소년 복천은 집 근처 개울가에 쭈그리고 앉아 있었다. 국화빵 노점상을 마치고 집으로 오던 어머니 송씨는 아들의 뒷모습을 보고 다가갔다. 복천은 잔자갈이 섞여있는 모래를 움켜쥐고 자신의 얼굴과 살갗을 문지르고 있었다.
깜둥이'라고 놀리는 소리가 듣기 싫어 피부를 벗겨내려 한 것이다. 어머니는 아들을 부여안고 엉엉 울었다. 칼바람이 검은 소년의 쓸린 살을 헤집었다. 붉은 핏물이 올라왔다..."

샌디 김, "야, 임마! 피 색깔은 똑같잖아!"

하인즈 워드의 이야기가 아닙니다. 오늘은 하인즈 워드와 같은 한 흑인 혼혈 한국인의 이야기를 해보려 합니다. 하인즈 워드의 성공담이 한국의 도하 신문을 도배하다시피 장식할 때 이곳 미주 중앙일보에는 한 한국계 미국인의 또 다른 이야기가 실렸습니다. 해방 직후 미군 흑인 병사에게 성폭행 당한 한국인 어머니에게서 태어난 샌디 김 씨(58)는 어렸을 때 "깜둥이"라는 놀림을 받으며 자랐습니다. 김복천이라는 한국 이름을 갖고 있는 샌디 김 씨는 어린 시절 학교에서 하도 놀림을 받아 집에 돌아오면 시냇가에 앉아서 까만 피부가 벗겨지라고 모래알로 피가 나도록 자기의 피부를 문지르곤 했다고 합니다. 그래도 놀림이 줄어들지 않자 김 씨는 당수를 배워 학교에서 하루가 멀다 하고 싸움을 하기 시작했습니다. 그 어느 날은 병을 깨서 자신의 손등을 그었습니다. 그는 이어 자신을 깜둥이라고 놀리던 친구의 손등도 똑같이 깨진 병으로 그은 다음에 그 친구에게 다음과 같이 절규했다고 했습니다.

"야, 임마, 봐, 피부색깔은 달라도 피 색깔은 똑같잖아!"

> *...한인 마켓에서 만난 한국사람들은*
> *샌디 김 씨가 한국말 하는 걸 보고*
> *"깜둥이가 한국말도 잘 하네!"...*

한국 1호 혼혈인 탤런트

사회의 냉대에 깊은 고민을 하던 이 사람은 우연히 탤런트 이낙훈 씨가 미국에서 공부를 했다는 소식을 듣고는 이씨를 찾아가서 미국에 갈 수 있는 방법을 가르쳐달라고 사정을 했다고 합니다. 사정을 들은 이낙훈 씨는 탤런트가 돼보면 어떠냐고 권유했고 샌디 김 씨는 탤런트 시험에 합격했습니다. 한진희 씨의 동기로서 이른바 한국 1호 혼혈인 탤런트가 탄생한 겁니다.

"깜둥이가 한국말도 잘 하네!"

한 때 레코드 취입도 하고 꽤 인기를 누리던 샌디 김 씨는 그러나 결국 미국에 와서 정착했습니다. 피부색이 다른 자신에 대한 한국 사회의 뿌리 깊은 차별과 편견을 견딜 수 없었기 때문이죠. 모진 애를 써서 어머니를 미국으로 모셔오고 결국 미국에서 기반을 잡았지만 미국에서 만나는 한국 사람들의 태도는 달라지지 않았다고 했습니다. 한인 마켓에서 만나는 사람들은 샌디 김 씨가 한국말을 하는 걸 보고 아주 얼굴을 샌디 김 씨 얼굴에 가까이 들이 밀고는, "깜둥이가 한국말도 잘 하네!" 라고 놀렸다고 했습니다.

어머니는 세 번이나 자살 기도

지금보다도 훨씬 더했을 사회의 냉대와 저주 섞인 눈길을 두려워한 샌디 김의 어머니는 아이를 갖고 세 번이나 연못에 뛰어들어 자살을 기도했다

> *...어머니는 워드가 자랄 때 미국에서도 한국인들 놀림을 받는 게 싫어서 한국 아이들과는 상종도 하지 말라고 했다고 합니다...*

고 합니다. 그때마다 사람들이 건져줘서 살아났지만 미혼모로서 검은 피부의 아이를 낳은 다음 살 길이 막막했답니다. 그래서 강원도 산골짜기에 들어가 자신보다 나이가 22살이나 많은 사람과 결혼을 해서 살았다고 합니다. 샌디 김도 자신의 어머니를 세상의 비뚤어진 눈으로부터 자신을 지켜주려 노력한 강직한 여인이라고 표현했습니다. 지금도 곁에서 보면 찬바람이 부는 분이라고 표현을 했군요. 샌디 김은 현재 미국으로 어머니를 모시고 한국인 아내와 함께 잘 살고 있습니다.
현재 페인트 관련 사업을 하는 샌디 김은 이제 더 이상 흰색과 검은색에 갇혀 지내지 않고 많고 많은 아름다운 색을 마음대로 골라 칠하며 행복하게 살고 있다는 감동적인 기사였습니다.

워드, "어렸을 때 아버지와 사느라 한국말 못 배워…"

하인즈 워드를 만나서 한국말은 못하느냐고 물어봤더니 마치 잘못을 고백하듯이 어렸을 때 7년 동안 미국인 아버지와 함께 살았기 때문에 그렇다고 했습니다. 어렸을 때 한국말을 배웠으면 지금도 잘할 수도 있었을 텐데… 그런 아쉬움이 깃든 대답이었습니다. NFL MVP 상을 타서 미국에서 유명해진 동시에 돈방석에 오르고, 영어가 유창한 대신 한국말을 하지 못해 미국 사람같이 생각될지 모릅니다. 그러나 워드는 제가 초등학교를 다닐 때만해도 학교에 몇 명씩 있던 "깜둥이," "튀기"라고 손가락질과 놀림을 받던 혼혈인입니다. 한국인 어머니를 둔, 그의 말 대로 하자면 "반쪽은 한국인"입니다. 워드가 미국에서 성공을 하는 동안 워드와 똑같은 내 혼혈인 친구들은 어디로 간 걸까요? 초등학교 때 여기저기 보이던 그 혼혈인 친구들은 중학교가 되니까 학교에서 줄어들더니, 고등학교 때는 한 명도 보이지 않게 됐습니다. 그 친구들은 다들 어디로 간 걸까요?

한인 학생들, 경기 끝나고 워드만 빼놓고 점심식사

김영희 씨는 워드가 자랄 때 미국에서도 한국인들의 놀림을 받는 게 싫어서 한국 아이들과는 상종을 하지 말라고 했다고 합니다. 언젠가는 한인 학생들과 함께 미식축구 연습을 했는데 끝나고 나서 점심 식사 때 워드는 빼놓고 자기네들끼리 식사를 하러 갔더랍니다. 그 일이 있은 뒤 김 씨는 워드에게 한인 학생들과는 함께 어울리지 말라고 했답니다. 백인, 흑인, 황인, 홍인이 모두 모인 인종 전시장 미국에서조차 한국인들은 기어이 한국인 피가 섞인 흑인을 찾아내서 차별을 한 겁니다. 편견과 냉대 속에서 결국 정상적인 교육도 포기하곤 하는 우리나라의 그 많은 혼혈인들에게 하인즈 워드는 뭘 보여준 걸까요?

흑인 친구들, "너희 엄마는 눈 째진 동양인" 놀려

하긴 워드도 흑인들로부터 역차별을 받았습니다. 워드는 초등학교 때 엄마와 함께 학교에 가면 창피해서 아이들 속으로 얼른 숨어버렸다고 합니다. 흑인 친구들이 자꾸 놀리니까 엄마가 창피했던 거죠. 엄마가 흑인이 아니었던 게 창피했던 겁니다. 어머니 김영희 씨는 이역만리 미국 땅에서 피붙이라고는 자기 하나밖에 없는데 워드가 엄마를 창피하게 생각하는 걸 발견하고는 너무 속이 상해서 울었다고 합니다. 그걸 본 워드는 어린 나이에도 다시는 엄마를 서운하게 만들지 않겠다고 다짐했다고 했습니다. 흑인들은 “너희 엄마는 눈이 쪽 째진 동양인” 이라고 놀렸다고 합니다. 그러나 워드는 자신이 반쪽은 한국인, 또 다른 반쪽은 흑인이라는 사실을 받아들이고 두 쪽에서 가장 최선의 것을 물려받았다고 항상 자랑스럽게 여기려 노력했다고 했습니다.

워드 친구들, 신 벗는 건 싫어도 갈비찜 좋아해

워드와 김영희 씨는 미국 사회에서 혼혈인으로서 겪는 차별을 극복하고 오히려 미국 사회에 한국 문화를 적극 알리는 역할도 했습니다. 워드의 친구 미국 운동선수들도 어머니 김영희 씨의 영향으로 한국문화를 배우고 있었습니다. 미국에 살아봐도 실내에서 신발을 신지 않는 사람들은 우리 한국 사람밖에 없습니다. 김영희 씨도 워드의 친구들이 집에 놀러 오면 꼭 신을 벗으라고 시켰답니다. 친구들은 그걸 그렇게 싫어했지만 따를 수밖에 없었고, 그럼에도 불구하고 워드 집에 놀러 오는 걸 즐겼답니다. 왜냐고요? 바로 어머니 김영희 씨가 아들 친구들을 위해 손 크게 잔뜩 내오는 갈비찜 맛 때문이었습니다. 갈비는 짬뽕과 오뎅, 깍두기와 함께 워드가 지금도 가장 좋아하는 한국 음식입니다.

혼혈인 편견에 던진 "워드 효과"

하인즈 워드는 어려운 환경 속에서도 큰 성공을 거둠으로써 샌디 김 씨 같이 편견 속에서 고통 받는 우리나라의 혼혈인들에 대한 관심을 제고시키는 큰 계기를 만들어줬습니다. 그 뿐 아니라 혼혈인 자신들에게도 꿈과 희망, 자존심을 심어주는 아주 큰 역할을 했습니다. 하루아침에 혼혈인에 대한 우리 사회의 비뚤어진 인식이 180도 바뀔 수는 없겠죠. 그러나 하인즈 워드가 한국에서 자랐다면 지금쯤 어떻게 살아갈 것인가를 상상할 수 있는 사람들이라면 미국에서 자란 하인즈 워드의 엄청난 성공을 보면서 우리 안의 혼혈인들에 대해서 미안하고, 편견에 대해서는 부끄러운 마음을 가지게 될 겁니다.

하인즈 워드의 자랑스러운 성공을 지켜보면서 우리 사회 어두운 구석에서 색깔 틀린 자신의 피부가 벗겨져 나가라고 모래알로 살갗을 문지르고 또 문지르는 혼혈인들이 있다는 것도 깊이 생각하는 우리가 되길 바랍니다. 그들도 하인즈 워드처럼 한국인과 외국인 양쪽 민족의 최선의 것만 택해 존엄성을 누리며 최고의 것을 추구하는 행복한 삶을 살아가게 되길 진심으로 바랍니다.

여기, 미주 중앙일보 LA 지국 김석하 기자가 소개한 미국의 한국 혼혈인 샌디 김의 글을 여러분과 함께 나누고 싶습니다.

[특별 인터뷰-깊고 넓은 슬프고 착한 '샌디 눈빛']

'임마, 피 색깔은 똑같잖아'
'깜둥이' 소리 싫어 싸움… 우여곡절 끝에 연예인 '짧은 행복'

▶ 샌디 김은 인터뷰 말미 하인즈 워드에 대해 이야기했다. "난 그의 어머니가 자식에게 겸손하라고 가르쳤다는 부분이 가장 마음에 들어요." 샌디는 요즘 오렌지카운티 한 주택을 페인트칠하고 있다. 최근 이상고온으로 구슬땀을 뚝뚝 흘리며 일하고 있을 그의 눈이 생각났다. 세상에 그만큼 깊고 넓고 슬프고 착한 눈빛은 없다.

10살 때 살을 벗겨내기 위해 움켜쥔 모래를 기억해서인가. 복천의 이름은 샌디(sandy)다. 연예인이 되면서 예명으로 썼다. 나이 지긋한 한인들은 샌디 김(58)을 기억한다. 69년 TBC(동양방송) 9기 탤런트로 연예계에 발을 디뎠다. 중견배우 한진희 씨가 동기다. 검은 미소. 수사반장. 추적. 113수사본부 등 TV드라마와 영화에도 다수 출연했다. 또 히트곡 '잃어버린 고향'을 발표하며 가수로도 데뷔했다. 흑인혼혈 연예인중 최고참인 셈이다. 복천은 아버지를 모른다. 해방되고 2년 뒤인 47년 어머니는 미군에 성폭행 당했다.

*❝...한번은 놀리는 친구와 싸움을 하다가 병을 깨
그 조각으로 손등을 긁고 친구 손을
잡아끌어 그 손등도 긁었다. 붉은 피가 흘렀다..❞*

"22살 어머니는 나를 임신하고 3번이나 자살을 시도했습니다. 하지만 대구 수성못에 몸을 던질 때 마다 사람들이 구했어요. 어머니는 그렇게 생명은 건졌지만 삶을 건진 건 아니었습니다. 그 당시 미혼모가 검은 아이를 낳고 살 수는 없었어요."

어머니는 보호막이 필요했다. 외진 산골에 사는 22살이나 나이 많은 홀아비와 결혼했다. 그가 복천이 기억하고 사랑하는 아버지다.

아버지는 세상에 버려진 모자를 진심으로 아끼고 사랑했다. 또한 아버지 친척들도 모자를 완전한 가족으로 받아들였다. 복천 자신이 남들과 다르다는 생각조차 하지 않았을 정도였다. 83년 초 그 아버지가 돌아가셨을 때 미국에서 영주권 신청을 하고 있던 복천은 한국에 갈 수 없었다.

"LA공항 뒤편 벌판에 친구랑 앉아 위스키를 들이부으며 하루 종일 꺼억꺼억 울었어요. 그 아버지가 어떤 아버지입니까. 한국행 비행기가 뜰 때는 통곡했어요. 내가 타고 가야 할 비행기인데……. 아버지!"

7살 복천은 대구의 집성촌 마을을 떠나 강원도 양구로 이사했다. 세상 밖으로 나온 순간이다. '잔인한 시절'이 시작됐다.

"학교에 들어갔더니 아이들이 '깜둥이'라고 놀렸어요. 동네 아줌마들은 원숭이 보듯 쑤군거렸고요. 멀리 사람들이 보이면 피하기 바빴습니다."

놀리는 아이들과 싸움을 해야 했다. 멸시하는 아이들을 힘으로 제압하는 수밖에 없었다. 새벽같이 일어나 집에서 25리나 떨어진 곳에 가서 당수를 배웠다. 한번은 놀리는 친구와 싸움을 하다 병을 깨고 그 조각으로 손등을 긁었다. 친구의 손을 잡아끌어 그 손등도 긁었다. 붉은 피가 흘렀다. "야 임마 너랑 나랑 살색은 달라도 피 색깔은 똑같잖아" 라고 울부짖었다. 그 상처는 아직도 뚜렷하다.

고등학교를 졸업하고 떠돌았다. 주먹 건달 생활도 했다. 동네 콩쿠르를 휩쓸며 노래를 잘해 유명 작곡가들에게 픽업되곤 했지만 막판에 돈이 없어 꿈을 접어야 했다. 그러다 한 연예잡지에서 유명 탤런트인 이낙훈 씨 기사를 읽게 됐다.

"그 분이 미국에서 공부를 했다는 문구가 눈에 들어왔어요. 선생님이 잘 가는 곳에 무작정 찾아가 '난 이곳에서 도저히 살 수 없습니다. 미국 가는 방법 좀 알려주세요.' 라고 했습니다."

이씨는 탤런트 시험을 보는 게 어떻겠냐고 권유했고 복천은 TBC에 합격했다. 얼굴이 알려지고 여기저기서 쑥덕댔다. 하지만 그때는 기분이 좋았다. '저기 저 사람 샌디 김이야.' TV에 나가면서 이름이 알려졌지만 막상 생활은 힘들었다. 하숙을 하며 극장쇼, 약장수쇼에도 출연했다.

"가난했지만 그 때가 행복했던 것 같아요. 남들의 '괜찮은 시선'을 처음으로 느낄 때였죠. 바쁘게 일하던 어느 날 황달이 걸려 병원에 누워있는데 라디오에서 어머니 인터뷰가 나왔어요. 그때야 제가 어떻게 태어났는지 알게 됐습니다. 20여 년이 넘게 물어보지 않았는데 어머니 마음을 아프게 할 게 뻔하잖아요."

81년 아는 형의 도움으로 미국에 왔다.

'색깔이 같은 사람들이 많은 곳에 가는구나.'

행복했다. 주유소에서 펌프맨으로 12시간씩 일했다.
업주들은 샌디가 흑인지역에 잘 어울린다며 흑인밀집 지역인 캄튼에 보내기도 했다. 생활이 안정되면서 새벽 어시장에서 조개껍질을 까며 고생하는 어머니를 모셔와야 한다는 생각이 들었다. 83년 말 미군에 입대했다. 시민권을 따 전 가족을 초청하기 위해서였다. 그리고 마침내 87년에 꿈에 그리던 어머니가 오셨다. 그해 샌디는 어머니를 미국 구경 시키기 위해 깡통 밴을 샀다. 내부를 예쁘게 꾸미고 침대도 만들고 냉장고도 들여놨다. 동상으로 손가락이 굽은 어머니는 따뜻한 나라에서 행복했다.
(그 깡통 밴은 작년에 팔았다. 가슴이 미어졌다고 했다.)

"내 고생이야 어머니에 비하면 아무것도 아니죠. 그 시절 혼혈인 나를 낳은 어머니가 얼마나 힘든 삶을 사셨겠어요. 어머니는 지금도 차가운 기운이 감도는 분이에요. 강직하지 않으면 그 지옥의 계절을 보내실 수 없었을 거예요. 위대한 분입니다."

50여 년을 괴롭힌 색깔 타령은 이곳에도 있다.

"한인마켓에 가서 내가 말만 꺼내면 여기저기서 쳐다봐요. 어떤 사람은 얼굴을 바짝 들이밀고 '깜둥이가 한국말 잘 하네' 라고 합니다. 이게 말이 됩니까. 미국에 살면서……."

오랜 세월이 흘러 익숙하련만도 한데 아직도 힐긋 쳐다보는 그 눈빛들은 샌디에게 비수로 꽂힌다. 샌디는 제대 후 87년부터 시큐리티 가드와 물리치료사 등을 거쳐 5년 전부터 한인 아내와 함께 페인트업을 하고 있다. 이제 그에게는 검은색과 흰색만 있는 것이 아니다. 빨간색도 있고 파란색도 있고 연두색 파스텔색도 있다. 샌디는 비로소 색깔에 갇혀 지내지 않고 마음대로 색깔을 골라 칠한다. (글 김석하 기자)

글을 싣도록 허락해주신 미주 중앙일보에 감사드립니다. (계속)

워드, "으뜸" 한국홍보대사

다섯 번째 피츠버그 취재길에

하인즈 워드 선수를 인터뷰 하러 피츠버그에 다녀왔습니다. 을씨년스럽고 삭막한 풍경은 여전했고, 5시간 동안 차를 몰고 가는 밤길에는 또 눈이 엄청나게 뿌리더군요. 다섯 번째 다녀왔지만 피츠버그는 도대체 정이 안가는 도시였습니다. 그러나 하나는 달랐습니다. 바로 하인즈 워드 선수가 그랬습니다. 피츠버그 시내 스틸러스 구단 사무실에서 만난 하인즈 워드는 만날수록 정이 가고 한국인으로서 자랑스러운 인물이었습니다.

혹시 한국 방문 홍보 위한 기자회견?

하인즈 선수의 한국계 변호사가 하인즈의 기자회견 계획을 알려줬을 때 워싱턴 특파원들은 더 무슨 들을 말이 남았다고 피츠버그까지 가야 하느냐고 불평들이 많았습니다. 하인즈와 그 어머니 모두를 따로따로 한 시간 가까이 만나서 듣고 싶은 내용을 모두 다 들은 상탠데 따로 무슨 할 말이 있다고 또 부르나? 혹시 한국 방문하면서 홍보 효과를 노리는 건 아닌가? 한국 기업 스폰서를 잡기 위한 사전 행동은 아닌가? 이런 의심 섞인 눈초리가 많았습니다. 실제로 방송과 통신사를 제외한 신문기자들은 마침 다음날이 신문이 나오지 않는 휴일인 관계로 한 곳의 뉴욕 특파원을 빼고는 기자회견에 참석하지 않았습니다.

기자회견 시간과 장소를 알기 위해 하인즈의 변호사와 통화를 하면서 듣기로는 한국 기자들을 위한 기자회견이라고 했는데 참석하는 기자들이 이렇게 적어서 어쩌나 하는 우려를 안고 기자회견장에 들어갔습니다.

…한국 기자들을 위한 기자회견이란 말에
한국 기업 스폰서를 잡으려는 사전 행동 아닌가?
이런 의심 섞인 눈초리가…

한국 방문 기자회견 생방송 연결

그러나 우려와는 달리 미국의 각종 스포츠 채널과 스포츠 신문, 잡지, 그리고 지역 방송국들의 기자들이 기자회견장을 꽉 메우고 있었고 한 지역 방송은 행사장 밖에 중계차를 세워놓고 기자회견을 생방송으로 전하고 있었습니다. 하인즈 워드가 서울을 방문한다는 사실을 알리는 기자회견이 방송을 통해 피츠버그 전역에 생중계된다는 게 괜히 뿌듯했습니다. 그러나 4월에 한국에 간다는 사실은 벌써 지난 번 만났을 때 알려진 상황인데 이런 번거로운 기자회견은 왜 하는 건가 하는 의문은 가시지 않았습니다. 그 의문은 이내 풀렸습니다.

하인즈 4월 1일부터 일주일간 한국 방문

하인즈 선수는 우선 오는 4월 1일 일주일 일정으로 어머니와 함께 한국을 방문하겠다고 운을 뗐습니다. 1976년에 태어나 두 살 때인 77년에 미국으로 왔으니까 29년만의 고국방문이 되는 거죠. 워드는 자신의 한국 방문이 이번 한 번으로 그치지는 않을 것이라면서 대신 이번 첫 방문만은 어머니와 함께 자신이 태어난 병원과 어머니의 고향을 둘러보는 뜻 깊은 시간이 됐으면 좋겠다고 말했습니다. 물론 이미 한국 측과 여러 가지 빼놓을 수 없는 일부 일정 등을 상의하고 있는 것처럼 보였습니다. 기자들의 질문에 답을 하면서 노무현 대통령을 만날 것이라는 이야기도 했고요. 펄벅 재단이 운영하는 혼혈아 보호시설을 방문해서 아이들에게 책을 읽어주고 함께 놀아주는 시간을 갖겠다는 말도 했습니다.

알고 보니 과도한 취재 자제 당부 위한 기자회견

그러나 이번 한국방문의 목적은 자신이 한국을 떠나면서 잃어버렸던 자신의 한국적 뿌리를 찾는 작업이라고 말했습니다. 자신이 태어난 곳, 어머니가 태어나서 자란 곳, 그리고 자신에게 반쪽의 피를 나눠준 한국이라는 나라를 돌아보며 자신의 한국인으로서의 정체성을 찾는 계기로 삼을 것이라고 말했습니다. 그러니 언론들에게 너무 과도한 관심과 취재경쟁을 좀 삼가라는 부탁이었습니다. 그렇습니다. 자신의 한국 방문을 홍보해서 어떤 금전적 이득을 얻으려 한다는 일부의 의심 섞인 시각을 비웃기라도 하듯이 그는 제발 한국에 가면 우리 모자를 따라다니지 말아달라는 부탁을 하려고 기자회견을 열었던 겁니다.

"한국 맥주 꼭 마시고 싶어"

워드는 한국에 가서도 도착하자마자 기자회견을 열 것이라고 했습니다. 한국에 도착해서 아무 말도 없이 사라지면 보나마나 파파라치들의 극성에 시달릴 것이 뻔하니까 일단 알고자 하는 모든 것을 그 자리에서 풀어놓고, 대신 이제는 우리 모자에게 사생활을 보장해달라는 진지한 부탁을 할 것이라고 했습니다. 한국에서 어머니의 사촌들도 만나보고, 어머니가 크면서 처음으로 술과 담배를 몰래 배웠던 곳도 가보고, 한국의 정말로 맛있는 음식들도 먹어보고, 한국산 맥주도 꼭 마셔보고, 그리고 한국의 명승지도 둘러보며 자신의 한국적 뿌리를 확인하고 그 문화를 만끽하고 싶다고 말했습니다.

"김치, 갈비" 한국음식 이름에 미국 기자들 관심

그 맛있는 음식을 얘기하면서 그의 입에서 나온 “김치” “갈비” 등 한마디 한마디의 낯선 한국 단어에 대해서 고개를 끄덕이며 경청하던 미국 기자들을 보면서 저는 제 얼굴에 확 퍼지는 뿌듯한 미소를 어쩔 수가 없었습니다. 하인즈 워드는 또 거침없이 자신이 얼마나 한국인임을 자랑스러워하는지, 또 자신은 자신의 아들에게 그에게도 한국의 피가 흐르고 있음을 알려주기 위해서 얼마나 노력하는지를 설명했습니다. 미국에서 최고로 유명한 스포츠 스타를 취재하는 기자들은 그 한마디 한마디를 받아 적고 있었습니다.

돌잡이 상 등 미국에 소개하는 "으뜸" 홍보대사

하인즈 선수는 돌잡이 상에 대해서도 이야기 했습니다. 어머니가 손자에게 한복을 예쁘게 입히고 상 위에 실과 돈, 연필 등을 잔뜩 늘어놓았는데 자기 아들이 1달러 지폐와 연필을 집어 들었다고 소개했습니다. 그 두 개를 잡은 아들 녀석이 나중에 뭐가 될지 모르겠다고… 그랬더니 좌중의 한 미국 기자가 “아마, 스포츠 기사를 써서 돈을 많이 벌 모양이지!” 라고 소리를 쳤고, 하인즈 워드는 그 말이 옳다며 파안대소를 했습니다.

한국에서는 아이가 태어나 1년 되는 날을 특별하게 기념해서 성대한 잔치를 벌여주며, 그 때 돌잡이 상을 차려서 아이가 장래에 훌륭한 사람이 되길 기원한다는 그 긴 이야기를 그 어느 장소에 그 누가 소개를 하면 하인즈보다 더 효과적으로 홍보를 할 수 있겠습니까? 한국 문화와 전통에 대한 워드의 말 한 마디 한 마디는 기자회견장에 서있던 9대의 텔레비전 카메라와 그 자리에 있던 수많은 기자들의 기사를 통해 수백, 수천만 명의 미국인들에게 전해질 겁니다. 워드는 그렇게 당당하게 한국 홍보 대사로서의 역할을 톡톡히 해내고 있었습니다. 그게 자랑스럽고, 대견하고, 뿌듯했습니다.

"...“피부색이 다른 건 아이들 잘못이 아니다” 혼혈인이라고 차별대우가 있다는 게 도저히 믿어지지 않는다는 워드..."

"난 한국에서 태어나 너희들보다 더 한국사람"

하인즈는 한국 이름이 있느냐는 질문에 좋은 질문이라며 자신에게 한국 이름이 있었는지를 어머니께 한 번 여쭤보겠다고 말했습니다. 그리고 한국말을 아느냐는 질문에는 두 팔로 하트를 그려가며 서툰 발음으로 “사랑해요!”라고 말했습니다. 그리고 자기는 미국에서 태어난 “순수 혈통”의 한국 친구들을 만나면 한국에서 태어났기 때문에 자기가 그들보다 더 순수한 한국 사람이라고 자랑을 하곤 했었다는 말도 했습니다.

7살 때 아버지 집에서 "도망"은 와전된 내용

우리 기자들이 잘못 알고 있던 내용도 바로잡아 줬습니다. 지금까지는 워드가 7살 때 어머니의 정이 그리워서 아버지 집을 뛰쳐나온 걸로 알고 있었는데요. 그런데 그게 아니었습니다. 워드의 양육권을 빼앗긴 어머니가 6년간 무진 노력을 한 끝에 미국 사회에서 직장을 얻고 생활 능력을 갖췄다는 사실을 법원이 인정함으로써 법원의 명령에 의해 양육권이 다시 김씨에게 넘어간 거라고 합니다.

"혼혈아로 태어난 것, 아이들 잘못 아니에요."

워드는 혼혈인들에 대한 한국인들의 편견에 대해서도 귀가 번쩍 뜨이는 이야기를 했습니다. 다른 색깔의 피부를 갖고 태어난 게 그 아이들의 잘못이 아니라고 말했습니다. 그들도 반쪽은 한국인이니 피부색이 아닌 인격으로 그들을 대우해 줘야 한다고 말했습니다. 2006년에도 피부색이 다른 혼혈인들에 대한 차별대우가 있다는 게 믿어지지 않는다는 말도 했습니다. 구구절절이 맞는 이야기며, 옳은 소리였습니다. 이번 한국 방문의 의미를 얘기하면서는 이런 말도 했습니다.

"어머니는 미국의 역사와 문화에 대해서 아무 것도 모르셨기 때문에 저는 자라면서 항상 어머니께 미국 문화와 제도에 대해 가르쳐 드렸습니다. 이제는 어머니 차롑니다. 한국에 가면 어머니가 한국 문화와 역사, 그리고 당신의 자라온 과정에 대해서 저에게 얘기해 주시길 기대합니다."

부디 좋은 기억만 담아오길

이제 한 달쯤 지나면 워드는 한국으로 향합니다. 글쎄요. 워드가 아무리 신신당부를 한다고 해도 워드와 그 어머니를 우리나라 사람들이 조용히 놓아둘 것인지, 과연 자신이 원하는 대로 어머니와 옛날을 돌아보는 호젓한 시간을 누릴 수 있을지, 움직이는 곳마다 구름처럼 사람이 모일 텐데 그 상황을 짐작이나 하는 것인지, 상상을 뛰어넘을 그 상황에 워드는 어떻게 대처하고, 또 어떤 인상을 갖고 미국으로 돌아올 것인지 궁금함과 더불어 약간의 걱정도 앞섭니다. (계속)

성공은 엄마와 나의 "합작품"

이제 한 달쯤 있으면 하인즈 워드 선수가 어머니 김영희 씨와 함께 자신이 태어난 서울을 29년 만에 방문합니다. 그렇게 되면 이곳보다 서울에서 더 많은 기사 거리와 사연이 피어날 겁니다. 이제 저는 이곳에서의 워드 이야기를 다음 기사 한 편을 소개하는 걸로 당분간 접으려 합니다.

이 기사에서 하인즈 워드는 자신의 성공이 어머니와 자신의 합작품이라고 말합니다. 어머니는 경제권을 책임지고, 자기는 비행 청소년이 되지 않기로 약속했다고 합니다. 어린 워드를 집에 혼자 두고 새벽 4시부터 일을 해야 했던 어머니 김영희 씨의 안쓰러운 마음도 일부 소개됩니다. 엄마가 흑인이 아닌 게 부끄럽다며 피하는 아들이었지만 어렵게 번 돈으로 그 아들 기죽지 말라고 나이키 운동화와 고가의 전자오락기를 사줬다는 부분에 가면 억척스러운 우리 한국의 어머니의 자식 사랑을 그대로 볼 수 있습니다. 이제 워드 선수가 한국에 가면 많은 것을 보고, 느끼길 바랍니다. 그렇게 자랑스러운 기억을 잔뜩 안고 온 워드 선수가 또 미국 기자들을 불러놓고 한 바탕 한국에 대한 자랑을 늘어놓아주길 바랍니다. 미국 기자들은 또 그 장면을 화면으로 알리고, 글로 옮겨서 대서특필할 겁니다. 으뜸 한국 홍보 대사로서 또 한 번 큰 역할을 하도록 부디 한국에서는 좋은 기억만을 가슴 가득 넣고 왔으면 좋겠습니다.

Hines Ward's Mom Sheds Light On Steeler Son
하인즈 워드에 대한 어머니의 가르침

Kristine Sorensen 기자

He was the Most Valuable Player in Super Bowl XL, but many Steeler fans don't know about the incredible odds Hines Ward

had to overcome to get where he is today.
그는 제40회 수퍼보울 대회의 최우수선수였습니다. 그러나 많은 스틸러스의 팬들은 하인즈 워드가 오늘 날 이 위치에 올 때까지 그가 극복해야 했던 믿을 수 없는 시련에 대해서는 알지 못합니다.

In fact, many people don't know that he grew up in relative poverty.
실제로 많은 사람들은 하인즈 워드가 상대적으로 가난한 집안에서 자랐다는 사실을 모르고 있습니다.

Ward has often been heard singing his mother's praises, telling reporters how he looks to her for inspiration admiring all that she did for him as a single mother who spoke little English.
워드는 기자들에게 자기는 자기 어머니의 영감을 믿는다느니, 자기 어머니가 영어도 잘 못하는 홀어머니로서 자신에게 베풀어준 모든 것을 존경한다느니 하면서 종종 사모가를 부르곤 했습니다.

Now Wards's source of inspiration is shedding some light on her son's success.
이제 워드에게 영감을 주는 원천이었던 어머니가 자기 아들의 성공에 어떤 영향을 미쳤는지가 서서히 드러나고 있습니다.

Ward's father was a black US serviceman who met his mother in a South Korean nightclub where she worked as a waitress. They moved to the US when Hines was a toddler; but soon divorced.
워드의 아버지는 흑인 미군이었고, 워드의 어머니가 웨이트리스로 일하던 한국의 한 나이트클럽에서 그녀를 만났습니다. 그들은 하인즈가 아직

> *...그의 어머니는 노동에 대한 윤리관 때문에 아들의 출세에도 불구하고 아직도 지역 고등학교 식당에서 계속 일을 하고 있습니다...*

어렸을 때 미국으로 건너왔고 곧바로 이혼했습니다.

Instead of moving back to Korea, where her son would have faced discrimination as a bi-racial child, Kim Young-Hee decided to stay in the US working two and three low-paying jobs at a time just to make ends meet. She refused to accept welfare.
하인즈의 어머니 김영희 씨는 자신의 아들이 혼혈아로서 차별을 받을 한국으로 돌아가는 대신, 입에 풀칠을 하기 위해 한꺼번에 두세 개의 저임금 일자리에서일하면서도 미국에 남기로 결심했습니다.

In an interview with Korean reporters, she recounted some of their early struggles. Through a translator, Ward's mother talked about the impact on her son.
한국 기자들과의 인터뷰에서 김 씨는 초기의 어려웠던 상황을 회상했습니다. 워드의 어머니는 통역을 통해 자신의 아들이 겪었을 충격에 대해서 설명했습니다.

"When he was in elementary school, I worked at the airport. At 4 o'clock, I would go to work. At 6:30, Hines would get himself ready for school and," she adds, he "never missed a day doing that all by himself."
"아들애가 초등학교 학생이었을 때 전 공항에서 일했어요. 새벽 4시가 되면 출근을 했죠. 하인즈는 6시 반이면 일어나서 학교 갈 준비를 했어요.

하루도 안 빼놓고 매일같이 그렇게 혼자 모든 일을 알아서 했죠."

She worked so hard that she could never go to her son's games. Almost in spite of their circumstances, Hines became a star athlete.
김 씨는 일이 너무 바빠서 하인즈의 경기에 갈 수 없었습니다. 이런 어려운 상황에도 불구하고 하인즈는 스타 선수가 됐습니다.

"When I think back, I feel bad about it," she adds, "but I was working very hard outside the home. It was a very tight time financially -- and even though we didn't have much I wanted to make sure that he didn't lack in anything."
"돌이켜 생각하면 가슴이 아파요. 하지만 전 집밖에서 아주 열심히 일했어요. 그 때는 경제적으로 아주 빠듯했어요. 하지만 저는 가난한 속에서도 아들만은 뭐든지 부족하지 않게 해주고 싶었어요." 라고 김영희 씨는 말했습니다.

Recently, her Super Bowl MVP son talked about all his mother did for him."What she knew how to do was to work her tail off so we had enough money so I could have a PlayStation and a Nintendo and nice clothes -- that's all she knows."
최근에 수퍼보울에서 최우수선수상을 받은 아들이 자신의 어머니가 자신에게 어떤 일을 해주셨는지 털어놓았습니다. "어머니께서 아시는 것이라곤 어떻게 하면 꽁지가 빠지게 열심히 일해서 제게 플레이스테이션이나 닌텐도, 좋은 옷들을 사줄 돈을 구할까 하는 것이었어요. 그게 어머니께서 아시는 전부였죠."

"We had our own team," he adds. "She did her job financially and I did my job to stay out of trouble and make good grades."
"우리는 한 팀이었어요. 어머니는 경제적으로 돈을 벌어야 하는 당신의 일을 담당하셨고, 저는 저대로 문제아가 되지 않고 좋은 학업성적을 거둬야하는 저 나름대로의 일을 맡아 했죠," 라고 하인즈는 덧붙였습니다.

It's a work ethic that has driven both mother and son in different ways. It enabled Ward to become a Super Bowl MVP, but kept his mother on the job at their local high school cafeteria despite her son's celebrity.
어머니와 아들 모두가 각기 다른 길에서 최선을 다하도록 만든 것은 바로 그들이 지닌 노동에 대한 윤리였습니다. 바로 그 노동 윤리 때문에 워드 선수는 수퍼보울의 최우수 선수가 됐습니다. 그러나 그의 어머니는 바로 똑같은 노동에 대한 윤리관 때문에 아들의 출세에도 불구하고 아직도 지역 고등학교의 식당에서 계속 일을 하고 있습니다.

"Hines told me not to work anymore," she adds, "Two months I didn't work and I got depressed."
"아들은 일하는 걸 말리죠. 그런데 두 달 일을 안 하니까 우울증이 오더라고요," 라고 김씨는 말했습니다.

Aside from teaching her son the value of hard work, Kim Young-Hee also taught him humility. "Even when you have a touchdown," she adds, "don't show off too much."
김 씨는 아들에게 열심히 일하는 가치 외에도 겸손을 가르쳤습니다. "터치다운을 하더라도 너무 심하게 뽐내서는 안 된다." 라고 어머니는 아들을 가르쳤습니다.

"That's something my mom instilled in me," her son explains. "Make sure that you be humble. Regardless of how much money you make you're never better than the next person."
"어머니께서는 '겸손해라. 네가 아무리 많은 돈을 벌더라도 네가 바로 옆의 사람보다 더 나은 사람이 되는 건 아니다'라고 항상 저를 가르치셨습니다," 라고 하인즈는 설명했습니다.

"자유는 전염됩니다."

해롤드 홍주 고라는 미국 이름을 쓰는 고홍주 씨는 현재 미국 명문 예일 대 법대 학장을 맡고 있습니다. 빌 클린턴 대통령 아래서 국무부 인권담당 차관보를 지낸 분입니다. 선친 고광림 씨와 어머니 전혜성 여사의 적극적이고 헌신적인 교육 철학과 독특한 가정교육의 영향으로 박사 학위를 네 개나 갖고 있습니다. 고홍주 학장뿐만이 아닙니다. 고 학장의 6남매와 부모님을 포함한 가족 8명이 가진 박사학위가 무려 12개나 됩니다. 그래서 미국 교육부가 그 가정의 교육법을 특별 연구의 대상으로 삼았을 정돕니다. 하인즈 워드 선수와 그 어머니 김영희 씨의 잔영이 또 겹쳐서 떠오릅니다. 미국 국립 공영 라디오 방송 NPR에서 제가 가장 즐겨 듣는 칼럼 가운데 하나인 "This I Believe.(내가 신봉하는 것들)"에 고홍주 학장의 글이 방송됐습니다. 한국의 결코 밝지 않았던 현대사와 남북한 분단 현실, 그리고 암울한 북한의 인권 실태 등이 녹아있는 그의 짧은 글을 미 국무부의 연례 인권보고서가 발표된 오늘 여러분과 함께 나누고 싶습니다.

I believe that freedom is contagious.
저는 자유가 전염된다고 믿고 있습니다.

My parents were born in South Korea and came here more than 50 years ago. They came for the education and for the freedom. They grew up under Japanese colonial rule, forbidden to speak Korean or even to use their Korean names. When their country was divided after World War II, my mother and her family were trapped in North Korea. In desperation, they hiked for days to the border to be picked up and brought back to Seoul. But even

*"...그 해 여름, 저는 서울을 방문했습니다.
어떤 사람이 대통령을 암살하려 했고,
그 대통령은 계엄을 선포했습니다..."*

there, they lived under dictatorship.
저의 부모님께서는 한국에서 태어나셨고 50여 년 전에 이곳 미국으로 오셨습니다. 부모님께서는 교육과 자유를 찾아 미국에 오셨습니다. 그들은 한국말도 할 수 없고 한국 이름도 쓰는 것이 허용되지 않았던 일본 식민통치 아래서 성장하셨습니다. 2차 세계대전 이후 조국이 분단 됐을 때 어머니께서는 가족과 함께 북한에서 발이 묶이셨습니다. 절망감에 빠진 어머니의 가족은 며칠 동안 도보로 남북한 경계선까지 이동했고 친지의 도움으로 간신히 서울로 돌아올 수 있었습니다. 그러나 남한에서도 그들은 독재 치하에서 생활했습니다.

For less than a year in the 1960s, Korea enjoyed democracy and my father joined the diplomatic corps. But one day, tanks rolled and a coup d'etat toppled the government, leaving us to grow up in America.
1960년대 들어 채 1년도 안 되는 기간에 한국은 민주주의를 맛봤고 선친께서는 외교관 생활을 하셨습니다. 그러나 어느 날 탱크를 앞세운 쿠데타로 정권이 무너졌고 우리는 결국 미국에 남아 성장하게 됐습니다.

My father savored freedom like he savored fresh air. He loved the freedom to follow his passions: for John F. Kennedy, for Fred Astaire, for Ted Williams. Driving down the road, he would turn and exclaim: "This is a great, great country. Here, we can do what we want."
선친께서는 신선한 공기를 마시듯 자유를 만끽하셨습니다. 그분께서는 자신의 정열에 따라 생활할 수 있는 자유를 사랑하셨습니다. 그는 존 F 케네디를 사랑했고, 프레드 아스테어의 무용을 사랑했고, 테드 윌리엄즈의 야구를 사랑하셨습니다. 선친께서는 차를 운전하다 말고 고개를 돌려서 우리들에게 "미국은 참으로 위대한 나라야. 여기서 우리는 우리가 원하는 모든 걸 할 수 있지" 라고 말씀하곤 하셨습니다.

During the summer that Nixon resigned, I was visiting Seoul. Someone tried to assassinate Korea's president and he declared martial law. I called my father and marveled that Korea had never enjoyed a peaceful transition of government. Meanwhile, the world's most powerful government had just changed hands without anyone firing a shot. He said, "Now you see the difference: In a democracy, if you are president, then the troops obey you. In a dictatorship, if the troops obey you, then you are president."
닉슨 대통령이 하야한 그 해 여름에 저는 서울을 방문했습니다. 어떤 사람이 대한민국의 대통령을 암살하려 했고, 그 대통령은 계엄을 선포했습니다. 나는 아버지와 통화를 하다가 한국이 단 한 번도 평화로운 권력 이양을 경험한 적이 없다는 사실을 알고는 놀랐습니다. 그 때는 세계 최강국인 미국 정부가 단 한 발의 총알도 쓰지 않고 정권을 바꾼 직후였습니다. 아버지께서는 말씀하셨습니다. "이제 차이를 알겠지? 민주주의 국가에서는 네가 대통령이 되면 군대가 너에게 복종을 하지만, 독재국가에서는 군대를 장악해야 대통령이 될 수 있단다."

And so I studied law, became a law school professor and dean, and eventually a human rights official for the State Department. I traveled to scores of countries. Everywhere I

went -- Haiti, Indonesia, China, Sierra Leone, Kosovo -- I saw in the eyes of thousands the same fire for freedom I had first seen in my father's eyes. Once an Asian dictator told us to stop imposing our Western values on his people. He said, "We Asians don't feel the same way as Americans do about human rights." I pointed to my own face and told him he was wrong.
그래서 저는 법을 공부했고 법대 교수가 됐고 법대 학장을 거쳐 결국 국무부의 인권담당 공무원이 됐습니다. 저는 수많은 국가를 방문했습니다. 하이티, 인도네시아, 중국, 시에라리온, 코소보 등 제가 가는 곳마다 저는 수천 명의 눈에서 제가 아버지의 눈에서 처음 보았던 것과 똑 같은 자유를 갈망하는 불길을 보았습니다. 한 번은 아시아의 한 독재자가 우리들에게 서구의 가치관을 자기 나라 국민들에게 심어주려 하지 말라고 말했습니다. "우리 아시아 사람들은 인권에 대해서 미국사람들과 똑같이 느끼지 않습니다,"라고 그는 말했습니다. 저는 제 얼굴을 손가락으로 가리키며 그의 말은 옳지 않다고 말했습니다.

As my time in government ended, I traveled to North Korea. In the eyes of everyone -- children, workers, government officials -- I saw the lifeless, unfocused stares I had first read about in Orwell's 1984. I saw people whose aspirations had been crushed by a government that would not provide for their most basic needs. As we flew out of a darkened Pyongyang, I looked down to see where my mother had crossed the border so many years ago. As we approached Seoul, suddenly the landscape glowed with millions of lights. I realized that the only differences between the bright futures to the South and the dark futures of the North were the governments that ruled them.

"...민주주의 국가는 네가 대통령이 되면 군대가 네게 복종을 하지만, 독재국가에서는 군대를 장악해야 대통령이 될 수 있단다..."

공직 생활을 마칠 때쯤 저는 북한을 방문했습니다. 어린이와 노동자, 정부 관리 등 모든 이의 눈에서 저는 조지 오웰의 소설 "1984년"을 읽으면서 처음 알게 된 생기 없고, 초점이 풀린 눈길들을 보았습니다. 저는 가장 기본적인 욕구조차 충족시키지 못하는 정부 때문에 꿈을 짓밟힌 주민들을 목격했습니다. 우리가 비행기를 타고 깜깜한 평양을 벗어날 때 나는 수십 년 전 저의 어머니가 건넜던 남북한 경계선을 내려다 봤습니다. 우리가 서울에 가까워지자 갑자기 땅이 수백만 개의 불빛들로 빛나기 시작했습니다. 저는 대한민국의 밝은 미래와 북한의 어두운 미래를 갈라놓는 유일한 차이점은 두 나라의 정부라는 사실을 실감했습니다.

That is why I believe in the bright lights of freedom.
그게 바로 제가 자유의 밝은 빛을 신봉하는 이유입니다.

고홍주 박사는 예일대 법대 학장으로 인권과 국제법을 강의하고 있습니다. 고 학장은 1998년부터 2001년까지 미 국무부 민주주의와 인권, 노동 담당 차관보로 일했습니다. 보스턴에서 태어났으며 레드삭스 야구단의 골수팬입니다.

부시 보좌관, 좀도둑질 "쇠고랑"

도벽에 날아간 청운의 꿈

부시 대통령의 국내정책 담당 보좌관이 절도죄로 구속됐습니다. 클로드 앨런이라는 사람인데요. 흑인 변호사로 올해 45살입니다. 항소법원 판사의 시보 생활을 거쳐 상원의원 보좌관, 버지니아주의 보건 복지부 장관, 그리고 부시 행정부에서 보건 복지부 차관을 역임했습니다. 올해 나이를 생각하면 30대에 주정부 장관과 40대 초반에 연방정부 차관을 지낸 초고속 승진의 주인공입니다.

백악관 내 흑인 최고위직, 연봉 1억5천만 원

지난 2004년에는 부시 대통령이 종신직 항소법원 판사로 지명했지만 민주당의 반대로 인사청문회가 열리지 못한 일도 있었습니다. 그에 대한 부시 대통령의 두터운 신임을 알 수 있게 해주는 단면입니다. 백악관에서 일하는 흑인 가운데 최고위직으로서 연봉만 해도 161,000 달러, 우리 돈으로 1억5천만 원이 넘는 사람입니다. 홈 스쿨링과 금욕 교육의 권위자며 부시 대통령의 국정연설에서 사회 안전망에 관한 부분을 책임지고 연설문 작성에 관여하기도 했습니다. 미국의 경쟁력을 높이기 위해서 교육에 더 많은 투자를 해야 한다고 강조했던 올해 부시 대통령의 국정연설 부분은 바로 클로드 앨런의 작품이었습니다. 공화당 내 흑인 차세대 선두주자로 꼽히던 이 사람이 과연 무슨 짓을 한 걸까요?

지능적 범죄수법으로 물건 빼돌리고 환불 받아내

클로드 앨런은 지난해 무려 40차례에 걸쳐 5천 달러어치가 넘는 물건을 훔친 혐의로 구속됐습니다. 그것도 그냥 물건을 가지고 나온 게 아니고 아주 지능적인 수법을 썼습니다. 클로드 앨런은 우선 백화점에 들어가서 필요한 물건을 사서 값을 치르고 물건을 주차장에 세워진 자신의 자동차에 옮겨 놓았습니다. 그 다음 다시 백화점 안으로 들어가서 똑 같은 물건을 고른 다음에 물건을 환불해주는 고객 서비스 코너로 가서 조금 전 받은 영수증을 제시하고 물건이 마음에 안 든다며 돈으로 환불 받는 방법을 쓴 겁니다.

빈 봉투 들고 들어가는 장면 CC TV에 잡혀

클로드는 타겟 상점에서 꼬리를 잡혔는데요. 타겟의 감시 카메라를 통해 도둑질을 감시하던 경비원들이 이상한 고객을 한 사람 발견했습니다. 이 사람은 주차장에서부터 짐을 싣는 카트에 빈 타겟 봉투를 싣고 매장 안으로 들어왔습니다. 더 지켜보니 이 사람은 물건을 골라 카트에 가득 싣고 계산대가 아닌 고객 서비스 코너로 다가갔습니다. 그리고는 봉투에 든 물건을 영수증을 보여주며 환불을 받고, 카트에 실린 물건들까지도 계산하지 않고 그대로 주차장으로 갖고 나가는 걸 포착했습니다. 경비원들은 곧바로 클로드 앨런으로 밝혀진 이 사람을 현장에서 체포했습니다.

"가족과 함께 하고 싶다" 사직서 제출에 모두 "갸우뚱"

클로드는 경찰의 심문을 받자 자신의 신분을 밝히고 자신의 상관인 앤드류 카드 대통령 비서실장에게 연락해 도움을 청했습니다. 연락을 받은 비서실장은 백악관 법률담당 고문에게 연락을 했고, 그 덕분에 클로드는 그날 곧바로 경찰에 체포되는 수모는 피할 수 있었습니다. 클로드가 도둑질을 할 리가 없다고 생각한 백악관 고위관리들은 뭔가 오해가 있었던 것으로 생각했고, 보고를 받은 부시 대통령도 별 일이 아닌 것으로 생각했다

...성추행으로 정당의 사무총장 자리에서 의원직 사퇴를 종용 받는 은둔자 처지로 떨어진 최연희 의원이 우리나라에 있다면...

고 합니다. 그러나 사흘 뒤 클로드는 가족과 좀 더 많은 시간을 보내고 싶다며 사직서를 제출했습니다.

"부시 대통령 사회 정책에 항의" 분석도

1억5천만 원의 연봉자가 다음 직장도 정해지지 않은 상태에서 가족과 더 많은 시간을 갖기 위해 전격 사임한다는 말을 했을 때 주위 사람들이 어리둥절하게 되는 건 당연한 일입니다. 공화당 내에서 그의 위치를 알고 있던 기자들은 클로드가 자신이 맡고 있는 사회 복지 분야에 배정된 예산이 부족하다고 생각해 부시 대통령에 대한 항의의 뜻으로 사직을 하거나, 아니면 선출직 공무원이 되기 위해서 자리를 떠나는 것이라고 생각했습니다.

2달러 50센트짜리 물건도 "슬쩍"

그러나 사실은 클로드 자신이 경찰의 수사가 시작되면 자신의 길고 긴 좀도둑질의 꼬리가 잡힐 것을 미리 예상했던 것으로 보입니다. 경찰이 발표한 클로드의 혐의 내용은 더욱 어이가 없습니다. 지난해만 40차례의 환불을 받았는데 그 가운데는 옷이나 비디오, 오디오 장비 같은 고가품도 있었지만 단지 2천원밖에 되지 않는 물건도 있었다고 합니다. 클로드 앨런은 현재 500달러 이상의 물건을 훔치거나 훔치려 기도한 두 건의 혐의로 재판을 받게 됐습니다. 이 같은 혐의는 확정될 경우 각각 최대 15년 형 선고가 가능한 죄목들입니다.

부시 대통령, "인생에 뭔가 잘못된 일 있었을 것"

보고를 들은 부시 대통령은 다음과 같은 말을 남겼습니다.

"If allegations are true, Claude Allen did not tell my Chief of Staff and legal counsel the truth, and that's deeply disappointing. If the allegations are true, something went wrong in Claude Allen's life, and that is really sad. When I heard the story last night I was shocked. And my first reaction was one of disappointment, deep disappointment that -- if it's true -- that we were not fully informed. But it was also one -- shortly thereafter, I felt really sad for the Allen family."
"혐의 사실이 진실이라면, 클로드 앨런은 비서실장과 법률고문에게 진실을 얘기하지 않은 겁니다. 그건 매우 실망스러운 일입니다. 만약 혐의 사실이 진실이라면, 클로드 앨런의 인생에 뭔가 잘못된 부분이 있는 겁니다. 그건 매우 슬픈 일입니다. 지난 밤 그 사건에 대해 보고를 받고 큰 충격을 받았습니다. 그리고 저의 첫 번째 반응은, 만약에 그게 진실이라면, 우리가 충분한 정보를 받지 못한 데서 오는 깊은 실망감이었습니다. 그러나 곧바로 저는 또 앨런의 가족들을 생각하곤 참으로 슬픈 마음을 어쩔 수 없었습니다."

민주당 선정 보수주의 바보 10선에 꼽힌 앨런

여기자에 대한 성추행으로 한 정당의 사무총장 자리에서 하루아침에 의원직 사퇴를 종용 받는 은둔자의 처지로 떨어진 최연희 의원이 우리나라에 있다면, 미국에는 부시 행정부 최고위직 흑인 가운데 한 사람으로 이름을 떨치다가 도벽 때문에 하루아침에 최대 15년 이상의 징역생활을 기다리는 신세가 된 클로드 앨런이 있습니다. 동서고금과 지위고하를 막론하고 행동거지가 얼마나 중요한지를 일깨워주는 준엄한 교훈입니다.

피아니스트

극단적 굶주림에 지친 피아니스트

때는 2차 대전 패전의 징조가 짙어가던 나치 독일이 유럽의 유태인들을 집단 학살하는 반인륜적 범죄의 극을 달리던 1944년의 매서운 겨울입니다. 장소는 폴란드 바르샤바 외곽의, 폭격으로 폐허가 된 중산층 주택가. 바짝 마른 얼굴에 덥수룩한 수염, 벌써 몇 년 째 한 번 감지도 못한 긴 머리, 때가 잔뜩 낀 손, 그리고 독일군을 피해 달아나다 담에서 떨어지면서 다리를 다쳐 한 쪽 다리마저 절룩거리는 유태인 거지가 한 명 있었습니다. 벌써 몇 달째 제대로 먹질 못해 뼈만 남은 이 유태인 거지는 유태인 색출에 혈안이 돼있는 독일군의 눈을 피해 낮 동안엔 숨소리도 내지 않고 숨어 있다가 밤이 되면 단지 먹을 것과 잘 곳을 찾아 폐허가 된 이 집 저 집을 돌아다니며 온 집안을 샅샅이 뒤져보는 생쥐와 다름없는 신셉니다.

피아노를 치는 독일군 장교

폐허가 된 동네에서 이 유태인 거지가 찾은 집은 한 때 제대로 품격을 갖추고 살았던 것처럼 보이는 중산층의 저택입니다. 이 집 다락방에서 두려움과 추위, 배고픔에 떨던 이 거지는 어느 날 밤 몇 명의 독일군이 이 집 앞에 차를 세우고거실로 들어오는 소리에 소스라치게 놀랍니다. 그러나 잠시 뒤 들려오는 베토벤의 피아노 소나타 월광의 아름다운 선율에 잠시 넋을 잃습니다. 독일군 가운데음악에 조예가 있던 장교 한 명이 이 집에 이 동네에선 유일하게 부서지지 않은 피아노가 남아있는 걸 발견하고 근무가 끝난 밤이면 가끔씩 이 집 거실에 들러 피아노 연주를 했고, 그 밤이 바로 그런 시간이었습니다.

"드디어 먹을 것" 과일 통조림 발견

그 일이 있은 며칠 뒤 한 밤중에 이 거지는 부엌의 찬장 위에 가지런히 놓인 깡통 가운데서 큼지막한 과일 통조림을 하나 발견합니다. 그 깡통을 끌어안은 채 낮 동안엔 숨소리도 내지 않고 숨어 있다가 다시 밤이 돼서야 이 거지는 그 과일 통조림을 따기 위해 다락방에서 1층 부엌으로 조용히 내려옵니다. 깡통따개를 찾을 수 없던 이 거지는 벽난로에 걸린 부지깽이와 재를 퍼내는 작은 삽을 발견해 부지깽이를 깡통에 대고 삽으로 내려 칩니다. "탕, 탕…" 몇 달 만에 먹거리다운 먹거리를 발견한 이 거지는 벌써부터 입맛을 쩍쩍 다시며 깡통을 따기 위해서 연장을 내려치지만 너무 힘이 없어서인지, 흥분을 해서인지 몇 차례나 겨냥이 빗나가고 통조림은 좀처럼 열리질 않습니다.

통조림 멈춰선 곳에서 독일군 장교 군화를 보고 "기겁"

몇 번의 실패 끝에 "쿵!" 하고 제대로 무게가 실린 타격을 가했고, 통조림은 구멍이 난 뒤 마루를 구릅니다. 달콤한 국물을 한기 어린 부엌 바닥에 콸콸 쏟으면서… 그 아까운 국물을 쏟으며 굴러가는 통조림을 쫓던 거지의 눈은 통조림이 구르다 멈춘 곳에서 꿈에도 예상치 못한 물건을 발견하고 소스라치게 놀랍니다. 바로 차가운 달빛에 번쩍 번쩍 광을 내는 잘 닦인 군화였습니다. 유태인거지는 천천히 눈을 들어 다리를 훑어 올라가다가 비로소 위압적인 계급장에 잘 다려진 군복을 입고 권총을 찬 잘생긴 얼굴의 건장한 독일군 장교의 호기심 어린 눈초리를 만납니다.

"Was tun Sie hier? Wer sind Sie?
(여기서 뭘 하는 겁니까? 당신은 누구십니까?)"

> “…호기심 어린 얼굴에 비웃음이 막 시작되려는 순간 흘러나온 감미로운 선율, 그리고 터져 나온 폭포와도 같은 장엄한 음의 향연…. ”

마치 지옥사자와도 같은 이 독일군 장교의 조용한 경어 체 질문에 유태인 거지는 할 말을 잃습니다.

"Verstehen Sie mich?
(독일어를 이해하십니까?)”

기어가는 목소리로 간신히 대답합니다.

"Ja.
(네.)”
"Was machen Sie da?
(거기서 뭘하고 있는 겁니까?)"
"Ich wollte diese Buechsen oeffnen.
(이 통조림을 따려고 했습니다.)"
"Wohnen Sie hier? Arbeiten Sie etwa hier?
(여기에 사십니까? 여기서 일을 하는 겁니까?)"
"Nein.
(아니요.)"
"Ein Beruf nehmen Sie?
(직업이 있습니까?)"
"Ich bin...
(현재 제 직업은...)
Ich war Pianist.
(과거 제 직업은 피아니스트였습니다.)"

"Pianist?
(피아니스트?)"

이 피골이 상접한 거지의 예상치 못한 대답을 들은 독일인 장교의 정돈되고 무표정한 얼굴에는 호기심과 의심의 파문이 한줄기 번집니다. 거지를 아래위로 한 번 조용히 훑어본 장교는 가벼운 턱 짓으로 거지를 피아노가 놓인 거실로 안내합니다.

"Hier, Kommen Sie.
(이쪽으로 오십시오.)"
"Spielen Sie mal.
(연주를 한 번 해보시지요.)"

이 세상 마지막이 될지도 모를 연주

거지는 부엌 바닥에 떨어진 통조림을 집어 듭니다. 그리고는 총살형을 앞두고 형틀로 끌려가는 사형수처럼 추위와 죽음의 공포 앞에서 온 존재를 벌벌 떨며 냉기가 가득한 한겨울 거실을 절룩거리며 가로질러 간신히 피아노 앞으로 다가갑니다. 이 세상 마지막이 될지도 모르는 연주를 위해 피아노 앞에 앉은 이 유태인 거지의 말라빠진 코는 창문을 통해 흘러들어온 달빛에 투명하게 비쳐 보이고 그 콧구멍에서는 이 세상에서 마지막일 수도 있는 콧김이 숨 가쁘게 흘러나오는 대로 수증기로 얼어 붙습니다.

독일군 장교 얼굴에 퍼지는 조소

무한 공포에 빠진 이 거지는 잠시 기도하듯 마음을 가다듬은 뒤 때에 절어있는 손톱에 바짝 말라버린 열 개의 손가락을 간신히 건반 위에 올립니다. 그리곤 두드린 첫 몇 개의 건반, 전쟁에 쫓기며 몇 년간 쳐보지 못했던 피아노.

"딩…동댕…"
오랜 굶주림으로 걸을 힘조차 떨어진 이 거지는 단조로운 멜로디의 첫 번째 몇 음표를 긴장 탓인지 서툴게 연주했고, 피아노 근처에 서있던 독일인 장교의 호기심 어린 얼굴에는 비웃음이 막 시작되려고 합니다. 그 순간 흘러나온 감미로운 선율, 그 이후 터져 나온 그 폭포와도 같은 장엄한 음의 향연… 달빛 흐르는 바르샤바 폐허 위를 거침없이 휘몰아치던 그 숨가쁜 멜로디의 쇼팽의 발라드 1번… 때론 빠르게, 때론 한 없이 느리게 끊어질 듯 이어지던 이 폴란드 피아노 천재의 신기에 가까운 연주… 집 밖에서 상관이 나오길 기다리던 군용차량의 독일군 운전병도 긴장하며 귀를 기울이고, 서 있던 독일인 장교는 조용히 발걸음을 옮겨 벽 근처에 있던 의자에 앉은 뒤 무릎에 두 손을 모읍니다.

독일군 장교는 결국 모스크바서 옥사

지난 2003년 애드리안 브로디가 유태인 피아니스트로 열연해 아카데미 남우주연상을 받은 영화 "피아니스트(The Pianist)"의 한 장면입니다. 이 영화는 슈필만이라는 유명한 폴란드 피아니스트의 실제 이야기를 바탕으로 만든 영화입니다. 이 피아니스트는 음악을 사랑했던 이 독일군 장교의 비밀스런 배려로 간신히 목숨을 구합니다. 패전 후 입장이 바뀌어 포로 신세가 된 이 독일군 장교는 우연한 기회에 마침 수용소에서 구출돼 나오던 몇 명의 폴란드인 음악가들을 만나 자신의 이름을 알리며 슈필만에게 도움을 청해줄 것을 부탁합니다. 그러나 나중에 이 피아니스트가 그 수용소를 찾았을 때 그 독일군 장교는 이미 다른 곳으로 이송된 뒤였고, 이 독일군 장교의 이름을 정확하게 기억하지 못하는 바람에 구원의 손길도 펼쳐보지 못하게 됩니다. 천신만고 끝에 행방을 추적해보지만 결국 이 장교는 모스크바의 한 수용소에서 생을 마친 것으로 드러났습니다.

NPR의 "This I Believe. (내가 신봉하는 것들)" 칼럼에서 다음 방송을 들었을 때, 목숨이 경각에 달린 이 유태인 거지 안에 숨겨져 있던 천재 음악가의 재능과 그를 이해했던 독일군 장교의 감동을 극적으로 표현한 이 영화 장면을 생각에서 지울 수 없었습니다. 우리 안에 감춰진 예술적 자질을 계발하라는 교훈이 담긴 아름다운 다음 글을 여러분과 함께 나누고 싶습니다.

이 글을 쓴 멜 러스노프는 코네티컷주 우드베리에 사는 도시공학 엔지니어입니다. 그녀는 크로아티아 민요연주단에서 음악을 연주하고 고향인 클리블랜드에서 연주회가 있을 때면 딸을 연주회장으로 데려가곤 했던 아버지의 영향으로 음악을 사랑하게 됐습니다. 고등학교 학생들에게 수학을 가르치는 일도 러스노프가 좋아하는 일 가운데 하나입니다.

The Artistry in Hidden Talents (감춰진 예술적 재능)

I believe in cultivating hidden talents, buried and unrelated to what we do for a living.
저는 숨겨진 재능, 드러나지 않고 생계수단과도 관계가 없는 그런 재능을 계발하는 것이 의미 있는 일이라고 믿습니다.

In ordinary life, I'm a civil engineer. I make a satisfying, comfortable living working quietly in my cubicle. But in my other life, I am a pianist, bringing to life with my own hands the genius of Bach, Mozart and Chopin.

*“...“어디서 피아노를 공부했어요?”
”연주는 얼마나 한 거예요?”
혹시 라흐마니노프도 칠 줄 아세요?”...”*

일상생활을 할 때 저는 도시공학을 전공하는 엔지니어입니다. 저는 저의 작은 사무실에서 조용히 일하며 만족스럽고도 편안한 삶을 살고 있습니다. 그러나 저의 다른 생활에서 저는 제 손으로 바흐와 모차르트, 그리고 쇼팽의 천재성을 되살려내는 피아니스트입니다.

While earning my engineering degree, I worked as a waitress in the dining hall of a retirement community. One day during a break, I discovered a piano in a meeting room. I sat down to play a few Bach Two-Part Inventions. Those crisp, driving rhythms and harmonics flew out into the hallways. Residents, numb from ceaseless easy-listening radio, tentatively peeked in, then sat to listen.
공학박사 학위를 따기 위한 학비를 벌면서 저는 은퇴자들이모여 사는 주택단지의 식당에서 웨이트리스로 일했습니다. 어느 날 쉬는 시간에 저는 회의실에서 피아노를 한 대 발견했습니다. 저는 앉아서 2부로 된 인벤션(대위법에 의한 단일 주제의 곡) 몇 곡을 연주했습니다. 그 생생하고, 휘몰아치듯 한 박자와 화음이 복도로 흘러갔습니다. 듣기 편한 음악이 끊임없이 흘러나오는 라디오로 귀의 감각이 무뎌졌던 입주자들이 주저주저하며 들여다보더니 제 음악을 감상하기 위해 아주 자리를 잡기에 이르렀습니다.

Disbelieving, they saw plain, old, invisible Mel, the lunch waitress.
수수하고, 나이도 먹어서 별로 눈에 띄지도 않던, 점심 시중이나 드는 웨이트리스 멜을 그 자리에서 발견하곤 믿을 수 없었던 거겠죠.

"She plays the piano!" "Where did you study?" "How long have you played?" "Can you play Rachmaninoff?"
"멜이 피아노를 쳐요!" "어디서 피아노를 공부했어요?" "연주는 얼마나 한 거예요?" "혹시 라흐마니노프도 칠 줄 아세요?"

They no longer wanted me to quickly and quietly disappear from their dining tables."Mel, wait a minute. Who do you think was better, Gould or Horowitz?"I answered "Gould," and a raging debate ensued.
그들은 이제 더 이상 제가 그들의 저녁 식탁에 재빨리 나타났다가 조용히 사라지는 걸 원하지 않았습니다. "멜, 잠깐만··· 굴드 (캐나다의 피아니스트, 작곡가) 와 호로위츠(미국으로 망명한 구소련의 피아니스트) 가운데 누가 더 뛰어난 연주자인가요?" 제가, "그야 굴드죠." 라고 대답하고 나면 격렬한 논쟁이 뒤따르곤 했습니다.

For over20 years, absorbed in my engineering career, I let my musical life die, but I was always reminded of it when I'd encounter the secret creative life of others.
20년도 넘게 공학도로서의 경력에 몰입돼 저는 저의 음악생활이 점점 사위어져 가는 걸 보고만 있었습니다. 그러나 저는 다른 이들의 비밀스러운 창작생활과 마주칠 때면 언제나 저의 음악 활동을 생각하곤 했습니다.

At a holiday concert, I heard a tenor voice so glorious it brought tears to my eyes. It was the sweetest, most touching performance of "Silent Night" I had ever heard. This masterful

voice belonged to a colleague, Steve, with whom I had worked for years, side by side in adjoining cubicles.
어느 크리스마스 연주회에서 저는 너무나도 장엄한 테너 음성을 듣고는 감동의 눈물을 흘린 적이 있습니다. 그 공연은 제가 지금껏 보아온 그 어떤 공연보다도 더 감미로우면서도 감동적인 "고요한 밤" 공연이었습니다. 이 훌륭한 목소리의 주인공은 다름 아닌 저의 바로 옆 사무실에서 수년 동안 저와 함께 일을 해온 동료 스티브였습니다.

I had narrowly defined him, and so many others, by their occupations. Since I had let myself get consumed by my job, too tired and spent for anything else, I assumed all other hard-working people had, too. But Steve's artistry reminded me of my own hidden talent.
저는 스티브와 또 다른 많은 사람들을 그들의 직업을 잣대로 편협하게 규정하고 있었습니다. 저는 다른 일을 하기엔 너무나도 피곤하고 녹초가 돼버려서 저의 직업이 저를 삼키도록 그냥 놓아두었기 때문에, 열심히 일하는 모든 다른 사람들도 그저 그러려니 하는 가정을 하고 있었습니다. 그러나 스티브의 예술성이 저에게 저의 감춰진 재능을 일깨워줬습니다.

I began to practice again, and started taking lessons from an inspiring teacher who pressures me every week to keep at it, play better, get to that next higher level.
저는 다시 피아노를 연습하기 시작했고, 저에게 매주 레슨에 빠지지 말고, 더욱 훌륭하게 연주하며, 바로 다음의 더 높은 수준에 도달해야 한다고 독려하고 영감을 주는 훌륭한 선생님으로부터 레슨을 받기 시작했습니다.

"...크리스마스 연주회에서 너무 장엄한 테너를 듣고 감동의 눈물을 흘린 적이 있었습니다. 그는 바로 옆 사무실의 동료인 스티브였습니다..."

One time, feeling bold, I played a Mozart Sonata in an airport lobby, between connecting flights. People slowed down or even stopped to listen; readers looked up from their chairs. I saw smiles and heard a smattering of applause.
언제 한 번은 용기를 내서 연결편 비행기를 기다리는 시간에 공항의 로비에서 모차르트의 소나타를 연주한 적이 있습니다. 지나가는 사람들이 음악을 듣기 위해 걸음을 늦췄고, 아주 멈춰서는 사람까지 있었습니다. 뭔가를 읽던 사람들도 의자에 앉은 채 고개를 들어 바라봤습니다. 저는 미소 띤 얼굴들을 보았고 누군가 박수를 치는 소리도 들었습니다.

I thought: No one smiled and clapped after my presentation on the site engineering for a new strip mall.
그리고 저는 이내 제가 새로운 스트립 몰(한 줄로 가게가 즐비하여 그 앞에 1열 주차장이 있는 쇼핑센터) 공사를 위해 현장에서 발표를 했을 때 아무도 미소를 짓거나 박수를 치지 않았던 것을 생각하게 됐습니다.

I believe we are more than the inhabitants of our cubicles, more than engineers or even parents, husbands and wives. I believe we are transformed and connected by the power and beauty of our creativity.
저는 우리가 단지 좁은 사무실을 차지한 입주자들이나 엔지니어, 혹은 부모나 남편, 아내라는 이름보다 더 큰 존재라고 믿습니다. 저는 우리가 우리의 창조성이 주는 힘과 아름다움으로 변화되고 연결된다고 믿고 있습니다.

방송 마지막 부분에 가시면 러스노프가 직접 연주하는 모짜르트의 피아노 소나타도 들으실 수 있습니다. 비행장 로비에서 연주했다는 바로 그 곡입니다.

"고맙다"는 그 한 마디

안녕하세요?
워싱턴포스트지를 읽다가 참으로 마음을 따뜻하게 만드는 글을 한 편 발견했습니다. 연말에 "한 해 동안 감사했다"는 인사를 잊지 않게 하는 계기가 되길 바랍니다. 저도 여러분께 올 한 해 인사를 이 글로 대신하려 합니다.

From Eight Letters, A life-Affirming Note (감사편지)
By Janene Mascarella

Strange, how some things just fall into your lap.
어떤 일들은 어쩌면 그렇게도 우연히 우리를 찾아오는지요!

Ten years ago, I was sitting alone on a Florida beach, weeping very quietly, when a stunning woman wearing an oversize red hat and expensive sunglasses walked over and placed a book at the edge of my towel. She said nothing, just smiled and walked back to her blanket.
10년 전에 저는 플로리다 비치에 홀로 앉아 아주 조용하게 흐느끼고 있었습니다. 바로 그 때 아주 큰 빨간 모자와 비싼 선글라스를 쓴 멋진 한 여자 분이 제게로 걸어와서 제가 깔고 앉은 타월의 한 구석에 책 한권을 놓았습니다. 그분은 아무 말도 하지 않고 약간 미소를 지은 뒤 자기가 앉아 있던 자리로 되돌아갔습니다.

Embarrassed that she saw me crying and uncertain how to react, I picked up the book and scrutinized the cover. Hmm. A

self-help book. I was 24 years old and had never read a self-help book in my life. But feeling obligated to the stranger in the red hat, I began to read "The Dragon Doesn't Live Here Anymore"-and within an hour, a strange sense of peace settled in.
남에게 우는 모습을 보였다는 사실이 부끄럽고 어찌할 바도 몰라서 저는 그 책을 집어 들고 책의 겉장을 꼼꼼히 살펴봤습니다. 음… 자기수양서적 이로군. 저는 그 때 24살이었지만 그때까지 수양도서라곤 읽어본 일이 없었습니다. 그러나 그 빨간 모자를 쓴 낯선 여인을 위해 꼭 그래야만 될 것 같은 생각에 "그 괴물은 이제 더 이상 여기 살지 않아요."란 책을 읽기 시작했습니다. 그리곤 한 시간 만에 저는 뭔지 모를 평화를 느꼈습니다.

The easy, breezy, non-preachy tone spoke to my fears, lagging self-worth, hopeless wandering and big-time boyfriend problems. That woman didn't hand me a book; it was more like a compass. Got problems? asked the author, Alan Cohen. Well, what are you waiting for? Get up and fix them! Half way through my read, I looked around for the woman, but she had left the beach.
쉽고 부드러우면서도 설교 같지 않은 어조가 저의 두려움과 사그러져가는 자존심, 희망이 없는 방황, 그리고 최고로 힘들었던 남자친구 문제에게 이야기를 건넸습니다. 그 여자 분이 제게 준 것은 책이 아니었습니다. 그것은 마치 나침반과도 같았습니다. "문제가 있니?" 하고 저자 앨런 코헨은 물었습니다. "그럼 뭘 기다려? 어서 일어나서 그 문제를 해결해!" 책을 반쯤 읽었을 때 저는 그 여자 분을 찾으려 둘러봤지만 벌써 해변을 떠난 뒤였습니다.

I went on to buy all of Cohen's books, and with a little help from friends, family and the subtle nudges of that book to always know my worth, I found my way just fine.
저는 코헨이 쓴 모든 책을 사서 읽기에 이르렀고, 친구와 가족의 도움과 함께 항상 자신의 가치를 인식하라는 그 책의 나직한 가르침 덕택에 다행히도 저는 저의 갈 길을 찾게 됐습니다.

Five years later, while sitting on a curb, about to buckle my rollerblades, I heard a couple fighting in the car parked next to me. From what I overheard, he didn't want to be in a relationship anymore, and she was begging for one more shot. She got out of the car, cursing, her eyes swollen with tears as the guy sped off. As she walked toward a swing set and made a call on her cellphone, I opened my trunk and found the worn copy of "The Dragon Doesn't Live Here Anymore." I walked over in my stocking feet and handed her the book, as it had been handed to me. As I rollerbladed up the path, she opened the book.
그로부터 5년 뒤 어느 날 저는 길가에 앉아서 인라인 스케이트를 막 신으려고 하다가 제 차 바로 옆에 주차된 차 안에서 두 남녀가 다투는 소리를 듣게 됐습니다. 우연히 듣게 된 바로는 남자가 더 이상 관계를 지속시키길 원하지 않았고 여자 쪽에서는 한 번만 기회를 더 달라고 애원하고 있었습니다. 그 여자가 울어서 퉁퉁 부은 눈으로 욕을 하며 차에서 내리자 남자는 속도를 내 차를 몰고 가버렸습니다. 그 여자가 그네 쪽으로 걸어와서 휴대전화로 전화를 하고 있을 때 저는 차의 트렁크를 열어 다 헤진 "그 괴물은 이제 더 이상 여기에 살지 않아요."라는 제목의 그 책을 꺼내 들었습니다. 저는 스타킹을 신은 채로 그 여자에게 다가가서 마치 제게

> *…"전송" 버튼을 클릭하려고 하다가 저는 갑자기 고민에 빠졌습니다. 그 저자가 이 글을 읽어보기나 할까?…*

그렇게 주어졌던 것처럼 그 책을 건넸습니다. 제가 인라인 스케이트를 타고 길을 올라갈 때 그 여자는 그 책을 펼쳐 들었습니다.

Recently, after a dinner-party conversation had turned to discussion of life-changing books, I thought about "Dragon" for the first time in years. I wished I could thank the woman who gave it to me, and I also always wanted to thank the author for writing such an amazing book. That night I googled Alan Cohen and found his Web site. I clicked on "contact us" and wrote a letter, explaining how deeply his books moved me and helped me through a dark time.
최근에 저는 한 저녁 파티에서 대화를 나누다 인생을 바꾼 책들에 대해 이야기를 한 뒤에 몇 년 만에 그 "괴물" 책을 떠올리게 됐습니다. 저는 그 책을 저에게 건넨 그 여자 분에게 감사의 말을 전하고 싶었고 그렇게 훌륭한 책을 쓴 작가에 대해서도 항상 고맙다는 인사를 하고 싶었다는 생각을 하게 됐습니다. 그날 밤 저는 구글에서 앨런 코헨을 검색해서 그의 웹사이트를 찾아냈습니다. 저는 "연락처"를 클릭했고 그의 책이 저에게 얼마나 큰 감동을 안겼으며 그 암울한 시절에 저를 어떻게 도와줬는지를 설명하는 메일을 썼습니다.

But as I was about to hit "send," I panicked. Would he even read this? Think I'm nuts? Zap my well-thought-out note with the delete button? Would it be tossed in the trash by an assistant? Printed out and used for kitty litter? Alone in my room at 3

a.m., I blushed at the very thought of sending this silly letter, but I clicked-and off it went. My feelings were mixed. This was the sweetest/most foolish thing I'd ever done. Oh well, I thought, what's done is done. You can't unsend e-mail. (Trust me, I've tried.)
그러나 저는 "전송" 버튼을 클릭하려고 하다가 갑자기 큰 고민에 빠졌습니다. 그 저자가 이 글을 읽어보기나 할까? 얼빠진 사람이라고 생각하진 않을까? 정성들여서 쓴 편지를 삭제 버튼으로 단번에 날려버리는 건 아닐까? 비서를 시켜서 휴지통으로 던져버리지나 않을까? 인쇄를 해서 고양이 똥받침으로나 쓰는 건 아닐까? 새벽 3시에 혼자 방에 앉아서 저는 이런 바보 같은 편지를 보낸다는 바로 그 생각에 얼굴을 붉혔습니다. 하지만 저는 버튼을 눌렀고 메일은 전송됐습니다. 저의 감정은 아주 복잡했습니다. 제가 일생에서 했던 가장 달콤하면서도 가장 바보스러운 일이었으니까요. "에이, 이젠 지난 일이야," 하고 저는 생각했습니다. 일단 저지른 일은 어쩔 수 없는 거야. 이미 보낸 이메일을 다시 가져올 수는 없는 거니까요. (믿어주세요, 보낸 편지를 회수하려고도 해봤답니다.)

The next day, a reply waited in my inbox. I opened it and read a long, personal response thanking me for my thank-you. I was floored and suddenly motivated to thank more people who had somehow, some way, touched my life.
바로 다음날 답장 하나가 제 편지함에서 저를 기다리고 있었습니다. 저는 그걸 열어봤는데 바로 저의 감사편지에 감사하는, 저자가 직접 쓴 긴 답장이었습니다. 저는 감동에 까무러쳤고 이 일로 저는 갑자기 저의 인생에 어떤 식으로건 영향을 준 더 많은 사람들에게 감사 표시를 해야겠다는 생각을 갖게 됐습니다.

I sent a thank-you note to a longtime friend, Michelle, who once baked me a cake with a big M&M smiley face on it after I broke up with my boyfriend. She responded: "I can' t believe you remember that! That was years ago. I' m so touched, and um, you' re welcome."
저는 제가 남자친구와 헤어졌을 때 M&M 쵸콜릿으로 웃는 얼굴 장식을 한 케이크를 만들어 보내줬던 오랜 친구 미셸에게 감사 편지를 보냈습니다. 그 친구는 답장을 보내왔습니다. "그 일을 네가 기억하고 있다니 믿을 수 없어. 그건 몇 년이나 된 일이잖아. 정말 감동적이야. 그리고 음… 천만에."

But I did remember. Even though we speak every couple of weeks and I' ve thanked her hundreds of times for being an awesome friend, I didn' t remember thanking her specifically for that cake. Why hadn' t I?
그러나 저는 기억하고 있었습니다. 우리는 2주에 한 번꼴로 대화를 나누는 사이고 저의 멋진 친구가 돼줘서 고맙다는 얘기를 골백번도 넘게 했었지만 저는 바로 그 케이크에 대해 따로 고맙다는 말을 했던 기억이 없습니다. 저는 왜 이제까지 거기에 대해서 고맙다는 얘기를 하지 않았던 걸까요?

My two thank-you notes left me feeling giddy all day, and that night I wrote a list of all the people I needed, wanted or was too shy to thank. I hurried off to the store and bought a few packs of blank cards. For those whose address I knew or could find, I' d send a handwritten note. For others, I' d send e-mail.
감사 편지 두 통은 모두 저를 하루 종일 기쁨에 들뜨게 만들었고 저는 그

날 밤 제가 감사해야 하고, 감사하고 싶고, 또 감사하다는 말을 하기엔 너무 숫기가 없었던 사람들의 명단을 작성했습니다. 저는 서둘러 상점으로 가서 백지로 된 카드 여러 권을 사왔습니다. 제가 주소를 갖고 있거나 주소를 찾을 수 있는 사람들에게는 손으로 감사편지를 쓰기로 했고 그렇지 않은 사람들에게는 이메일을 보내기로 했습니다.

Each time I hit "send" my heart pounded in my throat as if it were something I accidentally swallowed. When I dropped the first two handwritten cards in the mailbox, I felt slightly embarrassed but flipped up the flag anyway. There' s something strangely risky about sending a thank-you out of the blue. But the rewards far outweigh the risks. What a high it' s been.
"전송" 버튼을 누를 때마다 저는 마치 뭘 잘못 삼킨 듯이 가슴이 쿵쾅거렸습니다. 손으로 쓴 카드 두 장을 처음으로 편지함에 넣을 때는 약간 당황스럽기까지 했지만 저는 어쨌든 우체통 문을 열어 젖혔습니다. 난 데 없이 감사하다는 편지를 보내는 데는 이상하게 위험스러운 감정이 동반됩니다. 그러나 위험보다는 대가가 훨씬 큽니다. 얼마나 짜릿하던 지요.

I e-mailed a thank-you to a woman whom I' ve never met but who was very kind to me in the beginning of my career. A busy editor often can overlook a query from an unknown writer, but her lengthy response was full of solid advice and her comments to a novice greatly appreciated. I finally found the guts, almost two years later, to tell her that. Within hours, she wrote back. I braced for the response I feared:
저는 지금까지 단 한 번도 만난 적은 없지만 제가 초년병 작가 시절에 저에게 참으로 친절하게 대해줬던 한 여자 분께 고맙다는 이메일을 보냈습니다. 바쁜 편집자들은 잘 모르는 작가의 질의를 무시하기 쉽지만 그 시절 그 여자 분의 긴 답장은 도움이 되는 조언들로 가득 차 있었고 병아리 작가에 대한 평가는 참으로 고마운 것이었습니다. 저는 거의 2년 만에 그 분께 그 점에 대해 이야기할 용기를 마침내 내게 된 것이었습니다. 불과 몇 시간 만에 그 여자 분의 답장이 도착했습니다. 저는 제가 두려워했던 답장을 읽기 위해 숨을 들이켰습니다.

Dear Ms. Jane Mascarells: I' m a very busy woman and don' t remember helping you out two years ago. Sorry. If I did, you must have caught me on a very good day.
제인 마스카렐스 씨께, 저는 아주 바쁜 사람이고 귀하를 2년 전에 도와줬던 기억이 없습니다. 죄송합니다. 만약에 제가 도와드렸다면 우연히 제가 기분 좋은 날 걸렸던 거겠죠.

Nope. She didn' t call me a buffoon with too much time on her hands or a kiss-up. She even spelled my name right:
그렇지 않았습니다. 그 분은 저를 시간이 남아도는 어릿광대라고 부르지 않았고 아첨꾼이라고 부르지도 않았습니다. 그 분은 저의 이름까지 정확하게 써주셨습니다.

"Hi Janene! What an absolutely lovely letter! I cannot TELL you what this means to me!"
"저네인양 안녕하세요? 얼마나 사랑스런 편지였던지요! 이 편지가 저에게 얼마나 많은 걸 의미하는지 이루 말씀 드릴 수가 없어요."

She also wrote that she was having a really tough day and my note not only made her day, it made her year. We exchanged a

"...불과 몇 시간 만에 그 여자 분의 답장이 도착했습니다. 저는 제가 두려워했던 답장을 읽기 위해 숨을 들이켰습니다..."

few chatty e-mails since then and are now working together on something.
그분은 그 하루가 참 지내기 어려운 날이었는데 제 편지로 하루가 밝아졌을 뿐 아니라 일 년 동안이 행복할 것 같다고 써주셨습니다. 그 후로 우리는 이메일로 수다를 떨었고 현재는 새로운 일을 함께 도모하고 있습니다.

I had no idea how powerful a simple, sincere and specific thank-you note could be. I have no intention of sending a thank-you note to Lou, the deli manager who always gives me a slice of cheese to eat while I' m shopping-a flirty wink is thanks enough. But I have made it my goal to not be afraid to show appreciation, for big things and small. If the president of Nabisco wants to respond to my thanking him for those 100-calorie snack-packs, then so be it. So far I' m up to recipient No.11 on my thank-you list of 26 and growing. There is one person I haven' t been able to reach.
저는 간단하고 진실을 담으면서도 구체적인 감사 편지가 얼마나 강력한 힘을 갖는지 미처 알지 못했습니다. 저는 만날 때마다 항상 저에게 쇼핑하면서 먹으라며 치즈 조각을 건네는 빵가게 매니저 루에게 감사편지를 보낼 생각은 없습니다. 그에게는 짜릿한 윙크만으로도 감사 표시가 될 테니까요. 그러나 저는 작은 일이든 큰일이든 감사표시를 하는데 두려워하지 않기로 목표를 세웠습니다. 한 봉지에 100 칼로리밖에 되지 않는 과자를 만들어줘서 고맙다는 저의 편지에 나비스코 (미국의 종합 식품회사) 사장께서 답장을 보내시길 원한다면 그런 답장을 받게 될 지도 모릅니다.

지금까지 저는 26명의 감사편지 대상 목록의 11번째 사람에게 보낼 편지를 쓰고 있고 그 목록은 점점 늘어나고 있습니다. 단 한 사람 제가 편지를 보낼 수 없는 분이 계십니다.

So, to that beautiful woman wearing a bright red hat on a Florida beach in 1996: Thank you.
그래서 여기에 쓸 수밖에 없군요. 지난 1996년 플로리다 해변에서 밝은 색 빨간 모자를 쓰고 계셨던 그 아름다운 부인, 고맙습니다.

친부모를 찾습니다

안녕하세요?

이제 워싱턴 특파원 후임도 정해지고 한국으로 돌아갈 날도 석 달 남짓밖에 남지 않았습니다. 이제 이곳 생활을 잘 정리하고 돌아갈 때가 됐습니다. 그런데 제 마음 속에 항상 빚처럼 갖고 있던 사연이 있었습니다. 미네소타에서 입양아들을 위한 미국인 부모들의 한국문화캠프를 취재하면서 만났던 입양아 출신 한국인과 관련된 이야기입니다. 이 글을 쓰기가 왜 이렇게 어려웠는지 모르지만 이제 시작을 했으니 여러분의 손까지 전달이 되겠죠.

밤 11시에 취재진을 찾아온 한국 여인

지난해 미네소타에 입양아를 위한 한국문화 캠프를 취재할 때의 일입니다. 적어도 사흘을 취재해야 하는 일정이 갑자기 1박2일로 줄어들어 도착하자마자 하루 종일 정신없이 취재를 하고 숙소로 돌아왔는데 20대 한국인 여자 한 분이 취재진을 기다리고 있었습니다. 얼굴에 하나 가득 주근깨가 피어있는 활짝 웃는 표정이 인상적이었는데요. 막 결혼을 해서 아이를 가질 생각을 하고 있는데 이때가 되니까 자신을 낳아서 머나먼 미국땅으로 떠나보낸 생부모가 생각나더랍니다. 그래서 저희 KBS의 아침마당 프로그램의 이산가족 상봉 코너에 출연을 하고 싶었는데 입양아로서 출연할 수 있는 자격도 까다롭고 생부모를 만날 수 있다는 확신도 없는 상황에서 한국을 다녀올 엄두도 못 내고 있었답니다. 그러던 참에 한국 KBS에서 취재진이 미네소타에 와서 입양아와 관련된 취재를 한다는 소문을 전해 듣고 실례를 무릅쓰고 찾아왔다고 말했습니다.
워싱턴에서 미네소타까지 비행기로 이동을 하고 하루 종일 여기저기 취

> *…심민경 씨는 미국에 와서 양부모의 지극한 사랑을 받고 현재는 훌륭한 직장과 남편을 얻어 행복하게 살고 있습니다. 그러나…*

재를 하느라고 힘이 들었습니다. 오죽했으면 제가 걸어가는 걸 보고 안내를 해주던 미국인이 "You are sleepwalking!(몽유병 환자 같네요.)" 이라고 할 정도였으니까요. 시간도 밤 11시가 다 된 시간이었고 그 사연을 방송할 자리도 마땅치 않았지만 일단 앉아서 인터뷰를 했습니다.

이렇게 글을 쓰다가는 굉장히 긴 글이 되겠군요. 중간 과정을 겅중겅중 건너뛰고 이야기를 좀 간단하게 해 보면요. 결국 생부모를 찾는 그 분의 사연은 우여곡절 끝에 저희 "KBS 특파원 현장" 프로그램을 통해 방송됐습니다. 그 방송 직후에 회사로부터 한 통의 급한 전화를 받았습니다. 생모를 찾은 것 같다는 국제전화였습니다. 방송에 소개된 입양아의 어머니와 성함이 같은 분인데 아이를 보낸 충격으로 오랫동안 정신질환을 앓고 있다는 내용이었습니다. 이 기쁜 소식을 미네소타에 있는 그 분(성함이 심민경입니다)께 전해 드렸고 양측 사이에 몇 차례 이메일 교환이 있었습니다.

DNA 테스트 결과를 알린 눈물 젖은 전화통화

그 얼마 뒤에 국제우편으로 전해진 어머니와 심민경 씨의 머리카락에 대한 DNA 검사가 미국에서 있었습니다. 그 검사가 양성으로 판정이 돼서 태평양을 건너는 모녀 상봉이 성사됐으면 얼마나 좋았겠습니까? 어느 날 저는 심민경 씨로부터 전화를 받았습니다. 전화기 저쪽에서 들려오는 목소리는 울고 있었습니다. 비록 정신 질환을 앓고 계시더라도 드디어 자신의 어머니를 찾게 됐다는 생각에 기뻐하고 있던 중이었는데 두 사람사이에 유전학적인 관계가 전혀 없다는 검사 결과가 나왔다는 전화였습니다. 그 흐느끼는 목소리가 아직도 제 귓전을 울립니다.

기자나 특파원이라는 자리가 뭐 그리 대단한 자리이겠습니까? 그러나 저는 제가 시청자 여러분과 갖고 있는 이 고마운 관계를 활용해서 제 인생에서 가장 값진 일을 해보고 싶다는 소망이 있습니다. 다음에 제가 올리는 심민경 씨와 관련된 자료를 보시고 가족 상봉이 이뤄진다면 저의 3년 특파원 생활은 물론 지금껏 기자로서 살아온 저의 생이 그렇게 값없는 일은 아니었다는 크나큰 기쁨을 얻을 수 있을 겁니다. 심민경 씨는 미국으로 입양을 와서 양부모의 지극한 사랑을 듬뿍 받고 현재는 훌륭한 직장과 남편을 얻어 행복하게 살고 있습니다. 그러나 자신의 탄생과 관련된 사실을 알고 싶은 본능적인 그리움을 그 무엇으로 막을 수 있겠습니까?

생부모와 관련된 자료들

심민경 씨는 1979년 12월 11일에 서울에서 태어나 이듬해 6월 26일 동방아동복지재단을 통해 미국으로 보내졌습니다. 생모의 성함은 윤OO, 아이를 낳을 당시 나이가 21살이었으니까 현재는 49살쯤 되셨겠네요. 생부의 성함은 심OO, 연세는 49살로 생모와 같다고 합니다. 기록에 따르면 생부는 중졸, 생모는 초등학교를 졸업한 걸로 돼 있습니다. 심민경 씨가 태어날 당시에 두 분은 미혼이었습니다. 아직 결혼도 못 한 상황에 아이가 생겨서 키울 수 없는 아픔이 있었겠죠.

생부–생모의 인적사항

입양을 결정할 당시 생모가 입양기관에서 진술한 영문으로 된 서류의 내용을 다음에 옮겨보겠습니다. 친부모의 성함은 심민경 씨의 요청에 따라 밝히지 않았습니다.

생부는 경기도 김포가 고향으로 2남2녀 가운데 둘째였습니다. 중학교를 졸업한 뒤에 직장을 얻었습니다. 키는 170cm고 한국인의 표준 체형이며 약간 검은 피부색을 지니고 있습니다. 생부에 관한 정보는 이상이 전부입니다. 생모는 경기도 OO에서 태어났으며 무남독녀 외딸이었습니다. 초등학교를 졸업한 뒤에 직장을 얻었으며 직장을 다니면서 생부를 만났습니다. 몇 달 동안 교제를 하다 헤어졌고 연락이 끊겼습니다. 생모는 임신 사실을 생부와 헤어지고 난 뒤에야 비로소 알게 됐습니다. 생모는 태어날 아이의 장래에 대해 걱정했고 많은 사랑과 양육, 장래에 교육을 제공할 수 있는 행복한 가정에 입양된다면 아이를 위해 더 좋겠다는 생각을 하게 됐습니다. 생모는 아름다운 외모에 키는 160cm, 체중은 51kg이며 피부가 희고 눈이 큽니다.

입양 당시 아이는 2.3kg에 허약한 상태였습니다. 그러나 보모의 정성스러운 보살핌으로 한 달 만에 체중은 1.3kg 키는 3cm나 자랐습니다. 보모에 따르면 아기는 매우 유순한 성격이며 음식을 잘 먹고 매일매일 무럭무럭 잘 자라고 있습니다. 본 기관은 이 아기가 하루빨리 미국의 좋은 양부모를 만나 행복하게 살기를 바라고 있습니다.

비행기 탑승 전의 아기 상태

비행기를 타기 전에 아기의 상태를 적은 내용은 다음과 같습니다.

식사: 하루 5번씩 우유 160cc에 계란프라이 노른자와 쌀밥, 부드러운 식빵을 먹였음. 아기는 우유 대신 요구르트도 잘 먹고 간식도 즐김.
잠: 밤 10시부터 아침 6-7시까지 깊은 잠을 잠. 새벽2-3시 경에 우유를 먹기 위해 한 번 일어남. 낮잠은 자지 않는 편이며 잠들기 전에 잠투정이 많음. 보모는 아이를 뉘여 놓고 토닥여주며 잠을 재웠음.

> *...저는 그분들을 만나 뵙고 싶지만*
> *만약에 그분들이 원치 않으신다고 해도…*
> *저는 괜찮습니다...*

배변: 하루 한 번 대변을 보며 상태는 아주 좋음.
말: 재잘대길 좋아하며 많이 웃으며 간지럼을 많이 탐.
특성: 우유를 먹을 때 우유병을 잡지만 이내 떨어뜨림. 손가락을 빨고 낯선 사람을 약간 두려워함. 낯선 사람이 안아주거나 안경 쓴 사람을 보면 울음을 터뜨림. 사람들과 함께 있는 것을 좋아하고 잘 기어 다니며 물건을 입으로 가져감. 장난감을 잘 가지고 놀지만 이내 싫증을 느낌. 물 튀기며 목욕하길 좋아함. 시원한 곳에 있는 걸 좋아함.

심민경 씨가 이역만리 태평양을 건너가서도 오매불망 그리워하는 생부 심OO 씨와 생모 윤OO 씨와 반드시 연락이 닿을 수 있기를 간절히 기도합니다. 만의 하나 이 글을 보시고도 현재 처한 사정 때문에 생부모께서 연락을 꺼리실 경우를 생각해서 자신을 낳아주신 부모님에 대한 심민경 씨의 인사말은 여기에 남겨야할 것 같습니다.

인터뷰 말미에 제가, "만약에 친부모께서 만나길 원치 않으신다면 어떻게 할 것이냐?"고 물었습니다. 그 때 활짝 웃는 얼굴 한편이 서운한 감정으로 무너지면서, 그러나 이내 이렇게 대답했습니다.

"친부모가 저를 만나길 원치 않으신다면 그 의견을 존중합니다. 부모님은 26년 전에 저에게 새로운 인생을 주기로 결정하셨습니다. 저는 그분들을 만나 뵙고 싶지만, 만약에 그분들이 원치 않으신다고 해도 괜찮습니다. 저를 낳아주셔서 감사합니다."

조승희 씨 누나의 사과문 전문

버지니아 공대에 다녀왔습니다. 단지 워싱턴 지국에서 비교적 가까운 거리에서 벌어진 미국 사상 최악의 난사사건을 취재하기 위해 갈아입을 속옷 한 장 없이 떠났던 출장이었습니다. 자동차로 다섯 시간 거리의 블랙스버그에 도착한 이튿날 새벽, 서울에서 범인이 한국인일 수도 있다는 연락을 받았습니다. 그 뒤로 상황은 급박하게 변했고 출장은 엿새로 연장됐습니다. 취재하면서 느꼈던 여러 상황이 머리를 스치지만 다음 기회에 소상히 밝힐 수 있기를 바라며 일단 조승희 씨 누나의 다음 사과문부터 전문을 소개합니다. 조승희 씨의 누나 선경 씨는 그 좋다는 미국 아이비리그의 프린스턴 대학을 전액 장학생으로 졸업했습니다. 원래 의대를 가고 싶었지만 세탁소에서 다림질을 하면서 일주일에 60만원이 조금 넘는 돈을 벌어 오시는 부모님께 경제적 부담을 끼쳐드릴 게 걱정이 됐습니다. 그래서 의대 학비를 벌기 위해 졸업 후 지금까지 국무부에서 일해 왔습니다. 바로 이번 달에 의대 입학시험을 보려고 했지만 이번 일이 터져 버리고 말았습니다.

반 지하 월세방에서 생활하던 조 씨 가족이 미국으로 오게 된 건 바로 자녀 교육 때문이었습니다. 일주일에 토요일과 일요일 이틀 동안 쉬는 것이 일반화된 미국이지만 조씨 아버지는 단 한 번도 일주일에 이틀을 연속해서 쉬어본 적이 없다고 합니다. 시간을 아껴 일을 하고 말도 없던 아버지지만 딸 이야기만 나오면 말이 많아졌다고 합니다. 딸을 전액 장학생으로 아이비리그의 프린스턴 대학에 보낸 이 가족의 미국 이민사가 성공으로 기록될 수도 있었지만 아들이 저지른 참상으로 이제 조 씨 가족은 풍비박산이 났습니다. 이제 이번 사건의 뒷수습을 하는 데는 아직 나이가 어린 누나 선경 씨의 역할이 중요해졌습니다. 누나 선경 씨는 자신의 동생이 미국 사상 최악의 난사사건을 일으킨 범인이라는 사실을 알게 된 다음날 새벽 친한 친구에게 기도를 부탁하는 이메일을 보냈습니다.

*"...32명의 죄 없는 사람들이
끔찍하고 분별없는 비극으로 목숨을 잃은
사실 때문에 저희가 느끼는 슬픔은...."*

평소에 종교적이지 않았던 선경 씨가 자기를 위한 기도를 부탁한 것은 선경 씨가 얼마나 절박한 심정에 놓여있는지를 엿보게 하는 것이라고 친구는 밝히고 있습니다. 선경 씨의 짧은 편지와 함께 언론을 통해 발표한 사과문의 전문을 우선 소개합니다.

선경 씨가 친구에게 보낸 이메일

the past 24 hrs have been very difficult for us. everything's still surreal. i can't really make sense of anything. please please pray for me. i'll try to give you a call soon.
지난 24시간은 우리 가족에게 매우 힘든 시간이었어. 아직도 모든 일에 실감이 가질 않아. 모든 걸 정말 이해할 수 없어. 제발, 제발 나를 위해 기도해 줘. 빨리 전화할 수 있도록 노력할게.

다음은 조승희 씨의 누나 선경 씨가 가족을 대신해 작성해서 언론사를 통해 발표한 사과문 전문입니다.

On behalf of our family, we are so deeply sorry for the devastation my brother has caused. No words can express our sadness that 32 innocent people lost their lives this week in such a terrible, senseless tragedy. We are heartbroken.
저희 가족 모두는 제 동생이 저지른 참상에 대해 참으로 죄송하게 생각하고 있습니다. 32명의 죄 없는 사람들이 이번 주 있었던 끔찍하고 분별없는 비극으로 목숨을 잃은 사실 때문에 저희가 느끼는 슬픔은 어떤 말로도 형언할 수 없습니다. 저희 가슴은 갈가리 찢어졌습니다.

We grieve alongside the families, the Virginia Tech community, our State of Virginia, and the rest of the nation. And, the world. 저희 가족은 유가족과 버지니아 공대 동문사회, 버지니아주, 그리고 온 미국과 함께 슬퍼하고 있습니다. 그리고 온 세계와 슬픔을 함께 하고 있습니다.

Every day since April 16, my father, mother and I pray for students Ross Abdallah Alameddine, Brian Roy Bluhm, Ryan Christopher Clark, Austin Michelle Cloyd, Matthew Gregory Gwaltney, Caitlin Millar Hammaren, Jeremy Michael Herbstritt, Rachael Elizabeth Hill, Emily Jane Hilscher, Jarrett Lee Lane, Matthew Joseph La Porte, Henry J. Lee, Partahi Mamora Halomoan Lumbantoruan, Lauren Ashley McCain, Daniel Patrick O'Neil, J. Ortiz-Ortiz, Minal Hiralal Panchal, Daniel Alejandro Perez, Erin Nicole Peterson, Michael Steven Pohle, Jr., Julia Kathleen Pryde, Mary Karen Read, Reema Joseph Samaha, Waleed Mohamed Shaalan, Leslie Geraldine Sherman, Maxine Shelly Turner, Nicole White, Instructor Christopher James Bishop, and Professors Jocelyne Couture-Nowak, Kevin P. Granata, Liviu Librescu and G.V. Loganathan.
4월 16일 이후 하루도 빼놓지 않고 저와 아버지, 어머니는 이번 일로 목숨을 잃은 모든 학생과 임직원, 교수들을 위해 기도하고 있습니다.
(이하 희생자들)

We pray for their families and loved ones who are experiencing

...저희는 제 동생이 그 같은 엄청난 폭력을 저지를 수 있을 것으로 단 한 번도 상상해본 적이 없었습니다...

so much excruciating grief. And we pray for those who were injured and for those whose lives are changed forever because of what they witnessed and experienced.
저희는 참기 어려운 고통을 경험하고 있는 유가족과 희생자들이 사랑했던 모든 사람들을 위해서 기도하고 있습니다. 그리고 저희는 또 부상을 당한 사람들과 이번 사건을 목격하고 경험함으로써 인생이 영원히 바뀌어버린 사람들을 위해서도 기도하고 있습니다.

Each of these people had so much love, talent and gifts to offer, and their lives were cut short by a horrible and senseless act.
이분들 한 분 한 분 모두는 사랑과 재능이 넘치고 이 세상과 함께 나눌 소질이 많은 사람들이었으나 무섭고 몰상식한 행동 때문에 갑자기 생을 마감하게 됐습니다.

We are humbled by this darkness. We feel hopeless, helpless and lost. This is someone that I grew up with and loved. Now I feel like I didn't know this person.
저희 가족은 이 암담한 상황에 한 없이 낮아지는 저희 자신을 느낍니다. 희망도 없고, 어디에 도움도 청할 수 없고, 방향을 잃었습니다. 조승희는 제가 함께 자라고 사랑했던 사람입니다. 그러나 이제 와서 생각하면 저는 이 사람을 알지 못했던 것 같습니다.

We have always been a close, peaceful and loving family. My brother was quiet and reserved, yet struggled to fit in. We never

could have envisioned that he was capable of so much violence.
저희는 항상 서로 가깝고, 평화로우며, 서로를 사랑하는 가족이었습니다. 제 남동생은 조용하고 나서길 싫어했지만 그래도 자기의 자리를 찾기 위해 노력했었습니다. 저희는 제 동생이 그 같은 엄청난 폭력을 저지를 수 있을 것으로 단 한 번도 상상해본 적이 없었습니다.

He has made the world weep. We are living a nightmare.
제 동생은 온 세계를 슬픔에 빠뜨렸습니다. 저희 가족은 이제 악몽 속에 살고 있습니다.

There is much justified anger and disbelief at what my brother did, and a lot of questions are left unanswered. Our family will continue to cooperate fully and do whatever we can to help authorities understand why these senseless acts happened. We have many unanswered questions as well.
제 동생의 행동에 대해 화를 내고 믿을 수 없다는 반응을 보이는 것은 당연하며 아직 많은 의문이 풀리지 않고 있습니다. 저희 가족은 왜 이런 분별없는 일이 일어났는지를 알아내기 위해 노력하는 수사당국을 돕기 위해 계속 협조할 것이며 우리가 할 수 있는 모든 일을 다 할 것입니다. 저희도 풀리지 않은 의문들을 갖고 있습니다.

Our family is so very sorry for my brother's unspeakable actions. It is a terrible tragedy for all of us.
제 동생의 말할 수 없는 행동들에 대해 저희 가족은 큰 유감을 느끼고 있습니다. 이번 일은 우리 모두에게 끔찍한 비극입니다.

심민경 씨 어머니 찾아

미국에 입양된 뒤 결혼을 하고 친부모를 애타게 찾던 심민경 씨가 어머니를 찾은 것으로 보입니다. 참 잘된 일입니다. 경찰청의 도움을 받아 비슷한 해에 태어난 같은 이름의 대상자 백여 명을 하나하나 줄여나간 결과 심민경 씨의 출생 당시 상황을 비교적 정확하게 기억하고 있는 한 여성을 찾을 수 있었습니다. 그러나 이 분은 심민경 씨의 편지를 전달 받았지만 아직 답을 주지 않고 있습니다. 이미 다른 남자와 결혼해 자식을 둔 어머니로서 자신의 과거를 드러내놓고 싶지 않은 그 심정을 그 누구라고 이해하지 못하겠습니까? 비밀이 보장되는 상황에서라도 DNA 검사를 통해 친자 관계를 확인하고 싶은 것이 심민경 씨의 심정이지만 아직 어머니로 추정되는 그 분께서는 선뜻 마음의 결정을 내리지 못하고 계신 것 같습니다. 저는 어제 심민경 씨에게 전화를 해서 자신의 사진을 좀 보내드리면 어떻겠느냐는 제의를 했습니다. 얼굴 어디엔가는 반드시 혈육임을 증명할 수 있는 움직일 수 없는 증거가 있을 테니까요. 그럼 어머니의 닫힌 마음도 열 수 있겠죠. 현재의 가정생활에 그 어떤 지장도 주지 않는 상황에서 두 모녀가 혈육임을 확인하고 단 한 번 서로 인사라도 주고받을 수 있게 되길 바랍니다. 경찰청의 전화 통화 등을 통해 심민경 씨의 친 아버지일 가능성이 있는 대상도 4명으로 줄어들었다고 합니다. 하지만 아버지의 경우는 여자 친구와 헤어질 당시 여자 친구가 임신을 했던 상황을 알지 못했기 때문에 본인이 미국으로 입양 간 딸의 아버지일 가능성을 극구 부인하고 있다고 합니다. 어쨌거나 이제 심민경 씨의 친부모를 찾는 일은 궤도에 접어들었습니다. 그 끝이 어떻게 말끔하게 정리될지는 모르지만 서로의 존재를 알게 된 이상 혈육의 끈끈한 정과 서로를 그리워하는 마음으로 결국은 서로를 만날 수 있을 거라는 희망을 가져봅니다. 자신의 딸이 미국으로 입양된 사실을 알고 있었으니 아름답게 성장한 딸을 만나보면 30년 가까이 남몰래 가슴에 품어왔던 죄의식과 미안한 마음도 어느

...아버지로 보이는 사람은
미국으로 입양 간 딸의 아버지일 가능성을
극구 부인하고 있다고...

정도 풀 수 있을 겁니다. 그 눈물 나는 상봉의 순간까지도 전해 드리면 좋겠지만 현재로선 여러 상황으로 볼 때 가능할 것 같지 않아 보입니다. 해외 입양아들의 친부모를 찾는 노력을 효과적으로 지원해주는 경찰청의 노고와 성과에 박수를 보내며 이번 사례뿐 아니라 미네소타 주의 한국 출신 입양아들의 지위 향상과 뿌리 찾기 교육을 위해 항상 노력하시는 변우진 변호사께도 깊은 감사의 말씀을 드립니다.

이번 심민경 씨의 친부모 찾기는 제 3년 특파원 생활의 가장 큰 보람 가운데 하나로 앞으로 오랫동안 기억될 것입니다. 그 동안 많은 기도와 관심으로 심민경 씨의 친부모 찾기를 염원해주신 모든 독자 분들께도 깊은 감사의 말씀을 올립니다.

신체 절단 네 번, 세 번의 암, 얼굴 성형의 대실패

무슨 소리냐고요?
미국 현직 행정법원 판사가 제기한 630억 원의 소송을 치르면서 한국인 세탁업자가 2년 동안 느꼈을 정신적 고통을 미국의 인터넷 논객이 표현한 말입니다. 세탁소에 맡긴 바지 한 벌을 제 때 못 찾아냈다고 630억 원을 요구하는 판사에게 2년 동안이나 시달렸으니 그 표현에 동감이 갑니다. 직접 만나본 세탁소 주인 정진남 씨 부부는 이른바 아메리칸 드림을 찾아 미국을 찾은 뒤 밤낮 없이 일을 하는 소박한 한국인들이었습니다. 현직 판사를 잘못 알아보고 건드려서 이런 일을 당했나 하는 자책까지 하면서 아주 공포에 떠는 모습이었습니다.

현직 판사에게 630억 소송을 당한 정진남 씨 부부

630억 바지 소송 판사와 관련된 기사를 검색하다가 인터넷에서 만난 기지에 넘치는 아래의 글을 여러분과 함께 나누고 싶습니다. 유머가 글의 전반을 수놓고 있지만 미국적 표현이라서 참 어렵다고 느끼기도 했습니다. 많은 설명을 곁들여서 이해를 돕겠습니다.

Corrupt Judiciary System Hurting Family
by Jay D. Homnick
(이민 가족을 괴롭히는 부패한 사법제도)

In Jewish ritual, a special blessing is recited by a person who was in mortal danger and survived. The text thanks God for bestowing an act of grace upon one who apparently deserved to die. The old joke tells of a fellow approaching the rabbi asking

> …직접 만나본 세탁소 주인 부부는
> 아메리칸 드림을 찾아 밤낮 없이 일을 하는
> 소박한 한국인들이었습니다….

to utter the benediction. His pants, he says, were on the clothesline outside his third-storey apartment and a brisk wind blew them down into the street. "But how were you in danger?" asks the Rabbi.
유대교 예배에서 죽을 뻔하다가 살아난 한 사람이 자신이 받은 특별한 은혜에 대해 간증을 하고 있습니다. 이 사람은 명백히 죽어야 할 자기에게 하나님이 내려주신 은총에 대해 감사를 표시합니다. 전해져 오는 농담에 따르면 이 사람은 유대교 랍비에게 다가와서 축도를 해달라고 부탁합니다. 그에 따르면 자신이 3층 아파트 베란다 빨랫줄에 걸어놓았던 바지가 센 바람에 날아가 도로로 떨어졌습니다. "하지만 그것이 당신이 겪은 위험과 무슨 관계가 있다는 말이죠?"라고 랍비는 묻습니다.

"Can you imagine what would have happened to me if I was wearing them at the time?"
"날아간 그 바지에 내 몸이 들어있었다면 어쩔 뻔했습니까?"

(3층 건물 빨랫줄에 널어놓았던 바지가 강풍에 날아가서 바닥에 떨어졌다는 얘깁니다. 이 사람은 만약에 자기의 몸이 그 바지와 함께 날아가서 3층에서 떨어졌으면 어쩔 뻔 했느냐면서 그런 일이 일어나지 않은 게 하나님의 은총이라고 감사를 하고 있는 겁니다.)

One very creepy citizen in our nation's capital has revived this ludicrous logic and in the process has contorted and distorted the tort to the point of extortion. The dry cleaner mislaid his

pants on a day where he had to put in an important public appearance and he is treating the matter as if his body went into the shredder along with the trousers. He is suing all three owners of the concern (a three-piece suit?) for a total of sixty-seven million dollars. In pain and suffering terms, that is the equivalent of four dismemberments, three cancers and a mangled facelift that leaves a man looking like Buddy Hackett.
워싱턴의 한 매우 기괴한 시민 한 명이 위 농담에 나오는 웃기는 논리를 다시 살려냈으며 그 과정에서 부당행위를 쥐어짜고 왜곡시켜서 독직에까지 이르게 만들었습니다. 한 세탁소 주인이 이 사람이 중요한 공공행사에 입을 바지 한 장을 못 찾아냈는데 이 사람은 마치 자기가 그 바지와 함께 분쇄기에 들어간 것처럼 이 문제를 다뤘습니다. 그는 문제가 된 세 사람의 주인 (옷이 아마 세 조각으로 된 쓰리피스였던 모양이죠?) 모두에 대해 6천7백만 달러의 소송을 제기했습니다. 고통과 괴로움의 양으로 환산하면 이는 네 번의 신체절단과 세 번의 암, 그리고 얼굴에 칼질을 해 성형수술을 했더니 버비 해킷 같은 얼굴로 변해버린 것에 맞먹는 것입니다.

(contorted and distorted the tort to the point of extortion 라는 표현은 tort라는 어근을 가진 영어 단어를 이용한 글쓴이의 말의 유희입니다. 불법적인 일을 억지로 만들어서 결국 남을 벗겨먹는 일에 이르게 했다는 설명입니다. 피어슨 판사는 세탁소에서 일하는 정 씨 부부와 아들을 모두 고소했습니다. 그래서 결국 소송금액이 630억 원에 이르게 됐습니다. 이 엄청난 액수의 소송을 당한 정 씨 부부의 심적인 고통은 얼마나 될까요? 글쓴이는 팔 다리를 네 번 절단하고 세 번의 암을 겪고, 성형수술을 한 뒤에 크게 실패한 것과 똑같은 고통을 당했을 거라고 풍자했습니다. 그런데 성형수술 결과가 어떻게 나오면 속이 뒤집어지겠느냐고요? 음... 여기서 인용한 버디 해킷이라는 코미디언의 얼굴을 보시면 글쓴이

의 재치를 엿보실 수 있을 겁니다. 또, 바지 한 벌 잃어버린 걸 가지고 마치 저 위의 "빨랫줄에 걸려있다 날아간 바지" 같이 과민반응을 할 필요는 없다고 비꼬고 있습니다. 바지 한 벌 없어졌다고 그 바지와 함께 네 몸이 없어진 것 같이 굴 필요는 없지 않느냐는 말이죠.)

The objects of this suit are completely at a loss. They are a family of Korean immigrants, husband, wife and son -- who, to quote their lawyer, "came for the American Dream and instead walked into this nightmare." Their tactical error in marketing was including these fateful words in their store window: SATISFACTION GUARANTEED. Some codicil to a clause to a sub-chapter to an amendment to an addendum to an afterthought to a municipal law in Washington D.C. sets the threshold of such a guarantee at $1500 per day. Satisfaction being a subjective concept, and the satisfaction of petty sadistic harassing abusers being impossible, the invoice for these trousers expands by the day.
소송을 당한 사람은 완전히 넋을 잃었습니다. 이들은 부부와 아들로 구성된 한국 이민자들입니다. 이들의 변호사에 따르면 이 가족은 아메리칸 드림을 쫓아 미국에 왔다가 그 대신 이 악몽 속으로 빠져들었습니다. 이 세탁업자들이 판촉을 하면서 전략적 실수를 한 것 중에는 세탁소 창문에 붙어있던 "고객 만족 보장"이라는 치명적인 문구도 있었습니다. 워싱턴시 조례를 읽고 나서 생각나는 것을 적은 글의, 부록의, 수정 조항의, 하부 조항의, 한 구절의 추가 조항을 억지로 적용하면 그런 표현을 잘못 쓸 경우 하루에 1,500 달러의 보상금을 받을 수 있는 법적 꼬투리를 찾아낼 수 있습니다. 만족이라는 것이 주관적인 개념이다 보니까, 그리고 하류의 가학적이고 성가신 남용자들을 만족시키는 것 자체가 불가능한 일이기

> “...소송금액이 630억 원에 이르게 됐습니다.
> 이 엄청난 액수의 소송을 당한 정 씨 부부의
> 심적인 고통은 얼마나 될까요?....”

때문에 이 바지에 대한 청구서는 나날이 늘어갔습니다.

(여기서는 "Some codicil to a clause to a sub-chapter to an amendment to an addendum to an afterthought to a municipal law in Washington D.C. sets the threshold of such a guarantee at $1500 per day." 라는 문장에 재치가 들어있습니다. 피어슨 판사가 소비자 보호법을 핑계로 하루에 1,500달러의 보상금을 요구했는데요. 피어슨 판사가 적용한 법규가 얼마나 황당한 것인지를 통렬하게 공격하고 있습니다. 관련 법규를 견강부회했다는 것인데요. 관련조항의 하찮은 부속조항의 부록의, 부록의, 부록의, 부록을 정말로 자세히 읽어봐야지 그런 돈을 요구할 빌미를 간신히 찾아낼 수 있다는 표현을 썼습니다.)

Where is sanity? Why has no judge put his foot down and summarily dismissed this monstrosity of an action -- which has been dragging on for a couple of years? The answer would seem to lie in the fact that the complainant, Roy Pearson, is himself a judge. His colleagues seem stymied in their effort to get him to stop himself and too pusillanimous to stop him on their own. And so a family of simple launderers are terrorized, day in and day out for years, by a member of the judicial class they should be looking to for judiciousness and balanced temperament.
도대체 제정신이 있는 겁니까? 이 소송이 2년 동안 진행되는 동안 왜 아무 판사도 이 기형적인 소송을 기각하는 즉결심판을 내리는 수고를 하지 않았을까요? 그 질문에 대한 답은 이 사건의 원고인 로이 피어슨 씨 자신이 판사라는 사실에서 찾을 수 있을 겁니다. 그의 동료 판사들은 피어슨 판사가 스스로 소송을 철회하도록 설득시키는 일이 난처하다고 느낀 것 같고, 자신들의 힘으로 소송을 기각시키기엔 너무 겁을 많이 집어먹은 것 같습니다. 이렇게 영세 세탁업소의 주인 가족은 수년 동안 분별과 균형 잡힌 판단을 위해 자문을 구해야 할 법조계 인물로 인해 두려움에 떨어야 했습니다.

(stymie란 표현이 있습니다. 골프를 칠 때 그린 위에 홀을 사이에 두고 두 공이 마주보고 있는 상황을 이르는 말입니다. 누가 먼저 공을 쳐야할지도 난감하고, 또 공을 먼저 치다가 상대방의 공을 건드리게 될까봐 난처한 상황을 애기합니다. 동료 판사의 잘못을 건드렸다가는 자신도 나중에 보복을 받을까봐 걱정이 돼서 피어슨 판사의 소송을 기각하지 않은 게 아니냐는 분석을 한 겁니다.)

The litigation system plays an important role in society. It enables the little guy to get a hearing, putting the resources of the state at the disposal of the individual citizen. The government provides a judge, a man or woman of significant legal training and experience, with certain powers of intercession to correct injustices. In many cases, a penurious litigant can find a lawyer willing to perform extensive work without a retainer fee: he gets paid only if he wins, what is known as a contingency fee. This outlet for civil grievance functions as a mostly beneficial equalizer.
법 제도는 사회에서 중요한 역할을 합니다. 법 제도 때문에 사회적 약자도 국가의 재산을 시민 개인을 위해 이용하는 재판을 받을 수 있습니다. 정부는 중요한 법률 교육배경과 경험을 겸비하고 불의를 바로잡을 수 있는 특정 중재력을 지닌 사람들과 판사를 제공합니다. 많은 경우에 가난한 소송 당사자는 수임료 없이 많은 일을 기꺼이 수행하는 변호사를 구할 수 있습니다. 이들은 소송에서 이길 경우에만 조건부 지불로 알려진 돈을 받게 됩니다. 시민들의 불평을 위한 이 같은 출구는 대개 유익한 균형자로서 기능을 합니다.

In fact I once represented myself and won by writing a nice motion from the heart, not in legalese. When a lawyer friend congratulated me, I replied: "It' s not my pro se, it' s my prose."
실제로 저는 과거에 한 번 법률용어가 아닌 가슴에서 우러나오는 훌륭한 제안서를 작성한 뒤 법원에 제출해 승소한 적이 있었습니다. 친구인 변호사 한 사람이 축하한다고 하기에 저는 "변호사의 조력이 없는 나 홀로 변론이 아니었고 바로 나의 산문이었다."고 대답을 했습니다.

(여기서는 pro se와 prose를 이용한 언어의 유희가 있습니다. pro se는 법정에서 변호사를 따로 두지 않고 스스로 변론을 하는 걸 말합니다. 그 두 단어를 합치면 prose라는 즉, 산문이라는 다른 단어가 됩니다. 변호사 친구가, 변호사도 없이 어떻게 재판에서 이겼느냐면서 장하다고 칭찬을 하니까, 나 홀로 변론(pro se)이 아니었고, 나의 감동적인 산문(prose) 덕분에 이기게 된 거라고 얘길 하는 겁니다.)

Yet here and there a knowledgeable miscreant can game the process. He can file motions and countermotions, suits and countersuits, until he has counterbalanced the balancing role of the civil court. Often this is a person with deep pockets or with radical politics who has painted a mental bull' s-eye on the back of some person or organization and makes shooting at it his

> “ ...소비자와 법률 관련 단체들 사이에는
> 피어슨 판사의 변호사 자격을 박탈해야 한다는
> 움직임이 일고 있습니다.... ”

vocation.

그러나 여기저기서 고약한 식자층이 사법과정을 유린할 여지는 있습니다. 그런 사람들은 시민법정의 균형자적 역할을 뒤집을 때까지 제안서와 반대 제안서, 소송에 반대 소송을 제출할 수 있습니다. 대개 이런 사람들은 돈이 많거나 아니면 특정인이나 특정단체의 등 뒤에 정신적 과녁을 그려놓고 거기에 사격을 가하는 것을 직업으로 삼는 사람들입니다.

But to see a judge behaving in this manner is profoundly distressing. Yes, we have all gotten crazed a time or two and decided to overdo things a little “to teach 'em a lesson”. Fine, but in this case we passed that stage about 66.99 million dollars ago. What we have here is vindictiveness blossoming into antagonism blooming into arbitrariness developing into bellicosity metastasizing into cantankerousness. All the human failsafes have been bypassed: the head that says this is getting dumb, the heart that says this is getting mean, the soul that says this is getting vicious.

그러나 다름 아닌 판사가 이런 식으로 행동하는 걸 보는 건 매우 괴로운 일입니다. 하긴 우리 모두가 한 두 번씩 너무 화가 나서 본때를 가르쳐주기 위해 일들을 지나치게 벌이는 경우들이 있긴 합니다. 좋습니다. 그러나 이 경우에 있어서는 그 단계를 6천6백99만 달러나 지나쳤습니다. 우리가 여기에 보는 것은 복수심이 지나쳐 적대감이 되고 그게 지나쳐 독단이 되고 또 호전성으로 발전하고 결국 심통으로 변한 상황입니다. 인간이 갖추고 있는 모든 안전장치가 작동하지 않았습니다. 이성은 일이 바보같이 돌아간다고 말하고 있었을 거고, 감성은 일이 잔인하게 발전한다고 경고했을 것이고, 영혼은 상황이 사악해진다고 외치고 있었을 겁니다.

(맞습니다. 우리도 흥분할 때면 과잉반응을 보일 때가 있죠. 그러나 이내 머리와 가슴과 영혼의 안전장치로 원상을 되찾곤 합니다. 그러나 이 판사는 그렇게 제동장치가 작동하지 않았고, 그 단계를 6천6백99만 달러나 지나쳤다는 겁니다. 글쓴이는 이번 소송이 한 1만 달러짜리 소송이었다면 상식적이었다는 말을 하고 있습니다.)

There is a movement afoot among consumer and legal groups to get Pearson disbarred; this might be overdone. It is enough to block his reappointment to the judgeship. One thing is for sure, if he gets his pants back they won' t fit anymore: he has grown much too big for his britches.
소비자와 법률 관련 단체들 사이에는 피어슨 판사의 변호사 자격을 박탈해야 한다는 움직임이 일고 있습니다. 이건 너무 과한 일일 수도 있습니다. 피어슨 씨의 판사 재임용을 막는 것만으로도 충분합니다. 한 가지 분명한 건 있습니다. 만약에 피어슨 판사가 자기 바지를 돌려받는다 해도 이제 더 이상 바지가 맞지는 않을 겁니다. 이 사람은 이미 너무 엉덩이가 커져 버렸습니다.

(여기서는 "he has grown much too big for his britches" 라는 표현이 어렵습니다. 찾아보니 britches는 breeches와 동격어고 breeches는 바지라는 말입니다. 바지를 찾더라도 몸이 너무 커져서 더 이상 맞지 않을 것이라는 비꼬는 말입니다. "Too Big for His Britches"라는 제목의 영화가 있었고요. 그 뜻은 이제 너무 자만심이 커져버린 사람을 비꼬는 뜻으로 쓰이고 있습니다.)

즐기되 취하지 않는다.(미국의 음주 문화)

"즐기지만 남 앞에서 취하지 않는다."

안녕하세요?

이제 한국으로 돌아갈 날이 채 한 달이 남지 않았습니다. 3년이 어떻게 지나갔는지 돌아볼 겨를이 없이 바쁘게 지내고 있습니다. 미국에 도착한 직후 미국의 모든 것이 신기하게 여겨져서 주위에서 보는 모든 사물과 문화를 한국과 비교하며 보는 습관이 생겼는데요. 이제 3년이 지나고 보니 그런 감수성도 많이 무뎌진 것 같습니다. 그래도 가기 전에 두 편의 글은 더 쓰려고 생각하고 있습니다. 그 동안 이곳에서 지내면서 우리 국민들도 함께 생각해 봤으면 좋겠다고 느낀 일들이 있었기 때문입니다.

"미국의 음주문화? 뭐 그렇고 그런 거 아니야?"

오늘은 미국의 음주 문화에 대해서 좀 이야기하려 합니다. 여러분은 미국의 음주 문화가 어떨 것이라고 생각하십니까? 저는 지난 80년대 미군 부대에서 카투사로 군 복무를 마쳤습니다. 용산에서 근무하면서 친한 미군 동료들과 함께 가끔 이태원에도 나가봤는데요. 당시만 해도 술집에 들어가면 술에 취한 미군들도 심심치 않게 볼 수 있었고, 한국 사람과 미군들 사이에 벌어지는 패싸움도 구경하곤 했습니다.

취객을 찾아볼 수 없는 미국의 거리

그래서 일까요? 막연하게 미국 사람들도 우리와 마찬가지로 곤드레만드레 술을 마시고 술주정도 하는 그런 사람들로 알았었습니다. 그러나 여기 미국 워싱턴에 온 지난 3년 동안 저는 단 한 번도 술 취한 미국인을 본 일

"...채 물을 겨를도 없이 그 매니저는
아주 심각한 얼굴로 제게 말했습니다.
여기서 잠을 자면 안 됩니다."...."

이 없습니다. 파티에도 참석해봤고, 미식 축구장에도 가봤고, 길거리도 지나다녀 봤지만 술에 취해 비틀거리는 사람은 단 한 사람도 본 적이 없습니다. 그게 신기했습니다. 도대체 어떻게 그게 가능할까요? 다음에 적는 저의 글을 보시면 어렴풋하게나마 미국의 술 문화를 이해하실 수 있을 겁니다.

미국 술집에서 당한 봉변

지난 2005년 5월 F-15K기 출고 행사를 취재하기 위해 세인트루이스에 있는 보잉사로 출장을 갔을 때 일입니다. 취재와 기사 송고를 마치고 나니 해가 졌고 한국 특파원단은 저녁을 먹는 둥 마는 둥 시내 맥주 집에 모였습니다. 닭 날개 튀김 등 간단한 안주거리와 함께 술이라고는 달랑 맥주 한 가지만 파는 그런 곳이었습니다. 워싱턴에서 세인트루이스까지의 비행기 여행이 가져다 준 피곤함에 더해 전날 9시 뉴스 방송 때문에 밤을 까닭에 맥주 서너 잔을 마시자 갑자기 졸음이 몰려왔습니다.
동료 특파원들이 맥주잔을 기울이며 환담을 나누는 사이 잠깐 눈을 붙였을까? 갑자기 큰 목소리에 잠을 깼습니다. 잠결에 들은 소리로도 그 고함은 저를 향한 것이었습니다. "어이, 일어나!(Hey, Man! Wake up!!)" 깜짝 놀라 돌아보니 콧수염을 기르고 야구모자를 쓴 웬 미국인 한 사람이 고개를 끄떡거리며 졸고 있던 저에게 소리를 지르고는 아주 재미있다는 듯이 재빨리 술집을 나서고 있었습니다. 황망 중에 당한 일이라 변변히 대응을 할 수 없는 게 약 올랐지만 어쩔 수가 없었습니다. "미국 사람들 참 버릇이 없네. 어른 주무시는데 저게 무슨 짓인가?" 혼잣말과 함께 입맛을 쩍 다시고, 달아나려는 잠을 다시 청했습니다.

*"...\"아니, 미국 문화가 술에 이렇게 엄격해?\"
갑자기 문화충격을 경험한 제가
스스로에게 던진 의문이었습니다....."*

"일어나세요. 여기는 술집… 졸면 안 됩니다."

그렇게 간신히 팔짱을 끼고 달아나는 잠을 다시 붙잡으려 하고 있는데 잠시 뒤 이번엔 또 누가 와서 저를 툭툭 건드렸습니다. 짜증이 잔뜩 섞인 얼굴로 돌아다보니 점잖게 양복을 차려 입은 육중한 체격의 매니저였습니다. 무슨 일이냐고 채 물을 겨를도 없이 그 매니저는 아주 심각한 얼굴로 제게 말했습니다. "여기서 잠을 자면 안 됩니다." 잠을 자다니? 미국 술집에서는 졸아도 안 되나? 그 매니저가 너무 정중하게 말하는 바람에 알겠다는 말과 함께 잠이 싹 달아났지만 그렇게 별스럽게 구는 모습을 이해하기 힘들었습니다. 그러나 이런 궁금증은 합석했던 미국 교포의 설명을 듣고 이내 풀렸습니다.

바텐더… 손님들 너무 취하지 않게 돌봐주는 사람?

남들의 눈에는 제가 술에 취해 잠든 것으로 보였을 것이고, 미국에서는 남들 앞에서 도에 지나치게 술 취한 모습을 보이는 게 창피한 일이라는 것이었습니다. 술은 더 이상 안 팔아줘도 좋으니 술이 과한 것 같으면 어서 집으로 돌아가라는 말이라는 설명이었습니다. 우리가 흔히 말하는 바텐더(bartender)도 남을 돌보고 간호한다는 뜻의 "tend"라는 단어에서 유래된 말이라는 사실도 알게 됐습니다. 바텐더 하면 바에서 칵테일을 만들고 술을 따라주는 사람쯤으로 알고 있지만 원래 그 뜻은 "손님이 너무 취하지 않는지를 살펴주는 사람"이라는 말이었습니다.
"아니, 미국 문화가 술에 이렇게 엄격해?" 갑자기 문화충격을 경험한 제가 스스로에게 던진 의문이었습니다. 서울 술집에서 당연한 것처럼 생각됐던 고성방가와 함께 여기저기 고개를 숙인 취객들의 모습에 익숙했던 저로서는 고개가 갸웃거려지는 문화충격 이라면 문화충격 이었습니다. 이후 저는 특파원 생활을 하면서 미국의 저변 문화가 술에 엄격하다는 사실을 여기저기서 발견하게 됐습니다.

Zero Alcohol Tolerance

우선 미국 법상 공공장소에서 술에 취해있는 것 자체가 불법입니다. 미국 내 시나 주가 관리하는 공원들 내부에는 "알코올 용납도 0(Zero Alcohol Tolerance)"이라는 푯말이 붙어있습니다. 약한 술이나 소량의 술이라고 해도 음주 사실을 적발하면 눈감아주지 않겠다는 경고입니다. 집이라면 모를까, 상점에서건 거리에서건 단지 술에 취해있다는 것만으로 경찰에 끌려가도 아무 말 못하는 곳이 미국입니다.

술 취한 채 길만 걸어가도 쇠고랑

실제로 제가 아는 후배 한 사람은 술 취한 채 편의점에 담배를 사러 갔다가 단지 술 냄새가 난다는 이유로 신고를 받고 출동한 경찰의 검문을 받은 일도 있습니다. 그 후배는 자신이 술은 조금 마셨지만 취하지 않았다는 사실을 조리 있게 설명해서 별다른 조치 없이 집으로 갈 수 있었지만 엄격한 음주관련 문화와 투철한(?) 신고정신에 정신이 번쩍 들었다고 가슴을 쓸어 내렸습니다. 가끔씩 미국의 거리를 걷다 보면 사람들이 뭔가를 봉투에 싸서 들고 마시는 걸 보게 되는데 그것도 공공장소에서 술을 마시지 못하게 돼있는 법 때문에 나온 최소한의 자위책이라는 걸 알게 됐습니다. 술을 즐기는 것은 자유지만 취해서 남에게 피해를 주면 안 된다는, 합리주의에 입각한 사회적 약속을 보는 것 같아 고개가 끄덕여졌습니다.
지난 2005년 10월, 초대형 허리케인 카트리나로 쑥대밭이 된 뉴올리언즈

> "...워싱턴 시의 경우는 음주운전과 관련해
> 혈중 알코올 농도 0.01%를 음주로 규정하는
> 강력한 법을 갖고 있습니다....."

에서 60대 흑인이 백인 경찰 3명에게 집단 폭행을 당하는 모습이 주민의 비디오카메라에 잡혀 방송된 적이 있었습니다. LA 폭동의 발단이 된 로드니 킹 사건이 재연되는 것이 아니냐는 우려가 있었는데 이 때 경찰관들이 이 흑인을 체포하려 했던 죄목도 바로 공공장소에서 취한 모습을 보였다는 것이었습니다. 이 전직 교사는 술을 끊은 지 33년이나 됐다는 항변을 했었는데, 그 뉴스를 접한 저로서는 길거리에서 취한 모습을 보였다는 이유만으로 경찰이 시민을 연행을 하려했다는 사실 자체가 큰 충격이었습니다.

음주운전 처벌 기준–혈중 알코올 농도 0.01%

워싱턴 시의 경우는 음주운전과 관련해 혈중 알코올 농도 0.01%를 음주로 규정하는 강력한 법을 갖고 있습니다. 단 한 방울이라도 술을 마셨으면 운전대에 앉으면 안 된다는 강력한 조처입니다. 지난 2005년 한 여자 변호사가 파티에서 포도주 한 잔을 마시고 운전을 하다 혈중 알코올 농도 0.03%로 음주단속에 걸리자 너무 하다며 시를 상대로 소송을 벌인 사건이 있었을 정도입니다.

미국, 1920–1933 전국적인 금주법 시행

그럼 미국 사람들은 왜 이렇게 음주에 관해 엄격할까요? 미국은 지난 1920년부터 13년 동안 금주법이 행해졌던 나라입니다. 종교의 자유를 찾아 신대륙을 찾아온 초기 정착민들의 청교도 정신에 기초를 둔 금주법안이 통과된 뒤 술의 제조와 수입, 수출, 유통과 판매가 일체 금지된, 주당들에게는 참을 수 없는 "암흑기"가 있었습니다. 당시에도 몰래 밀주를 마시는 일은 성행했을 테지만 "음주"라는 불법 행위를 자랑하고 다닐 수는 없었을 것입니다. 지금까지도 공공장소에서 술을 마시거나 취한 모습을 보이면 경찰이 잡아가는 법은 아마 금주령이 내려졌던 1920-30년대의 전통이 그대로 내려온 것으로 생각됩니다. 술 취한 모습을 자랑스럽게 여기지 않는 문화도 그 뿌리는 금주법 적용에서 찾아 봐야 할 것 같습니다.

밤 12시 넘으면 성인도 술 못 사

여하튼 미국 문화의 저변에 면면히 흐르고 있는 술에 대한 절제를 발견한 건 놀라운 일이었습니다. 술이나 담배에 관한 한 다른 주보다도 너그러운 편인 버지니아에서도 밤 12시만 넘으면 그 어느 상점에서도 맥주를 살 수가 없을 정도입니다. 맥주나 포도주를 제외한 일정 도수가 넘는 독한 술은 따로 전용상점을 정해서 판매를 엄격하게 관리하는 미국의 음주문화를 보면서 크리스마스 같은 날이면 서울의 종로 바닥 전체가 취객들로 가득 차는 우리의 현실을 돌이켜 생각하게 됩니다.

절제된 음주와 가족 중심의 레저문화

우리나라 애주가들은 물을 것입니다. 술도 안마시면 미국 사람들은 도대체 남는 시간에 뭘 하고 논단 말인가? 저는 이곳 워싱턴에서 특파원 생활을 하면서 딸과 아빠만 참석하는 YMCA의 월례 모임에 꼬박 3년을 참석했습니다. 이 모임에서는 아빠와 딸들이 매달 하루 날을 정해서 여름이면 야영도 가고, 겨울에는 눈썰매도 탑니다. 또 1년 중에 하루 날을 정해 큰 체육관을 빌려서 축구와 농구도 하고 수영도 하며 부녀의 정을 쌓습니다. 그리고 아빠와 딸들이 함께 체육관 강당에 하나 가득 모여 앉아 피자와 콜라를 놓고 영화도 보는데요. 한국에서는 바쁜 회사생활에 쫓겨 하루에 단 5분도 제대로 볼 수 없었던 딸과 함께 저는 이 모임을 통해 참으로 귀중한 추억들을 쌓을 수 있었습니다. 술 약속도 없는지 매달 세 번째 수요일 저녁이면 딸의 손을 잡고 그 모임에 참석하는 "술 취하지 않은" 미국 아빠들의 모습을 보면서 저는 절제된 음주와 가족 중심의 레저문화가 미국사회의 건강성을 담보하는 한 기둥이라는 생각을 지울 수 없었습니다.